현대의 생활풍수

현대의 생활풍수

심재열 지음

한걸음·더

지산 심재열

　1944년 전북 군산시 나포에서 소농의 아들로 태어나 1972년 하남 장용득 선생님으로부터 풍수지리 이론 및 현장 실기를 전수 받고, 동국대학교 경영대학원에서 석사논문 「풍수지리와 주거입지의 분석연구」, 인천대학교 경영대학원에서 박사논문 「풍수사상의 입지선정 영향에 관한 연구」, 동국대학교 불교대학원에서 박사논문 「전통사찰의 풍수지리적 입지연구」 등 풍수지리 연구를 통해 석·박사 학위를 받았다.

　53년간 현장풍수사로 여러 대기업의 풍수 자문을 맡았으며, 1992년부터 33년 동안 전문건설공제조합 기술교육원, GG옥션 교육원에서 풍수지리 외래교수와 대학원 부동산학과와 풍수전공 석·박사 과정 강의를 끝으로 생활풍수 최고지도자과정에서 현장풍수사를 양성하고 있다.

　현재 요산 풍수지리학회 회장이며, 경찰대학교 전통문화의 이해 풍수지리 외래교수, 동국대학교 경영대학원 부동산학과 풍수지리 외래교수, 인천대학교 경영대학원 부동산학과 풍수지리 겸임교수, 한성대학교 부동산대학원 부동산학과 풍수지리 이론 및 현장 외래교수, 영남대학교 환경보건대학원 환경설계학과 풍수지리 전공 석·박사 과정 현장 교수를 역임했다.

　특히 동국대학교 행정대학원 부동산학과 풍수지리 겸임교수이자 현장 실기교육을 통해 실생활에 적용할 수 있는 풍수사를 양성하는 생활풍수 최고지도자 과정의 이론 및 현장 전 과정을 직접 강의하는 주임교수로, 2025년 등록한 30기 수강생을 포함 16년째 강의 중이다.

주요 이력

동국대학교 철학박사
인천대학교 경영학박사
미얀마 양곤불교대학 명예 철학박사
하남 장용득 선생님 풍수 사사
요산풍수지리학회 회장
동국대학교 행정대학원 겸임교수(부동산과 풍수)
동국대학교 행정대학원 주임교수(생활풍수 최고지도자과정)
인천대학교 경영대학원 겸임교수(부동산과 풍수)
영남대학교 환경보건대학원 풍수전공 석박사과정 현장교수

경찰공무원 32년 재직(총경)
녹조근정훈장 수훈(대통령)
한국불교 태고종 정토사문, 지영(智靈) 행진(行眞)
대한불교 법사종 교육원장
대한불교 본원정토회 서원사 회주

주요 풍수 자문(음택)

정주영 현대그룹 명예회장 묘소 선정 안장(2001)
정몽헌 현대아산 회장 묘소 선정 안장(2003)
정세영 현대산업개발 명예회장 묘소 선정 안장(2005)
정세진 은산그룹 회장 묘소 선정 안장(2006)
정찬두 두원그룹 회장 묘소 선정 안장(2011)
정상영 KCC그룹 명예회장 묘소 선정 안장(2021)

주요 풍수 자문(양택)

아산 경찰교육원 부지 선정
신한금융그룹 연수원 부지 선정
부산국제금융센터 입지 분석
한전부지 현대글로벌 비즈니스센터 입지 분석
여의도 국회의사당, 서울숲 트리마제 아파트 등 다수 입지 분석

머리말

풍수지리(風水地理, Feng Shui)는 한국의 전통적인 생활 철학이다. 근본 목적은 우리 인간에게 적극적인 영향을 미치는 땅에서 천지간(天地間)의 자연과 함께 인간이 생활의 발전(發展)과 영화(榮華)를 꾀함에 있다. 심오한 동양 철학인 음양오행 사상은 과학적인 학문으로 실증되는 시점에 이르렀으나 수천 년간 역사와 맥을 같이 해온 풍수사상은 그 이면의 알 수 없는 힘, 기적 등이 작용하고 있다는 사실이 과학적으로 증명되지 못하고 그 작용만은 인정되고 있었다. 그러나 풍수지리가 중국 화교들에 의해 미국으로 건너간 후 1944년부터 1993년까지 49년 동안 DNA에 의한 과학적인 실험을 통해 동기감응이 밝혀지면서 과학적인 학문으로 인정되었다. 이에 미국과 유럽의 대학에 풍수지리 과목이 개설되었고 우리나라는 5~6년 후인 2002년부터 영남대 환경보건대학원 환경설계학과, 대구한의대 보건복지대학원 풍수지리 관광학과, 동방대학원대학교 미래예측학과 등 9개 대학에 풍수전공 석·박사과정이 개설되었다. 그러나 현재는 정원을 채우지 못해 3~4개 대학만 개강 중이다.

만물이 받는 자연의 기(氣)는 풍수의 가장 중요한 요소다. 기(氣)는 존재와 본질에 따른 현상과 운동의 기본 요소인 것이다. 천지만물과 인간이 모두 기의 작용으로 존재를 확인하게 되며 인기(人氣)는 천기(天氣)와 지기(地氣)의 영향(影響)을 강하게 받는데 지기의 영향을 중요시 한다. 풍수의 목적은 지력(地力)에 힘입어 인생의 발전과 행복을 구하는 것인데, 주택을 길지에 정해 행운을 구하는 일과 조상(祖上)의 묘(墓)를 길지에 모셔 자손의 번영과 가문의 발전을 꾀하려는 두 가지에 있다.

지기(地氣)는 땅속을 소용돌이치면서 끊임없이 변화하며 지표(地表)로 지심(地心)으로 발산과 수축을 계속하며 움직인다. 가장 좋은 기(氣)는 지표 가까이를 운행할 때다. 지기(地氣)는 풍수의 생기를 말하는데 풍수의 핵심(核心)은 생기(生氣)를 얻는 데 있다. "생기는 멈추고 모여야 되는데 바람을 타면 흩어진다." 그래서 「장풍득수」(藏風得水)라 했다. 바람이 감춰지고 기가 모이며 물을 얻을 수 있는 것으로 생기의 멈춤과 모임을 위해서는 바람에 날아가 버리게 해서는 안 되고, 이를 모으면 화순(化醇)이 된다. 불어오는 바람을 거부하는 것이 아니라 불어 나가는 바람을 막는 방법으로 방풍(防風)이 아니고 장풍(藏風)이다. 이는 바람을 저장한다는 뜻으로, 바람을 넣어 국혈(局穴)에서 순화(醇化)를 이루어 흩어지지 않도록 한다는 것이다. 인간은 모체(母體)에 포태(抱胎)될 때부터 죽어 백골(白骨)이 소골(消骨)되어 없어질 때까지 자연법칙(自然法則)의 범주(範疇)를 이탈(離脫)할 수 없으며, 현세(現世)를 사별(死別)하면 흙에 묻히어 대자연의 영향력(影響力) 아래에 있어 자손들에게 절대적(絕對的)인 영향(影響)을 준다고 한다. 백골(白骨)이 혈(穴)이 아닌 흙에 묻히게 되면 머지않아 부식(腐蝕)되어 없어지지만 혈중(穴中)에 묻히게 되면 대자연의 생명력(生命力)을 얻어 부패(腐敗)되지 않고 생생한 황골(黃骨)이 되어 영원(永遠)히 존속(存續)해 자손에게 영향을 준다고 한다. 근래에 와서 동양은 물론 서구 등에서도 양택에 대해 관심이 높아졌다. 이는 집이나 사무실 관공서 등은 자기 자신이 매일같이 숙식을 하고 생활을 하는 공간이기 때문이다. 풍수는 술수(術數)나 괘법(卦法) 묘상(墓相)과 가상(家相) 등으로 길흉화복(吉凶禍福)을 점치는 미신이 아니라 우리의 전통(傳統)과 맥(脈)을 같이하는 중요한 사상(思想)으로 땅(地)의 지형지세(地形地勢)와 풍(風), 수(水), 방위(方位)에 대한 체계적인 지식으로 자연환경의 조화점(調和占)을 찾는 전통과학에 가장 중요한 부분이며, 인간의 생존(生存) 과학이자 생활(生活) 과학이며 자연(自然) 과학으로 면면히 이어져 내려왔다.

필자가 오늘에 이를 수 있었던 것은 고(故) 하남 장용득 선생님의 이론과 현장답사 등 실기연수를 통한 특별한 지도를 받았기 때문이다. 이 책「현대의 생활풍수」는 하남 장용득 선생님의 문하생(門下生)으로 동문수학하던 박시익 교수님의 연구 자료와 필자가 받은 가르침 그리고 필자의 풍수지리 석·박사 논문을 근간으로 해서 33년 동안 강의한 교재다. 귀중한 자료를 제공한 박시익 교수님에게 감사를 보낸다. 강호제위(江湖諸位)께서는 생활풍수를 이해하는 데 많은 참고가 되고 도움이 되기를 바라며 많은 발전이 있기를 진심으로 기원한다.

끝으로 이 책이 나오기까지 도와주신 동국대학교 출판문화원 박기련 대표와 출판에 정성과 협력을 해주신 편집부의 노고에 깊은 감사를 드리면서 이 글을 맺는다.

2025년 11월

지산 심 재 열

목 차

저자소개　4
머리말　6
들어가며　11

제1장　풍수지리의 사상과 이론 • 33
❶ 풍수지리의 사상적(思想的) 배경 …………………………………… 34
❷ 풍수지리의 이론적 배경 …………………………………………… 44
❸ 풍수지리의 기원 …………………………………………………… 51
❹ 풍수지리의 정의와 동·서양의 풍수 ……………………………… 53
❺ 인생의 운명을 변화시키는 풍수 …………………………………… 71

제2장　땅의 기운과 생명 • 73
❶ 산의 기운 …………………………………………………………… 75
❷ 산의 앞과 뒤 ………………………………………………………… 76
❸ 오행산 ……………………………………………………………… 77
❹ 산의 종류와 토질 …………………………………………………… 82
❺ 지세 ………………………………………………………………… 86
❻ 산세를 분석하는 방법 ……………………………………………… 94

제3장　양택풍수(陽宅風水) • 97
❶ 양기(陽基)와 양택(陽宅) …………………………………………… 98
❷ 배산임수론(背山臨水論) …………………………………………… 106
❸ 양택방위론(陽宅方位論) …………………………………………… 114
❹ 동사택(東舍宅)과 서사택(西舍宅) ………………………………… 121
❺ 대지의 형태(形態)와 안전성(安全性) ……………………………… 147
❻ 건물의 형태 ………………………………………………………… 154

제4장   풍수 인테리어 • 177

① 풍수 인테리어와 방위··178
② 전원주택 풍수 인테리어··195
③ 사무실 풍수 인테리어··202
④ 식당의 풍수 인테리어··203
⑤ 잠자리의 위치··204
⑥ 풍수 인테리어 십계명··205
⑦ 건물의 가상과 배치··210
⑧ 아파트의 풍수··243
⑨ 명당의 지세와 대기 압력··255

제5장   풍수지리의 이론구조 • 269

① 용(龍)··270
② 혈(穴)··278
③ 사(砂)·사신사(四神砂)··295
④ 물(水)··323

제6장   음택(陰宅)의 패철법과 재혈분금법 • 333

① 풍수지리의 본질··334
② 산세(山勢)를 분석하는 방법(간산: 看山)························339
③ 패철(佩鐵)의 유래와 구성··346
④ 방위와 재혈(裁穴)··353
⑤ 재혈(裁穴)과 분금법(分金法)··360

들어가며

풍수지리의 실체

풍수지리는 자연과의 조화로운 삶을 통하여
사람의 운명을 변화시키는 생활의 지혜다

세계 모든 나라마다 고유의 전통사상이 있다. 우리나라도 반만년 역사를 통해 여러 가지 전통사상이 발전하여 왔는데, 국가대계에서부터 민간의 일상생활에 이르기까지 우리의 삶에 가장 깊은 영향을 미친 사상으로 풍수지리를 들 수 있다. 또한 고대로부터 현대에 이르기까지 한국인의 전통적 자연관과 토지관을 지배했던 형식과 실체적 논리구조로, 우리 민족의 사상적 근간을 이루며, 인간의 길흉화복(吉凶禍福)을 좌우하는 초월적 힘으로 인식되어 민간신앙으로 자리 잡아왔다. 이러한 풍수사상은 오랜 세월 동안 우리민족의 기층사상을 이루어, 우리의 일상생활 전반에 영향을 미치고 있다.

풍수지리의 목적은 지력(地力)에 힘입어 인생의 발전과 번영, 그리고 인간의 최대 목표인 건강하고 안락한 생활의 행복을 추구하는 것인데, 주택을 길지에 정해 행운을 구하는 일과, 조상의 묘를 길지에 모셔 자손의 번영과 가문의 발전을 꾀하려는 낙토, 이상향, 유토피아에 대한 사람들의 염원이 함께 얽힌 인간과 자연이 자연환경과의 조화로운 삶을 추구하는 우리 민족의 자연관을 대변하는 삶의 한 방식이었다.

  양택풍수와 음택풍수
 풍수지리는 내가 생활하는 주택, 사무실, 사업장 등을 보는 양택풍수와 조상의 묘를 보는 음택풍수가 있는데, 풍수지리 하면 대부분의 사람들은 죽은 자의 묘지만 생각한다.
 양택은 살아있는 사람이 살고 있는 주택, 사무실, 사업장, 관공서, 공공시설, 종교시설 등 건물과 도시에 대한 이론이고, 음택은 사당, 산소(매장 묘지), 납골당, 수목장에 대한 이론이다.
 인생화복지수(人生禍福之數)는 양택거기반(陽宅居基半)이라 하여 인생의 길흉화복(吉凶禍福)은 양택(陽宅:집)에 그 반이 있고, 그 나머지 반은 음택(陰宅:묘)에 있으되 양택위선(陽宅爲先)이라 하여 양택이 음택보다는 발음(發蔭:운수가 터진 집)이 빠르다고 하였다.
 양택은 자기고장의 산(山), 수(水), 풍(風)과 방위 등 산수의 영향과 환경의 지배를 받으며, 산천의 영기에 따라서 생활의 등차가 생긴다.
 나와 가족의 번영과 발전, 그리고 괴로움 없이 즐겁고 행복한 풍요로운 생활을 위해서는 양택풍수가 우선이다.
 양택은 내가 잠자고, 일하고 생활하는 주변의 기(氣)의 파장을 직접 바로 받기 때문에 집안의 번영과 발전 그리고 본인과 가족을 위해서는 양택을 해야 된다. 서양에서도 주로 양택풍수를 활용하고 있다.

조상의 묘가 명당이면 발복을 한다고 하는데 내가 부모 묘를 명당에 모시면 같은 기(氣)끼리 서로 감응(동기감응)에 의해 명당의 기(氣)를 돌아가신 부모나 조상 유골의 DNA와 같은 자손이 받게 된다. 내가 모신 부모의 명당 발복은 내가 받을 수도 있으나 대부분 자손들이 받게 되는 것이다. 본인이 받을 확률은 희박하며 자녀, 손자, 증손자, 고손자 등 그 후손들이 받게 된다. 본인은 이미 모셔진 조상들 유골의 DNA에 의한 땅의 기(氣)의 파장을 받을 뿐이다.

풍수는 인간이 자연환경과 조화를 추구하는 자연환경 설계학이다.

인간은 자연에서 태어나 자연에서 살다가 자연으로 돌아간다. 즉 "살아서도 자연, 죽어서도 자연이다." 인간은 자연을 떠나서는 살 수가 없다. 천지의 순환에 의해서 태양을 중심으로 지구의 자전과 공전으로 밤낮과 춘하추동 4계절이 생기고, 그럼으로써 24절기가 생긴다.

또한 자연의 법칙(法則)은 인간의 힘으로는 어찌할 수 없는 절대성이 있다. 그래서 우주를 천지라 하고, 천지가 곧 음양이라고 한다.

심오한 동양철학이며 풍수의 근본사상인 음양오행(陰陽五行) 사상은 하늘과 땅이 서로 응함에 음(陰)과 양(陽)이 생하고, 음양이 생함에 배합(配合)과 불배합(不配合)이 생하고, 배합과 불배합이 생함으로 상생(相生)과 상극(相剋)이 생겨서 오행(五行)이 이룩된다고 한다. 하늘에도 오행성이 있고, 지리에는 오행산이 있으며, 지구도 오대양이 있다. 인체에도 오장이 있으며, 인류는 오색종이 있다. 우주에 있는 모든 만물들은 태(胎)·란(卵)·습(濕)·화(化)로 태어난다. 즉, 태로 태어나거나, 알로 태어나거나, 습기로 태어나거나, 화해서 태어난다. 만물에는 유상(有想)인 것과 무상(無想)인 것, 유색(有色)인 것과 무색(無色)인 것, 즉 생각이 있는 것과 없는 것, 모양 즉 형체가 있는 것과 없는 것이 있으나, 그 근본은 이 음양(陰陽)과 오행(五行)의 정기(精氣)가 묘합(妙合)하여 만물(萬物)이 화생(化生)된다고 한다.

인간은 우주의 정기를 받아 태어났다고 하여 소우주라고 한다. 이 우주의 정기가 바로 자연의 정기이며, 자연은 우주(宇宙)의 천체(天體)가 순환하는 이치와 그 변화하는 현상을 말한다. 이러한 자연환경 속에 살고 있는 모든 생물들은 산(山)·수(水)·풍(風)과 방위(方位)의 영향(影響)을 받아 영고성쇠(榮枯盛衰)와 생사(生死)가 결정되는데, 이 산(山)·수(水)·풍(風)과 방위(方位)를 자연환경(自然環境)이라고 한다. 자연환경은 자연법칙에 의해서 움직이고 있으며 자연법칙의 조화점(調和点)을 찾는 것이 풍수지리다. 풍수지리는 자연환경의 산·수·풍에서 관찰되는 형(形)·화(化)·기(氣)·정(精)을 총 분석하여 실습을 통해서 알아내는 학문이다. 이 산·수·풍의 영향으로 삼라만상의 흥망성쇠(興亡盛衰)와 소장변화(消長變化)가 일어나며, 산·수·풍의 여건이 맞는 곳은 만물이 번성하고, 그 여건이 맞지 않는 곳은 만물이 쇠진한다. 이것이 풍수지리의 근본 원리다. 예를 들어 똑같은 씨앗을 바위 위와 물속에 뿌리고, 비옥한 땅과 척박한 땅에 뿌렸다고 하자. 바위 위에 뿌린 씨앗은 물이 없어 싹은 틔우지 못하고 말라 버리며, 물속에 뿌린 씨앗은 바람 즉 공기가 없어서 싹은 틔울 수 있으나 오래되면 썩어 버린다. 반면에 비옥한 땅과 척박한 땅에 뿌려진 씨앗은 싹을 틔운다. 다만 산·수·풍의 조화와 균형, 그리고 지질에 따라 그 씨의 번식과 수확 정도는 각각 다르다. 산·수·풍의 풍수 즉 바람과 물은 산의 생김에 따라 움직이며 산천영기에 따라서 생활의 등차가 결정된다. 산과 물은 맑고 아름다워야 하며, 산포수회(山抱水廻), 즉 산이 둥글게 둘러 감싸주고(環抱) 그 주위의 산세가 안정되어야 불어오는 바람도 온화하고 습하지 않으며 물도 감돌아 주어야 건조하지 않다. 이렇게 산·수·풍이 결응(結應)된 곳이 지기(地氣)가 상승하고 천기(天氣)가 하림해서 햇빛이 잘 들어 편안하고 온화하며, 포근하고 아늑한 느낌을 준다. 이런 곳은 한해(旱害)와 수해(水害)를 입지 않고 생업의 조건이 좋으며, 교통이 편리한 곳이 좋은 터로, 길지(吉地) 즉 명당(明堂)이다.

풍수지리의 현대적 정의

현대의 풍수지리는 "인간과 자연이 유기적인 통합체로 공존한다"는 자연환경에 관한 생태학으로 '방위와 음양오행론'에 의해 바람[風]과 물[水], 땅[地]의 지형[地形] 지세[地勢] 등 자연적 요소가 인간에게 미치는 영향을 분석해 인간 생태계에 접목시켰다. 이는 자연의 생명에너지와 인간의 생명에너지가 가장 효율적으로 동화(同和)하고 순화(醇化)하는, 즉 자연환경과 인위적 환경이 조화와 균형을 이루어 자연과 인간이 함께 어우르는 생태보전적 상생공존의 자연환경에 관한 친환경 설계학으로, 인간이 자연환경과 조화(調和)를 추구하는 체계적인 사상과 이론으로 발전한 자연환경과학(natural environment science)이다.

풍수지리의 본질은 생기(生氣)와 감응(感應)이다.

생기(生氣)는 만물의 근원이며 우주 에너지다. 기(氣)를 우주적 초에너지, 우주 에너지, 우주 의식. 생기, 에너지라고 한다. 기는 세상 모든 만물을 구성하는 바탕이며, 모든 현상을 일으키는 기초다. 기가 작용하여 만물을 형성하고, 모든 살아 있는 생명체는 기로 만들어지며, 기로 삶을 영위하다가, 기가 다할 때 죽음을 맞는다. 기는 현상계(現象界)에 있는 모든 존재(存在)와 기능(機能)의 근원(根源)이며, 자연에 분산된 에너지다. 모든 생명체(生命體)는 기가 취합(聚合)된 것으로, 자연에 분산된 기가 모이면 생명체를 이루고, 생명체가 죽으면 다시 기로 분산(分散)되는 생명의 근원이다. 기 자체는 보이지 않지만 응집하면 모양을 이루고 고정되어서 우리 오관으로 볼 수 있는 물체로 화하지만 분산되거나 확장되면 모양이 없어져서 우리가 볼 수 없는 존재가 된다. 기(氣: energy)는 대기의 압력, 지기, 지자기, 지전류, 전파, 무선 에너지와 같은 보이지 않는 에너지다.

감응(感應)은 풍수지리의 핵심 이론, 즉 '동기감응론(同氣感應論)'인데, 같은 기(氣)끼리 서로 감응한다는 이론이다. 조상의 기와 후손의 기가 서로 감응한다는 이 이론은 음택(묘지) 풍수에 적용되고, 사람이 잠자고, 일하고, 생활하는 주변의 기와 나의 기가 서로 감응한다는 이론은 양택(주택, 마을, 도읍지) 풍수에 적용된다.

존재하는 모든 사물은 존재를 위한 에너지(氣)를 가지고 있으며, 이 에너지는 고유의 파장(波長)을 가지고 같은 파장과 반응(反應)하려는 특징이 있다. 비록 유골(遺骨)이라 할지라도 존재하는 한 존재를 위한 에너지를 가지고 있으며 파장을 일으켜 반응하려는 작용을 하는데, 그 상대는 자신과 유전인자가 똑같은 자손이다. 이는 방송국 주파수의 라디오나 TV채널이 같은 주파수(電子波長)끼리만 송신(送信)과 수신(受信)이 가능하듯이, 조상의 유골도 동일한 유전인자를 가진 자손에게만 기의 파장으로 작용하는 것이다. 유골이 좋은 환경에 있으면 좋은 기를 발산(發散)하여 자손이 좋은 기를 받을 것이요, 나쁜 환경에 있으면 나쁜 기를 발산하여 자손이 나쁜 기를 받는다는 것이 동기감응론(同氣感應論)이다. 그러나 화장(火葬)을 한 유골은 존재를 위한 에너지(氣)가 이미 파괴(破壞)가 되어 고유의 파장(氣)을 갖지 않는다.

풍수지리의 과학적 근거
1944년 미국의 에이버리는 그리피스 실험에서 DNA가 유전정보의 매개체로 작용하고 있는 것을 발견하고,

1950년 허시와 체이스에 의해 대장균에 감염하는 박테리오파지를 이용한 실험을 통해 DNA가 유전물질임이 밝혀지면서

1960년 노벨화학상을 받은 미국의 윌러드 리비 박사는 인체에서 14종의 방사성탄소(放射性炭素)를 발견하고 그 원리규명에서 죽은 사람의 경우, 사람의 뼈에 있는 14종의 방사성탄소가 죽은 뒤에도 오랜 세월 소멸되지 않는다고 밝혔다. 또한 조상과 후손이 같은 혈통으로 동종(같은 종류)의 유전인자를 내포하고 있으면서, 인체의 여러 가지 원소에서 발산되는 방사성 파장마저도 같은 파장으로 서로 감응을 일으키는 현상이 많으며, 혈통이 가까울수록 같은 유전인자가 더욱 많이 교류되어 감응하는 정도가 강하게 나타나고, 혈통이 먼 조상이거나 오

래된 묘일수록 감응 정도가 약하다는 것이 현대과학에서 밝혀졌다. 과거 도참(圖讖)적이고 미신적이며, 토속신앙의 주술적이고 술법적인 측면으로 바라보던 풍수의 신비주의적인 동기감응론이 인체의 14종 방사성탄소 원리규명과 인체의 여러 가지 원소에서 발산되는 방사성 파장의 감응이 밝혀져 신비주의적인 동기감응론이 규명되었다.

1993년 미 육군의 후원 아래 클리버 박사와 여러 과학자들이 세포, 즉 DNA가 몸에서 분리된 후에도 계속 감정의 영향을 받는지에 관한 실험을 했다. 실험 참가자의 입 안에서 조직과 DNA 샘플을 채취하여 20m 거리와 500km 먼 거리에서, 샘플 제공자의 감정에 반응하는지의 여부를 전기적으로 측정하고, 정확한 시차를 콜로라도에 소재한 원자시계로 측정했다. 실험 참가자가 감정적 경험을 하면, 거리에 관계없이 동시에 분리된 샘플 제공자의 세포와 DNA는 마치 몸 안에 있는 듯 즉시 강력한 전기적 반응을 보여 감응했다.

DNA에 의한 50여 년의 연구 끝에 풍수지리가 과학적인 학문으로 인정된 것이다.

우리나라에서는 1996년 SBS TV에 방영된 부산 동의대 이상명 교수의 실험에서 성인 남자 3명의 정액을 채취, 3개의 시험관에 넣고 각각 전압계를 설치했다. 그 후 3명의 남자를 다른 장소로 이동하여 차례로 미세한 전류를 가하자 실험 참가자의 정액이 경련을 일으키는 현상이 나타났다. 이 실험에서 학자들은 동기(同氣)에 의한 방사파 현상이라고 하였다.

인생의 운명을 변화시키는 풍수

우주만물에는 각각의 상(象)이 있으며 고유의 이(理)·기(氣)·상(象)을 갖고 있다. 그 상에는 양상(陽象)과 음상(陰象)이 있으며, 물상(物象)의 외형에는 그 형상에 상응한 기상과 기운이 들어 있다. 양상은 선천적인 형상(形相)이요, 음상은 후천적인 기상(氣相)이다. 선천적인 형상은 태어날 때 가지고 온 DNA와 타고난 사주팔자로 변화시킬 수 없지만, 후천적으로 받는, 즉 살아가면서 받는 기상은 변화시킬 수 있다. 이 기상을 변화시키는 것이 바로 풍수의 양택과 음택의 보금자리다. 그러나 그 기상은 그가 위치한 주위환경에 따라 변화한다. 똑같은 씨앗을 한날한시에 뿌렸다 해도 지질에 따라 그 씨의 번식과 수확이 다르듯이, 모든 생물은 자기가 위치한 그 보금자리에서 성쇠(盛衰)가 판가름 된다. 풍수도 땅의 생기(生氣)와 감응(感應)에 의해 사람이 잠자고 일하고 생활하는 보금자리, 그리고 사람이 죽어서 영면하는 보금자리가 식물이 싹트고 자라는 보금자리와 같은 이치를 갖고 있다.

풍수는 신비한 지기의 작용으로 건강, 사업번창, 행운을 관장하는 에너지가 인생 만물의 운명을 지배하며, 생활에 활기를 불어넣는 촉매 역할을 하고, 인생을 행운의 운명으로 이끌어 삶의 질을 한 단계 업그레이드하는, 누구나가 바라는 것에 대한 약속이다. 우리는 이 풍수를 배우고 실행할 수 있으며 나와 자손의 발전과 번영 그리고 행복을 추구하는 생활철학으로, 수천 년간 전통과 맥을 같이한 생존(生存) 과학이자 생활(生活) 과학이며 자연(自然) 과학으로 면면히 이어져 내려온 "인간의 운명을 변화시키는 에너지이며 제1의 생활기술이다."

태어남과 죽음(生과 死)의 실체(實體)

나 하늘로 돌아가리라!

새벽빛 와 닿으면
스러지는 이슬 더불어
손에 손을 잡고,

나 하늘로 돌아가리라!

노을빛 함께 단둘이서
기슭에서 놀다가 구름 손짓하면은

나 하늘로 돌아가리라!

아름다운 이 세상
소풍 끝내는 날!

가서,
아름다웠더라고 말하리라!

이 시는 천상병 시인의 〈귀천〉이다.
시인은 죽음을 끝이 아닌, 하늘의 근원으로 돌아가는 과정으로 인식

했다. 그렇다. 모든 생명체들은 태어나면 죽음을 맞게 된다. 죽음은 태어남을 뒤쫓고 태어남은 죽음을 뒤쫓아 그것은 끝없이 순환된다. 생(生)과 사(死)는 밤과 낮이 교차하는 순환의 개념이다.

죽음이란 삶의 끝자락에서 두려움이나 불안, 공포, 절망으로 걸려 넘어지는 문턱이 아니라, 이번 생과 맞닿는 또 다른 삶으로 건너가기 위한 매듭이고 통로다. 인간의 마음속에는 살아 숨쉬는 영혼(혼, 넋), 즉 의식이 존재한다. 인간은 육체가 아닌 영혼, 즉 마음이 육체를 움직이는 영적인 존재다.

인간의 삶은 제행무상(諸行無常)이다
'우주 만물은 끊임없이 변화하고 생멸하므로 영원히 동일한 모습으로 머물러 있지 않다'라는 의미를 가진 불교의 가르침이다.
인간의 삶속에 영원한 것은 없다. 모든 것은 변한다. 태어나는 것은 반드시 죽으며 형태 있는 것은 결국 소멸한다. 태어났기 때문에 죽는 것이다.

죽음은 늙고 병든 몸에서 벗어나 평온을 찾는 구도의 길이며, 혼자만의 여행이다. 처음 왔던 탄생의 그 자리로 돌아가 대자연과 하나가 되는 시간이다.

태어남(誕生)의 의미
태어남은 천지인(天地人), 하늘과 땅과 사람이 하나의 유기체다. 사람은 태어난 곳의 천기와 지기를 가지고 부모로부터 육체를 받아 이 세상에 태어나게 된다. 어느 부모의 육체를 받았는가, 그리고 어느 지역, 즉 아프리카 빈민국, 베네수엘라, 스위스, 스웨덴, 미국, 캐나다, 한국 등 어느 나라의 천기와 지기를 가진 곳에서 태어났는가에 따라 힘겹고 어려운 고통의 세상을, 또는 괴로움 없이 즐겁고 행복한 여유로운 세상을 살아가는 운명을 타고 나며 사주팔자가 달라진다. 인간으로 태어나서는 주택, 사무실, 사업장 등 잠자고 일하며 생활하는 주변의 기(氣)의 파장(양택)과 돌아가신 부모와 조상들 유골 DNA의 동기감응에 의해 전달되는 땅의 기(氣)의 파장(음택)을 받으며 타고난 사주와 함께 살아간다. 한 세상을 살아가면서 전쟁이나 사고, 그리고 늙고 병든 육체의 시효, 즉 유통기한이 다 되면 죽음을 맞게 된다.

죽음(死亡)의 실체(實體)

생물학적 죽음은 육신으로부터 영혼(의식)이 분리되는 것이다. 육신을 움직였던 영혼(마음, 기), 즉 의식이 육신으로부터 분리되는 유체이탈(체외이탈) 현상으로 헌 옷을 벗고 새 옷을 입으러 가는 옮겨감이지 소멸이 아니다. 육체는 마음(영혼)의 안식처인 집이라 할 수 있으며, 육체가 마음을 간직하고 사용하는 것이 아니라 마음이 육체를 도구로 활용하는 것이다. 영혼(혼, 넋), 즉 의식을 마음 또는 기(氣, Energy)라고 하며, "살아있는 현상의 에너지 활동이며 생명의 근원(根源)"이다.

"죽음은 끝이 아니라 새로운 생(生)을 받기 위해 몸을 바꾸는 것이며, 처음 태어났던 탄생의 그 자리로 돌아가는 윤회의 새로운 시작이다."

생사법(生死法)이 생멸법(生滅法)이 아니고 태어남을 반복하는 '변화'의 연속으로 이 변화를 '윤회'라고 한다. 기독교는 예수를 믿으면 사후에 천당에 가고 믿지 않으면 지옥에 간다고 한다. 불교에서는 육도 윤회를 한다고 하며 금생은 전생의 카르마(Karma, 업식), 즉 자기가 지은 업보로 현생에 태어나 살다가 생을 마치면 금생에 지은 카르마로 육도윤회, 지옥, 아귀, 축생, 아수라, 인간, 천상의 세계 중 자기가 지은 카르마에 맞춰 태어난다고 하여 각 종교에서는 믿음을 갖고 악업을 짓지 말고 선업을 지으라고 말한다.

죽음을 대하는 자세

누구에게나 찾아오는 죽음을 어떻게 맞이해야 하는가.

바람처럼 와서 구름처럼 머물다 가는 인생, 언제 죽어도 "편안하게 웃으며 태연자약하게" 죽을 수 있는 마음의 자리를 준비하는 것이 죽음을 맞이하는 자세다.

매 순간 열정을 다해 살다가 삶을 마감하는 유체이탈(체외이탈) 하는 날, 내가 애써 살아온 모든 날들이 참 귀하고 값진 것이었다고 이승의 세계에 감사의 인사를 하고 웃으면서 다음 생의 문을 열어야 한다.

태어날 때는 세상에 알리기 위해 혼자서 두 주먹을 쥐고 울면서 태어나면 주변 사람들은 반갑다고 웃으며 축하(祝賀)한다. 다음 생으로 갈 때는 새 생명을 받기 때문에 쥐고 있던 두 손을 펴고 빈손으로 편안하게 웃으며 가지만 그동안의 정 때문에 주변 사람들은 슬퍼하고 애도(哀悼)한다.

당신의 배우자나 자식이 죽었는가, 아니다 그는 처음 태어난 곳으로 다시 돌아간 것이며 본래의 자리로 돌아간 것뿐이다. 당신의 재산과 소유물을 잃었는가, 아니다 그것들 역시 본래의 위치로 돌아간 것이다.

동기감응(同氣感應)의 원리

부모나 조상의 묘를 명당에 모시면 자손이 번영하고 가문이 발전한다고 한다. 조상과 후손은 같은 종류의 유전인자를 내포하고 있어 조상 유골에 있는 14종의 방사성탄소와 유골의 여러 원소에서 발산되는 DNA의 기의 파장이 땅의 기를 받아 동기감응에 의해 DNA가 같은 후손이 받는다.

명당이면 땅의 좋은 기를 발산해 자손이 좋은 기를 받고, 흉지면 땅의 흉기를 발산해 나쁜 흉기를 받는 것이다. 이는 방송국 주파수의 라디오나 TV채널은 같은 주파수(電子波長)끼리만 송신(送信)과 수신(受信)이 가능하듯이, 조상의 유골도 동일한 유전인자를 가진 자손에게만 기(氣)의 파장으로 작용하는 것이다.

발복이란 "먼저 가신 조상들은 이미 윤회에 의해 다른 세상에 태어나기 때문에 조상이 돌봐주는 것이 아니라 조상의 유골에서 발산되는 DNA 기(氣)의 파장이 땅의 기(氣)를 받아 동기감응에 의해 DNA가 같은 자손이 받는 것이며, 이미 떠난 부모나 조상과는 연관성이 없다."

제사도 유교적 전통으로 조상숭배(祖上崇拜) 정신이며 효(孝)에 입각(立脚)한 윤리관(倫理觀)으로 내 생명의 뿌리에 대한 보은이다. 또한 날

낳으시고 기르신 부모와 조상의 은혜에 감사하며 자손들이 모여 화합과 화목을 위한 하나의 의식이며 문화다. 조상들이 제사에 참여하여 흠향, 즉 보고 냄새를 맡는다고 하는 것은 추정이지 밝혀진 것은 없다.

진정한 삶의 본질(本質)은?
삶의 본질은 낙엽이 지고 잎이 피듯, 헌 옷을 벗고 새 옷을 입는 현상이다. 죽음은 있던 것이 없어지는 것이 아니라 육체를 활용했던 영혼(의식)과 육체가 분리되는 유체이탈(체외이탈)의 현상으로 인생이 배를 타고 강을 건너가는 것과 같으며, 강 저편에 닿으면 배는 버리고 뭍으로 올라 마을로 들어가듯 육신을 버리고 가야만 하는 배요, 영혼은 마을로 들어가는 나그네다. 이 세상에서 나그네처럼 살다가 떠난다는 인생은 안개와 같이 잠깐이라는 뜻으로 잠깐 지나가는 것이 우리의 인생이다. 이 세상에서 물 흐르듯 구름 가듯 그냥 그렇게 안개처럼 잠깐 살다가 떠나간다. 느티나무 잎 하나 빙그르르 휘돌며 떨어진다.
내 삶의 끝자락도 저와 같다.

인간은 누구나 생로병사(生老病死)의 단계를 거치게 된다. 나고 늙고 병들고 죽는 것은 누구에게나 오는 것 아닌가. 인명(人命)은 재천(在天)이라 했다. 언제 어디서 어떻게 삶을 마감할지 모르지만 원망이나 미련 없이 죽음을 받아들여야 한다. 이만큼 살았으니 당장 지금 죽어도 여한이 없다. 몸은 무엇일까? 몸은 당신이 사는 집이다. 지식이나 영혼도, 건강한 몸 안에 있을 때 가치가 있다. 몸이 아프거나 무너지면, 별 소용이 없다. 집이 망가지면, 집은 짐이 된다. 몸만이 현재다. 마음(의식)은 과거와 미래를 왔다 갔다 한다. 하지만, 몸은 늘 현재에 머문다. 현재의 몸만큼 중요한 것은 없다. 그렇기 때문에 몸은 늘 모든 것에 우선한다. "몸이 곧 당신이다." 몸을 돌보는 것은 자신을 위한 일인 동시에 남을 위한 일이다. 여생지락(餘生之樂)으로 남은 생을 오늘 건강하게, 괴로움 없이 재미있고 즐겁게, 여유롭게 살다가 어느날 홀연히 죽음을 맞이한다면 그때 자연으로 돌아가 한줌의 흙이 되리라.

 인생은 공수래(空手來) 공수거(空手去) 빈손으로 와서 빈손으로 간다.
 자갈밭에 굴러도 개똥밭에 누웠어도 이승이 최고일세, 즐길 수 있을 때 마음껏 즐기고 사랑할 수 있을 때 사랑하며, 열심히 긍정 속에 매 순간을 생의 첫날인 것처럼 살아가는 것이 행복의 길이다. 행복을 즐길 시간과 공간은 바로 지금(now) 여기(here)다.
 "오늘을 인생의 첫날처럼 또한 마지막 날처럼 살아야 한다."
 행복은 내면에서 자기에게 있다. 괴테의 행복 조건이
 1. 직장이 있어 일 하는 사람
 2. 님이 있어 사랑하는 사람
 3. 꿈과 희망이 있는 사람 등
 이 행복 조건은 젊은 사람들의 행복 조건이고, 우리들의 행복 조건은 "사는 동안 건강하고 괴로움이 없이 재미있고 즐겁게 그리고 여유롭게 사는 것"이다.

 인생(人生)이란
 주어진 일에 최선을 다하며 하루를 사는 것이다. 인생 뭐 별것 있나다 거기서 거기일 뿐, 잘나면 얼마나 잘났고 못나면 얼마나 못났겠나. 다 그렇고 그런 게 인생이다.

   그냥 길가에 풀 한포기 나서 사는 것과 같다.

   서산대사는 〈인생〉이라는 시에서

세상살이 다 거기서 거기외다.
세상에 영원한 것은 없더이다.
잠시 잠깐 다니러 온 이 세상,
얼기설기 어우러져 살다나 가세.
다 바람 같은 거라오.
내 인생 네 인생 뭐 별거랍니까.
바람처럼 구름처럼 흐르고 불다 보면,
멈추기도 하지 않소.
그냥 그렇게 사는 겁니다.

사람이 죽으면 누구나 한줌 흙으로 돌아간다.
호화로운 묘지 속에 묻힐 수도 있고,
이름 없는 풀섶에 버려질 수도 있으며,
한줌 재가 되어 바람에 날려 가기도 한다.

극락이니, 천당이니 그런 것은
인간의 생명이 있는 동안에

관념 속에만 존재하는 이상향(理想鄕)일 뿐이다.
신(神)이 인간(人間)을 만들었다고 하지만
그 신을 만든 것은 사람이다.
인간은 본래 너무 나약해서
의지할 신과 종교를 만들어 놓고,
스스로 그 카테고리 속에 갇혀서 살게 된 것이다.
즉 사람은 인간으로 시작되어 인간으로 끝나는 것이다.
그러나 미래는 미지의 영역으로 사람이 만든 신에게
맡길 수밖에 없기 때문이기에, 사후(死後) 영혼이 윤회에 의한
다음 생애의 보장과 마음의 평안을 위해 종교가 필요하다고 할 수 있다.

초대하지 않았어도 인생은 저 세상으로부터 왔고,
사람은 죽으며 누구나 한줌 흙으로 돌아간다.
허락하지 않았어도 이 세상으로부터 떠나간다.
우리 또한 찾아온 것과 마찬가지로 떠나가는 것이다.
그것이 누구도 거역할 수 없는 자연의 섭리일진대
극락과 천당이 바로 내가 사는 이 세상에 있다는 것도 알게 된다.

인생을 마무리 하는 단계가 노년이다.
우리 인생은 지구별에 잠시 소풍 온 것이다. 곧 여길 떠날 것이다.
『금강경』에 이르기를,
응무소주 이생기심(應無所住 而生基心), 마땅히 아무 데에도 머무는

데 없이 그 마음을 내라. 즉 '집착'하지 마라. 집착하므로 욕심, 근심, 고통, 스트레스가 쌓인다. 그래서 불교의 경전에서는 "방하착(放下着)하라"고 한다. 즉 집착하는 마음을 내려놓아라. 마음속에 온갖 번뇌와 갈등, 스트레스, 원망, 집착 모두 홀가분하게 벗어 던져 버리고 마음을 편하게 가지라. 재산, 명예, 지위, 애욕, 이 몸까지도 집착하지 마라.

하이고(何以故) 왜냐하면 금강경의 마지막 사구계의 계송에
일체유위법(一切有爲法), 일체의 현상계는
여몽환포영(如夢幻泡影) 꿈결과 같고 그림자 꼭두각시 물거품이며,
여로역여전(如露亦如電) 풀끝의 이슬이요 번개 같나니
응작여시관(應作如是觀) 마땅히 이와 같이 볼지니라.

이승의 삶을 마치고 다음 생인 저승으로 갈 때 벽제 화장장에 남겨진 중산 이중길의 시 〈길을 나서며〉에서

길을 나서며(이승에서 저승으로 떠나면서)

주인장! (이승의 세계) 그동안 신세 많이 지고 갑니다.

빈손으로 왔다가 빈손으로 가는 이 나그네
젖먹이 유년시절부터 청년과 중년을 거쳐
백발노인이 되기까지 오랫동안 신세 많이 지고 갑니다.

아무것도 가진것 없이 보잘것없는 빈털터리

손님으로 왔다가 융숭한 대접을 받고
이제 빈손으로 돌아갑니다.

지난 세월 뒤돌아보니 한순간 꿈이였군요.
즐거움도 슬픔도, 미움도 기쁨도, 욕심과 나눔도
한순간 꿈이였군요.

많은 시련 속에 우여곡절도 많았지만
나름대로 보람 있는 삶을 지내다가
이제 빈손으로 돌아갑니다.

내 좀 더 머물지 않는다 서운치 마오.
갈길이 멀어 조금 일찍 나선 것뿐이요.

다음 세상에 내가 머물 곳은
그 어딘지 궁금하지만
내 도착하는대로 안부 전하리다.
잘 있다고…

톨스토이의 마지막 詩 '영혼의 여정'에서

나 이제 가노라,
나의 시간이

다 하였노라.

땅은 나를 돌려보내고
하늘은 나를 불러
이끄노라.

많은 것을 보았고,
더 많은 것을
알지 못했으며,

사랑을 알았고, 진리를
향해 걸었노라.

모든 것을 버리고
이제는 모든 것을 품으러
가노라.

죽음이여,
너는 나의 문이로다.
영원한 생명의
문이로다.

풍수지리의 사상과 이론

1. 풍수지리의 사상적 배경
2. 풍수지리의 이론적 배경
3. 풍수지리의 기원
4. 풍수지리의 정의와 동·서양의 풍수
5. 인생의 운명을 변화시키는 풍수

❶ 풍수지리의 사상적(思想的) 배경

풍수지리 이론은 초기에 홍수나 한발(旱魃) 그리고 태풍 등 자연의 재해로부터 안전한 주거지를 선택하는 기술이론으로 출발하였다. 풍수지리의 사상적 배경으로는 산신숭배사상(山神崇拜思想), 지모사상(地母思想), 삼신오제사상(三神五帝思想), 신선사상(神仙思想), 천문사상(天文思想), 효도사상(孝道思想) 등이 있으나 그 핵심사상으로는 음양오행사상(陰陽五行思想)이 있다.

풍수지리의 근원(根源)이 되는 자연을 토대로 하는 사상(思想)의 철학적(哲學的) 준거(準據)는 서양의 경우 자연을 문제로 하는 자연철학을 연구한 이오니아학파를 들 수 있다. 이오니아학파는 BC 6세기 무렵 소아시아 서해안 중부에 있는 이오니아 지방에서 성립한 철학의 학파다. 그들은 자연 문제에 대해 하나의 근본적 물질(原質: arche)을 구하는 데 바탕을 두고 자연의 성립을 논하였다. 이와 관련, 소아시아 이오니아 지방 밀레투스 출생의 철학자인 아낙시만드로스는 만물의 근원(아르케)은 무한정한 것(토 아페이론, To Apeiron)이며, 이 신적이고 불멸(不滅)하는 아페이론(Apeiron)에서 먼저 따뜻한 것과 차가운 것, 마른 것과 젖은 것 등 서로 대립하는 것이 나눠지고, 이 대립하는 것에서 땅·물·불·바람이 생겼다고 했다.

인간은 자연에 의해 존재하며 자연에 순응(順應)하는 것이라고 한 스토아학파의 범신론(汎神論) 역시 풍수지리설의 자연과 유사한 점이 있다.

특히 스피노자는 신(神)은 즉 자연이고 자연에 있어 만물은 신의 형태를 빌린 것이라고 주장했다. 또 인도 철학서인 우파니샤드는 범아일여사상(梵我一如思想)을 전개해 풍수이론과 비슷한 철학(哲學)의 단초를 제공하고 있다.

한국의 경우 산신사상(山神思想)은 산(山)의 특별한 능력을 인정하고 능선(稜線)을 산의 기운(氣運)이 평지로 연결되는 맥(脈)으로 이해하는 것이다. 한국의 고인돌도 산의 능선에 위치하고 있어 이러한 개념은 풍수지리의 용(龍)이 지기(地氣)의 통로라고 보는 점과 일맥상통한다.

가. 지모사상(地母思想)과 삼신오제사상(三神五帝思想)

(1) 지모사상

인류역사에서 토지는 경제생활의 근간으로 사람들과 경제적 사상적으로 밀착되어 사회조직의 기반을 이루는 중요한 요소였다.

이 세상에 존재하는 모든 만물은 어느 한 순간도 이 땅을 벗어날 수 없다. 풍수지리는 "땅이 만물의 어머니와 같은 존재로 어머니의 품과 같은 가장 중요한 것"이라는 토속신앙인 대지모(大地母)사상과 음양오행설이 결합하여 입지에 관한 체계적인 학문사상으로 발전하였다.

인간은 음과 양의 결합체로서 자연으로부터 왔다가 자연으로 돌아간다. 인간이 태어날 때는 부모로부터 음양의 조화 속에서 잉태된 것이며, 일생 동안은 양기(陽氣)를 바탕으로 살다가 세월이 흘러 늙어지면 양기가 쇠퇴하여 생(生)을 다하고 음(陰)인 땅으로 돌아가게 되는 것이다.

여성이자 어머니인 음(陰)에서 몸을 받고 태어났듯이, 세상을 떠나면 인간의 육체는 음(陰)인 흙으로 다시 돌아가는 이치다. 만물을 길러내는 것은 땅이며 만물의 자양분도 모두 땅에서 나오는 것이다. 이것은 어머니의 젖을 먹고 자라는 것처럼 모든 생명체들을 양육하는 것이다. 땅은 어머니의 따뜻한 품속처럼 포근하고 편안한 곳으로서, 자신의 행복한 운명의 안식처이기 때문이다.

(2) 삼신오제사상

삼신사상은 자연을 하늘의 기운인 천일(天一), 땅의 기운인 지일(地一), 생명력의 근원인 영적인 힘을 태일(太一), 이 세 가지로 구분한다. 영혼과 하늘의 기운이 땅의 기운과 결합해서 생명력이 이루어진다고 보는 것이다. 그러나 음양이론에서는 생명력을 하늘과 땅 두 기운이 결합한 것으로 본다. 이와 같이 천(天)·지(地)·태(太)의 삼신적인 구분에서 천지를 음양이론에 따라 양분하는 방법이 발전했다. 그러므로 음양설의 근원은 삼신사상에 있고, 오행설의 근원은 오제사상에 있다.

고조선시대에 사용되었던 역(易)을 환역(桓易)이라 하며 이 환역은 방위를 맡은 신으로 동, 서, 남, 북, 중앙의 오제(五帝)를 정하고 각각 청제(靑帝), 백제(白帝), 적제(赤帝), 흑제(黑帝) 및 황제(黃帝)라 하였다.

(가) 동쪽에 있는 신(神)은 여러 생명체를 탄생시키는 역할을 한다.

나뭇잎이 푸르기 때문에 청제(靑帝)라고 하며 목성(木星)에 위치하고 청제는 동쪽의 기운처럼 태양이 솟아오를 때의 기운을 갖고 있어 모든 생명체가 생명력을 갖고 탄생하게 된다.

(나) 서쪽에 있는 신은 백제(白帝)라고 한다. 주제(朱帝)가 번성시킨

생명체의 확산 기운을 정지시키며 다음을 위해 쉬도록 한다. 금성(金星)에 위치하여 금속의 광택이 백색을 반사하기 때문에 백(白)이라고 했다.

(다) 남쪽에 있는 신(神)은 주제(朱帝) 또는 적제(赤帝)라고 한다. 뜨거운 태양처럼 청제가 만들어 놓은 기운을 확산시켜 널리 뿌리는 능력을 갖고 있다. 화성(火星)에 위치하고 있어 화염이 붉기 때문에 주(朱) 또는 적(赤)이라 한다.

(라) 북쪽에 있는 신(神)을 현제(玄帝) 또는 흑제(黑帝)라고 한다. 백제가 죽인 생명체를 편안히 휴식하게 하는 신(神)이다. 다음 생명체가 태어나기 위한 준비 기간으로 수성(水星)에 위치하고 있다. 깊은 물이 심연(深淵)으로 암흑(暗黑)이기 때문에 수(水)를 현(玄)이라 했다.

(마) 중앙에 있는 신(神)이 황제(黃帝)다. 황제는 동서남북의 중앙에 위치하고 사방의 기운을 종합한 가장 중심적인 기운으로 토성(土星)에 위치한다. 흙색이 황색이므로 토(土)를 황(黃)으로 했다.

나. 주역(周易)과 음양오행(陰陽五行)

주역은 천지간(天地間)의 삼라만상을 음양이원론(陰陽二元論)으로 풀어나간 것이다. 즉 주역은 태극(太極)이 일변하여 양의(兩儀)가 되고 양의가 재변하여 사상(四象)이 된다. 사상에서 더 나아가 삼변을 이룬 것이 팔괘(八卦)다. 이 과정을 삼변성도라고 한다. 그리고 팔괘의 조합에 의한 64괘의 384효를 가지고 대자연의 운행원리(運行原理)와 인간사를 연관하여 설명하는 것이다.

자연이라는 용어를 사물의 총체 또는 존재 자체라고 한다면, 이에 해당하는 말은 천지만물이 될 것이다. 즉 주역에서는 천지를 물(物)의 생육자(生育者)로 규정하고 있다. 그래서

"하늘의 힘은 위대하다. 만물이 이에 바탕을 두고 시작한 땅의 힘은 지극하다. 만물은 이에 바탕을 두고 태어난다"고 하여 천지의 큰 힘을 "생성(生成)"이라 하였으며, "역(易)은 다름 아닌 끊임없는 생성을 일컫는 말이다"라고 하였다.

일음일양(一陰一陽)은 천지만물의 존재와 활동의 두 기본양식을 가지며, 이 두 양식을 규율(規律), 성정(性情), 변화(變化), 활동(活動)으로 우주상생(宇宙相生)의 대원칙이 형성되고, 인간과 만물을 일관하여 그 본성이 되었다고 할 수 있다. 따라서 주역에서는 인간과 자연을 일체로 보고 개체(個體)와 전체(全體)를 일체로 보려고 하였다. 개체와 전체를 분할된 개념으로 보지 않고 인간과 자연을 일체로 보려고 하는 정신(精神)이 주역 속에 근본적으로 흐르고 있는 것이다.

음양오행사상은 동양 철학의 기본 이론이다. 음양오행사상의 음양설(陰陽說)과 오행설(五行說)이 서로 결합하여 완벽한 철학으로 만들어진 것은 두 철학이 모두 자연에 대한 형이상학(形而上學)적인 이론에서 출발한다는 공통점 때문이다. 이러한 공통점으로 두 이론은 서로 보완하는 관계를 유지하게 되었다.

우주의 본원(本源)을 에너지(Energy)인 기(氣)라고 하며, 음양설이나 오행설의 핵심 개념도 기(氣)다. 이 기가 작용하여 음양과 오행의 법칙에 의해서 만물을 형성하고, 우주의 생성과 변화과정을 음양오행(陰陽五行)이 관장한다. 동양철학에서는 인간을 포함한 우주의 모든 삼라만

상을 음양으로 구분하며, 생성과 소멸은 수(水), 화(火), 목(木), 금(金), 토(土)의 오행에 의해서 결정된다.

음양설에 의하면 우주 일체의 현상은 태극(太極)으로부터 분리된 음양 양원기(兩元氣)의 동정(動靜)에 의해 출현하고 성장하며 쇠퇴한다. 만물이 생성하고 변화하는 것은 음이나 양이 홀로 이루지 못하고, 음은 양을 쫓고 양은 음을 받아들여 음양이 서로 합해서 조화가 이루어지면, 신비스럽고 신성한 창조적인 아름다운 것이 탄생되는 것이다.

풍수에서는 음양의 조화가 이루어져야 생기를 낳는다고 한다. 그 생기를 쫓아 음양의 조화를 추구하는 지혜라고 할 수 있다. 움직이는 것은 양이요, 고요한 것은 음이니, 곧 물은 양이고 산은 음이다. 그래서 풍수에서는 산과 물이 만나는 상태를 보고 생기를 찾는 것이다.

달력의 일주일은 음양오행사상과도 일치한다. 음양오행에서 양(陽)과 음(陰)은 해와 달의 기운으로 구분되고, 일요일은 태양이며 월요일은 달을 의미한다. 그 다음 화·수·목·금·토는 각각 화성·수성·목성·금성·토성의 다섯 개 별을 나타낸다.

오행설의 근원은 하도와 낙서에서 비롯되었다.

오행설은 우주의 본질을 이루는 요소를 수·화·목·금·토의 5가지로 우주상에 존재하는 자연과 인생은 모두 이 5요소의 활동에 의해 이루어졌다고 보는 것이다. 한의학이나 침구학, 역학 등 각종 동양 철학들이 음양오행설을 바탕으로 하고 있다. 풍수지리 역시 음양오행 사상에 바탕을 두고 있다. 원시적 상지술에서 한층 더 발전한 지리설로 체계화된 풍수는 생기 감응(生氣 感應), 음양 충화(陰陽 沖和) 등 그 기초적 근거를 이 음양설에서 찾고 있다. 생기가 흘러가는 지맥인 용(龍), 사(砂)

등의 형태가 오성을 이루기 때문에 생기의 흐름은 여러 가지다. 그 오성의 이어받음이 상생될 때는 길하고, 상극 관계에 있을 때는 흉하다고 한다.

오행과 방위의 의미

오행	방위	수리	색	계절	사신사
수(水)	북	1·6	검은색	겨울	현무
화(火)	남	2·7	붉은색	여름	주작
목(木)	동	3·8	푸른색	봄	청룡
금(金)	서	4·9	흰색	가을	백호
토(土)	중앙	5·10	노란색	변절기	사람

오행의 기운을 살펴보면

수(水)는 아래로 흐르는 기운이다. 모든 물체는 아래로 떨어지려는 성질을 갖고 있어 물리학에서는 중력(重力)이라고 한다. 수(水)는 겨울에 해당하며, 겨울에는 온도가 낮아지고 생명체는 활동력이 거의 정지된다.

생명력이 다음 기간까지 준비를 갖추는 것을 뜻한다.

목(木)은 나무와 같이 수직 상승하는 기운이다. 하늘로 올라가려는 성질이며 물리학상 원심력(遠心力)에 해당한다. 목(木)은 봄에 해당하는데 모든 생명체가 희망차게 하늘을 향해 솟아오르는 기운이다.

화(火)는 불꽃과 같은 기운이다. 불은 힘이 격렬하게 분출되어 사방팔방으로 확산(擴散)되고 폭발하는 힘을 말하며 태양열 같은 성질이다. 화(火)는 여름에 해당하는데 나무가 무성해지고 꽃이 만발하는 것도 그 힘을 확산하려는 현상이다.

금(金)의 기운은 수축(收縮)하려고 하는 현상이다. 물리학에서의 구심력(求心力)에 해당되며 금(金)은 가을에 해당된다.

토(土)는 수(水)·화(火)·목(木)·금(金)의 기운을 골고루 갖고 있는 기운이다. 마치 흙이 모든 생명체를 포용하듯 서로 다른 네 기운이 분열되지 않도록 균형(均衡)을 유지하는 포용력(包容力)을 지니고 있다. 토(土)는 다음 계절로 넘어가는 중간을 의미한다.

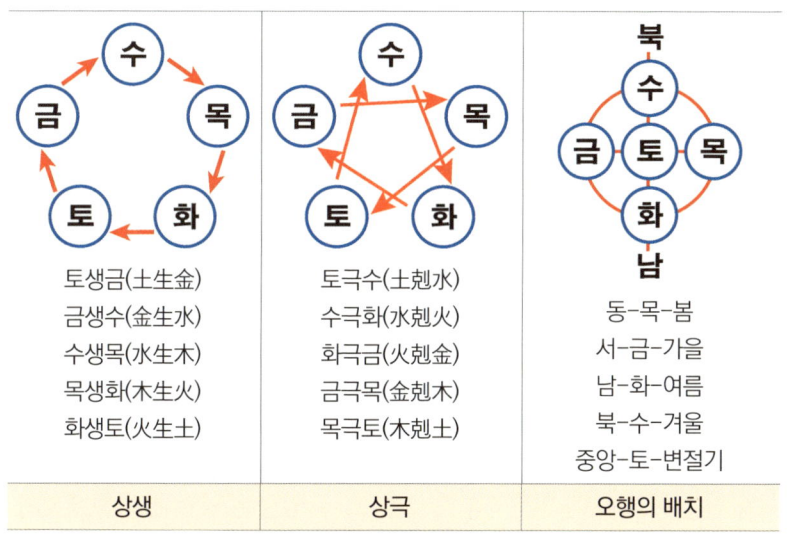

오행의 상생 상극도

상생	상극	오행의 배치
토생금(土生金) 금생수(金生水) 수생목(水生木) 목생화(木生火) 화생토(火生土)	토극수(土剋水) 수극화(水剋火) 화극금(火剋金) 금극목(金剋木) 목극토(木剋土)	동-목-봄 서-금-가을 남-화-여름 북-수-겨울 중앙-토-변절기

오행의 기운은 서로 다른 기운을 북돋아 주기도 하고 서로 싫어하는 기운도 있는데, 이를 상생(相生)과 상극(相剋)이라고 한다.

오행의 상생은 토생금(土生金), 금생수(金生水), 수생목(水生木), 목생화(木生火), 화생토(火生土)로 흙이 있어야 금이 생길 수 있고, 금이 있어야 물이 생길 수 있으며, 물이 있어야 나무가 자랄 수 있고, 나무가 있어야 불이 탈 수 있으며, 불이 타버린 뒤에 흙이 생긴다. 이것이 오행의 상생으로 만물이 생성되는 이치다.

반대로 오행의 상극은 토극수(土剋水), 수극화(水剋火), 화극금(火剋金), 금극목(金剋木), 목극토(木剋土)로 흙은 물을 막으며, 물은 불을 끄고, 불은 쇠를 녹이며, 쇠는 나무를 베고, 나무는 흙을 뚫는다. 이것이 오행의 상극으로 만물이 소진되는 이치다.

다. 하락이수

하락이수는 하도와 낙서의 원리와 수(數)의 성격을 총칭한다. 하도와 낙서는 역의 근본이 되는 원리를 그림과 글을 통해 나타내고 있으며, 미래의 길흉화복을 점치는 명리학, 풍수지리학, 한의학, 침구학 등 동양의 모든 상수리를 근거로 하는 학문의 기본이다.

이런 수의 근원을 하도와 낙서로 본다. 하도는 "복희씨(伏羲氏) 때 용마(龍馬)의 등에 그려져 있는 그림"이고, 낙서는 "우(禹) 임금이 홍수를 다스릴 때 낙수(洛水)에서 나온 신귀(神龜)의 등에 쓰여 있는 글"이다. 복희씨는 이 하도에 의해 8괘를 그렸고, 우 임금은 낙서에 의해 홍범구주(洪範九疇)를 지었다고 전해진다. 여기서 수가 나왔다.

하도는 음양의 부호와 10수를 사용하여 그림을 그린다. 하도는 기수(奇數:홀수)를 양점(陽點)으로, 우수(偶數:짝수)를 음점(陰點)으로 해서 1~10까지의 55점을 사방과 중앙에 배치하는 도상(圖象)이라 할 수 있다.

1은 1에 5를 얻어 북(北)에 자리하니 1·6 수(水)가 되고, 2는 2에 5를 얻어 남(南)에 자리하니 2·7 화(火)가 되며, 3은 3에 5를 얻어 동(東)에 자리하니 3·8 목(木)이 되고, 4는 4에 5를 얻어 서(西)에 자리하니 4·9 금(金)이 되며, 5는 5에 5를 얻어 중앙(中央)에 자리하니 5·10 토(土)가 되었다.

흰 점은 양(陽)으로 하늘을 뜻하고, 검은 점은 음(陰)으로 땅을 상징한다. 그러므로 1, 3, 5, 7, 9는 천수(天數)로 양수(陽數)가 되고 2, 4, 6, 8, 10은 지수(地數)로 음수(陰數)가 된다.

이 양수와 음수를 모두 합하면 55수가 되어 하도의 선천수가 된다. 그리고 안에 있는 숫자 1, 2, 3, 4, 5는 근본이 되는 숫자로서 만물의 생명을 낳는다 하여 생수(生數)라 하고, 6, 7, 8, 9, 10은 만물의 형체를 이루는 수라 하여 성수(成數)라고 지칭한다.

세상 모든 만물이 계속 순환하기 위해서는 생성과 소멸의 상대적인 힘이 존재하듯이 하도와 낙서는 이러한 상대적인 힘인 것이다. 생과 사는 별개의 것이 아니라 밤과 낮이 교차하는 것과 같은 순환의 개념으로 본다.

하도의 극수는 10으로서 선천의 이치가 있고, 낙서의 극수는 9로서 후천의 이치가 있다. 사람도 태중에 있을 때에는 10개의 구멍이지만 출생 후에는 배꼽이 막혀서 9개가 된다.

하도에 의하면 세상에 존재하는 모든 것들이 정해진 법칙에 의해 생성 변화한다는 것이다. 지구상에서 가장 중요한 물의 순환은 땅 위의 물이 여러 물체나 식물을 통해 하늘로 올라가 먼지 등과 응결되어 다시 땅으로 떨어지는 순환의 모습과도 일치하고, 겨울에는 북쪽의 기운이 강해, 물이 응결하여 추위가 있고, 봄에는 나무와 식물들이 자라나면서 물을 팽창시키고, 여름에는 각각의 생명들이 꽃을 피우고 수정하여 새 생명을 잉태하고, 가을에는 그 생명이 땅에 떨어져 새로운 봄을 기다리며 월동하는 모습과도 일치한다.

하도는 왼쪽으로 돌아가며 서로 상생을 하고, 낙서는 오른쪽으로 돌아가며 서로 상극을 하고 있다. 이것을 응용한 것이 명리학과 한의학, 침구학, 풍수지리학 등이다. 명리학과 한의학, 침구학 등은 이러한 원리를 가지고 운명을 판단하거나 병을 진단하여 상호 균형이 무너진 부분을 보충해 주거나 상대적으로 강한 부분을 경혈을 통해 침이나 뜸으로 조화시키는 조절이나 처방을 내리는 것이다. 가령 한의학이나 침구학에서는 목이 약한 사람은 간장의 기운이 약하다고 보아 하도의 원리에 의해 목을 생해주는 침이나 약재를 쓰고, 낙서의 원리에 의해 목을 극하여 금을 억제하는 약재나 침을 병행하여 쓸 수가 있다.

❷ 풍수지리의 이론적 배경

가. 풍수지리의 본질

(1) 생기(生氣)

풍수지리의 본질은 생기(生氣)와 감응(感應)이다.

만물의 근원을 기(氣)라고 하며, 과학적인 용어로는 '에너지의 흐름' 또는 '우주(宇宙) 에너지'라고 한다. 기는 세상 모든 만물을 구성하는 바탕이며, 모든 현상을 일으키는 기초다. 기가 작용하여 만물을 구성하고, 모든 살아 있는 생명은 기로 만들어지며, 기로 삶을 영위하다가, 기가 다할 때 죽음을 맞는다. 기(氣)는 현상계(現象界)에 있는 모든 존재(存在)와 기능(機能)의 근원(根源)이며, 살아 있는 현상의 에너지 활동이다. 생명체(生命體)는 기가 취합(聚合)된 것으로, 자연에 분산된 기가 모이면 생명체를 이루고, 생명체가 죽으면 다시 기로 분산(分散)되는 생명의 근원이다. 기(氣: energy)는 대기의 압력, 지기, 지자기, 지전류, 전자파, 전파, 무선 에너지와 같은 보이지 않는 에너지다.

사람의 육체는 음기와 양기로 구성되며, 모든 생명체는 잉태될 때 하늘의 기, 즉 천기(天氣)를 받게 된다. 그 가운데 해와 달과 수·화·목·금·토 오행이 결정적인 영향을 미친다. 이렇게 하늘의 기운으로 잉태된 사람은 조상과 땅의 기운으로 살아가게 되며, 땅의 기운을 분석하는 과정에서 체계적인 사상과 이론으로 발전한 것이 바로 풍수지리다.

퇴계 이황은 기(氣)를 우주 생성의 근원으로 보고, 그 기를 태극에서 생겨난 「일원지기(一元之氣)」라 했다. 천지와 삼라만상은 모두 이 기에 의해 생기고 자라며 죽음에 이른다. 죽음은 기가 생기기 전의 상태로 분해되는 것일 뿐이다.

기(氣)는 천지만물의 존재이며, 운동의 근원적 법칙이고, 그 있게 함의 원천이다. 천지간의 자연현상을 총칭하는 말로서 천둥, 번개, 바람, 구름, 눈, 비, 우박, 안개, 무지개 등은 모두 기의 변화에 기인한다. 기는 음양의 정(精)이며 몸의 활동력의 바탕으로 모든 살아 있는 것에 가득 차 있다. 만물생성력의 근원으로서 힘 바로 그것이며, 빛, 냄새, 소리 등 인간의 일체 감각기관의 근본적인 존재력이다. 그래서 서양인들은 기를 'Vital Energy'라고 번역하기도 한다.

사람도 음양오행의 생기로 태어나서 자라고 늙고 죽어가기 때문에, 생기를 받고 살아야 건강하고 행복하게 살 수 있다.

풍수에서 명당(明堂)은 '생기(生氣)'가 멈추고 모인 땅을 말하며, 산과 물, 음과 양이 조화(調和)와 균형(均衡)을 이룬 곳이다. 풍수의 목적은 땅의 좋은 생기를 받는 데 있다. 풍수이론의 산(山)·수(水)·방위(方位)를 분석하는 것은 기의 발원지(發源地)이기 때문이다.

기 자체는 눈에 보이지는 않지만 응집하면 모양을 이루고 고정되어서 오관(五官)으로 감지되는 물체(物體)로 화(化)한다. 그러나 기가 확산(擴散)되거나 분산되면 모양이 없어져서 눈에 보이지 않는 존재가 된다.

장자(莊子)에 이르기를 "사람은 기(氣)가 모여서 태어나고, 기(氣)가 흩어지면 죽게 된다(人之生 氣之聚也 聚則爲生 散則爲死)"고 하였다. 이렇듯 기(氣)는 모든 현상의 근원이자 에너지(energy)라 할 수 있다.

무라야마 지쥰(村山智順, 1931)은 우주 삼라만상은 음양의 양기(兩氣)와 5기(五氣: 수·화·목·금·토)가 활동함으로써 생기는 것이다. 그러므로 기(氣)를 생기(生氣)라 한다. 또 만물은 이 생기에 따라 정교함과 성쇠(盛衰)를 달리한다. 이 생기가 인생만물의 운명을 지배한다는 것이 풍수설의 본질인 생기론(生氣論)이라고 하였다.

사라 로스바흐(Sarah Rossbach, 1987)는 기(氣)란 우주의 호흡, 생체에너지다. 기란 생동하는 힘, 에너지(energy)로써 물을 이루고 산을 만들며 초목과 인간에게 생명을 불어넣으며 일생 동안 동행하는 것이다. 기란 동식물에 활력을 넣어주는 힘이며, 지구에 변화를 주도하고 생명력의 정수이며 모든 사물을 활성화한다. 기가 없이는 나무가 번성하지 못하고, 강물은 흐르지 못하며, 사람이 살지 못한다. 모든 사물이 기를 호흡하면서, 또 기를 뿜으며 서로 영향을 미친다. 풍수(風水)는 행운을 관장하는 힘으로 신비한 지기(地氣)의 작용이라고 한다. 풍수의 궁극적인 목적은 마치 침구사가 환자로부터 기를 조절하듯이 대지의 기를 호흡하는 것이다.

랑 캄 추엔(Lam Kam Chuen, 1996)은 기(氣)란 장소와 사람이 서로 작용하는 에너지의 소통이며, 어느 장소든 기가 있다. 본래적 에너지로 충만하면서도 동시에 비어 있는 기운이며 만물의 기원이다.

릴리안 투(Lillian Too, 2005)는 사람은 거주 공간에 가득 차 있는 기(氣)의 영향을 받는다. 이것은 지구를 구성하고 있는 자연의 환경, 즉 산과 강으로부터 발산되는 보이지 않는 에너지가 우리 인식의 리듬과 조화하여 우리가 어떻게 반응하느냐에 영향을 미친다. 기의 에너지 라인은 전자파의 스펙트럼을 형성하는 보이지 않는 에너지 라인과 비교될 수 있으며, 대기에서 '지전류'라고 기술된다. 컴퓨터는 무선 통신으로 할 수 있게 되었고, 메시지, 데이터와 심지어 그림 파일도 전파와 무선 에너지로 전 세계에 보낼 수 있게 되었다. 풍수에서 기는 건강 또는 병, 행운 또는 불행을 초래하는 과학적으로 발견되지 않는 동적인 힘이 사람에게 영향을 끼치는 것이 가능하다.

동양철학에서는 기(氣)가 우주(宇宙)의 본원(本源)으로 어느 곳이든 없는 곳이 없고(無所不在), 새로 생기지 않고 없어지지도 않으며(不生不滅), 시작도 끝도 없는 것이라(無始無終) 하여 불변형질(不變形質)이라고 하였는데, 이것은 17세기 영국의 물리학자 아이작 뉴턴(Isaac Newton)

의 '에너지 불변(不變)의 법칙'과 일치한다. 이는 또한 "사람이 죽으면 기가 흩어져 우주공간으로 돌아가 다른 형태(形態)의 기로 변한다. 따라서 우주공간에 있는 에너지의 총량, 즉 우주공간에 있는 기의 절대량은 일정하다"라고 주장하는 과학자의 주장과도 일맥상통(一脈相通)한다.

(2) 감응(感應)

풍수지리의 핵심 이론은 '동기감응론(同氣感應論)'이다. 같은 기끼리 서로 감응한다는 뜻이다. 주변의 기와 나의 기가 서로 감응한다는 이론은 양택(주택, 마을, 도읍지) 풍수에 적용되고, 조상의 기와 후손의 기가 서로 감응한다는 이론은 음택 풍수에 적용된다. 양택은 주택, 사무실, 사업장, 관공서, 공공시설, 종교시설 등 사람이 잠자고, 일하고, 활동하는 생활공간이며, 음택은 사당, 묘, 납골당, 수목장 등 사람이 죽어서 영면하는 장소다.

동기감응(同氣感應)은 기(氣)의 정의를 중심으로 한 설명이 과학자의 입장과 풍수학자의 입장이 서로 다르지 않음으로 기의 설명 논리는 동기감응과 같다고 볼 수 있다.

존재하는 모든 사물은 존재를 위한 에너지(氣)를 가지고 있으며, 이 에너지(氣)는 고유의 파장(波長)을 가지고 같은 파장과 반응(反應)하려는 특징이 있다. 비록 유골(遺骨)이라 할지라도 존재하는 한 존재를 위한 에너지를 가지고 있으며 파장을 일으켜 반응하려는 작용을 하는데, 그 상대는 자신과 유전인자가 똑같은 자손이다. 이는 방송국 주파수의 라디오나 TV채널은 같은 주파수(電子波長)끼리만 송신(送信)과 수신(受

信)이 가능하듯이, 조상의 유골도 동일한 유전인자를 가진 자손에게만 파장으로 작용하는 것이다.

　유골이 좋은 환경에 있으면 좋은 기를 발산(發散)하여 자손이 좋은 기를 받을 것이요, 나쁜 환경에 있으면 나쁜 기를 발산하여 자손이 나쁜 기를 받는다는 것이 동기감응론(同氣感應論)이다. 그러나 화장을 한 유골은 존재를 위한 에너지(고유의 에너지)가 이미 파괴(破壞)되어 에너지가 가지고 있는 고유의 파장(氣)을 갖지 않는다.

　땅속의 기는 바람을 타면 흩어지고, 물을 만나면 멈추는 장풍(藏風)이 되어야 한다. "장풍이란 바람을 막는 것이 아니라 바람을 감춘다"는 것으로, 혈(穴)의 좌우에 있는 청룡(靑龍), 백호(白虎)와 주위에 있는 산들이 보국(保局)이 잘 되어 혈을 보호(保護)하면 그 안에 있는 기는 장풍이 되어 흩어지지 않는다는 것이다. 또한 생기는 물과 경계를 이루면 물이 기를 막아 주어 나가지 못하고 머물게 되어 혈이 맺어지게 되는데, 수(水)와 기(氣)는 같이 움직이기 때문에 용(龍)이 사룡(死龍)이 아닌 생룡(生龍)이 되면 여기에 혈이 맺힌다고 본다.

나. 풍수지리의 과학적 근거

DNA에 의한 과학적 실험

　(가) 1944년 미국의 에이버리는 그리피스 실험을 통해 DNA가 유전정보의 매개체로 작용하고 있는 것을 발견했다.

　(나) 1950년 허시와 체이스에 의해 대장균에 감염하는 박테리오파지(bacteriophage)를 이용한 실험을 통해 DNA가 유전물질임을 밝혔다.

(다) 1960년 노벨화학상을 받은 미국의 윌러드 리비 박사는 인체에서 '14종의 방사성탄소(放射性炭素)'를 발견하고, 그 원리 규명에서 죽은 사람의 경우 사람의 뼈에 있는 14종의 방사성탄소가 죽은 뒤에도 오랜 세월 소멸되지 않고, 또한 조상과 후손은 같은 혈통으로 같은 동종의 유전인자를 내포하고 있으면서, 인체의 여러 가지 원소에서 발산되는 방사성 파장마저도 같은 파장으로 서로 감응을 일으키는 현상이 많으며, 혈통이 가까울수록 같은 유전인자가 더욱 많이 교류되어 감응하는 정도가 강하게 나타나고, 혈통이 먼 조상이거나 오래된 묘일수록 감응 정도가 약하다는 것을 밝혔다. 이것은 현대과학의 DNA에 의해 풍수학의 핵심이론인 동기감응론이 방사성탄소의 원리를 통해 과학적으로 규명되었다.

(라) 1993년 클리브 백스터 박사와 과학자들이 세포, 즉 DNA가 몸에서 분리된 후에도 계속 감정의 영향을 받는지의 실험에서, 실험 참가자의 입 안에서 조직과 DNA 샘플을 채취하여 20m 거리와 500km 거리에서, 샘플 제공자의 감정에 반응하는지의 여부를 전기를 이용하여 측정하고, 정확한 시차를 콜로라도에 소재한 원자시계로 측정한 바, 실험 참가자가 감정적 경험을 하면, 분리된 샘플 제공자의 세포와 DNA는 거리에 관계없이 동시에 마치 몸 안에 있는 것처럼 즉시 강력한 전기적 반응을 보이며 감응하는 것을 확인했다. DNA에 의한 50여 년의 연구를 통해 미신적이고 비과학적으로만 여겨지던 풍수지리가 과학적인 학문으로 인정되었다.

(마) 2013년 부산 동의대 이상명 교수의 실험에서 성인 남자 3명의 정액을 채취해 3개의 시험관에 넣고 각각 전압계를 설치한 후 3명의

남자를 다른 장소로 이동하여 차례로 미세한 전류를 가하자 실험 참가자의 정액이 경련을 일으키는 현상이 나타났다. 이 실험에서 학자들은 동기(同氣)에 의한 방사파 현상이라고 하였다.

❸ 풍수지리의 기원

풍수지리는 원시사회로부터 자연의 다양성과 변화에 대한 체험적인 터득이다. 즉 인간의 생활은 자연환경(自然環境)을 바탕으로 그 속에서 각각의 문화를 형성하고 발전시켜 왔다. 특히 동양에서는 인간의 주거(住居)와 취락(聚落)의 입지 선택에 대한 방법론이며, 죽은 자의 영면(永眠)을 위한 길지선정(吉地選定)의 목적으로 땅이 갖고 있는 생기(生氣), 즉 신비한 생명력을 생활에 적극적으로 활용하려는 관습으로 인간과 자연의 조화를 추구하였다.

세계 모든 나라마다 고유의 전통사상이 있다. 우리나라도 반만년 역사를 통해 여러 가지 전통사상이 발전하여 왔는데 국가 대계에서부터 민간의 일상생활에 이르기까지 우리의 삶에 가장 깊은 영향을 미친 사상으로 풍수지리(Feng-Shui)를 들 수 있다. 또한 고대로부터 현대에 이르기까지 한국인의 전통적 자연관과 토지관을 지배했던 형식과 실체적 논리구조로, 우리 민족의 사상적 근간을 이루며 인간의 길흉화복(吉凶禍福)을 좌우하는 초월적 힘으로 인식되어 민간신앙으로 자리 잡아 왔다. 이러한 풍수사상은 오랜 세월 동안 우리민족의 기층 사상을 이루어, 우리의 일상생활 전반에 영향을 미치고 있다.

풍수지리의 목적은 지력(地力)에 힘입어 인생의 발전과 번영, 그리고 인간의 최대 목표인 건강하고 안락한 생활의 행복을 구하는 것인데, 주택을 길지에 정해 행운을 구하는 일과 조상의 묘를 길지에 모셔 자손의 번영과 가문의 발전을 꾀하려는 낙토, 이상향, 유토피아에 대한 사람들의 염원이 함께 얽힌 자연과의 조화로운 삶을 추구하는 우리 민족의 자연관을 대변하는 삶의 한 방식이었다.

풍수지리의 용어에서 풍(風)은 바람, 공기 즉 기권(氣圈)을 가리키고, 수(水)는 물로서 지하수, 하천, 강, 바다 등의 수권(水圈)을 뜻하며, 지(地)는 지질(地質), 지형(地形), 지세(地勢) 등의 육권(陸圈)을 뜻하기 때문에 풍수지리란 기권, 수권, 육권 등 인간이 생활하고 있는 주변을 둘러싸고 있는 자연환경(自然環境)에 관한 이론이라고 할 수 있다.

풍수는 죽은 자의 묘지를 선정하는 음택풍수와 살아 있는 사람이 잠자고 일하며 생활하는 주택이나 사무실, 사업장, 관공서, 공공시설, 종교시설 등을 선정하는 양택풍수로 나눌 수 있다.

풍수지리는 감여(堪輿), 지리(地理) 혹은 지술(地術)이라고도 한다. 풍수라는 용어는 곽박(郭璞)의 장경(葬經)「금낭경(錦囊經)」第一「氣感編」에 "경(經)에 이르기를 생기(生氣)는 바람을 타면 흩어지고 물을 만나면 멈춘다. 옛사람들은 기(氣)를 모아 흩어지지 않게 하고 가는 기(氣)를 멈추게 하니 이를 풍수라고 하는 것「經曰 氣乘風則散 界水則止 故人 聚之使不散 行之使有止 故謂之風水」이다"라는 구절에서 풍수의 어원이 나오게 되었다. 생기는 바람을 타면 흩어지기 때문에 마을에는 외부의 공기가 유입되어야 하지만, 일단 들어온 공기는 외부로 유출되지 않아야 한다. 그래서 방풍(防風)이 아니라 "생기를 품는다"라는 의미에서 장풍(藏風)이라고 한다. 그리고 생기는 물을 만나면 멈추기 때문에 마을 앞에는 반드시 물이 있어야 한다. 마을을 입지하는 데는 장풍득수(藏風得水)가 중요한데 장풍득수의 준말이 풍수(風水)인 것이다.

장풍득수란 바람이 감춰지고 기가 모이며 물을 얻을 수 있는 것으로 풍수지리의 핵심은 생기(生氣)를 얻는 데 있다. 생기(生氣)를 만드는 기본 조건은 바람(風)과 물(水)로 장풍(藏風)과 득수(得水)에 의해 이루어진다. "생기(生氣)는 멈추고 모여야 하는데 바람을 타면 흩어진다." 이 생기(生氣)의 멈춤과 모임을 위해서는 바람이 불어가 버리게 해서는 안 되고 이를 모으면 화순(化醇)이 된다. 불어오는 바람을 거부하는 것이 아니라, 불어 나가는 바람을 막는 방법으로 방풍(防風)이 아니고 장풍(藏風)이다. 즉 물건을 넣고 내어 쓰지 않는 것이 장(藏)이다. 바람을 저장한다는 뜻으로 바람을 넣은 국혈(局穴)에서 순화(醇化)를 이루어 흩어지지 않도록 한다는 것이다.

❹ 풍수지리의 정의와 동·서양의 풍수

가. 풍수지리의 정의

중국의 현대 철학자 **풍우란(馮友蘭)**은 「중국철학사」에서 "술수(術數)는 자연을 적극적으로 해석하여 이를 정복함으로써 자연의 힘을 빌리려는 점에서 과학과 공통점을 가지고 있으며, 초자연적인 힘에 대한 신앙을 포기하고 우주를 순전히 자연의 힘만으로 해석하려고 할 때 술수는 과학이다"라고 갈파했다. 풍수지리란 과연 무엇인가. "풍수는 인간이 우주의 산물이라는 사상에 기반을 두고 있으며 인간이 살고 있는 집이나 죽은 뒤에 묻힐 묘는 자연의 힘, 곧 풍수와 조화를 이루도록 안배되어야 한다는 사상"이라고 했다.

탁옥부(琢玉斧)에서는 "수많은 지리서가 있으나 그 뜻을 묶으면 음양이라는 두 개념이다. 음양의 기묘함을 명쾌하게 꿰뚫어 알 때 사람들에게 지선(地仙)으로 행세하여도 부끄러움이 없을 것(古傳地理千百卷 義括陰陽兩字間 識透陰陽奇妙處 無愧人間行地仙)"이라 하여 그 요체를 음양이라 파악하였고, 장서(葬書)에서는 "풍수의 법술은 득수가 으뜸이요, 장풍이 그 다음이라(風水之法 得水爲上 藏風次之)"고 하여, 풍수하는 방법으로는 평양의 지세에서 득수의 땅이 제일이고 산룡(山龍)인 경우의 장풍되는 땅이 그 다음이라 지적(風水法中 上者平洋 得水之地 次者山龍藏風之地)하였다.

설심부(雪心賦)는 "지리의 이법에서는 좌향 방위에 대한 것이 논리를 세우는 처음(方位之說立始以地理之地)"이라 하여 방위의 중요성을 강조하였고, 청낭경(靑囊經)에서는 다시 음양을 내세우고 있으며(人得陰陽玄妙理 知其衰旺生與死), 금탄자(金彈子)에서는 "지리에서 땅을 보는 일은 모두 다 용(龍)이 주(主)이고 혈(穴)이 다음이며 사성(砂城)과 수(水)가 또 그 다음이라고 말한다(言地理咸曰看地以龍爲主穴次之而砂水又次之)"고 하여 용(龍), 혈(穴), 사(砂), 수(水)의 네 가지를 제시하고 있다.

하남 장용득 선생님의 자연환경의 형화기정(形化氣精) 분석론에 의하면 인간은 우주의 정기를 받아 태어났다고 하여 소우주라고 한다.

이 우주의 정기가 곧 자연의 정기다. 자연은 우주의 천체가 순환(循環)하는 이치(理致)와 그 변화(變化)하는 현상(現狀)을 말한다. 이러한 자연 속에 살고 있는 모든 생물들은 "산(山), 수(水), 풍(風)과 방위(方位)"의 영향(影響)을 받으며 생물의 영고성쇠(榮枯盛衰)와 생사(生死)를 주관하는 이 산, 수, 풍과 방위를 "자연환경(自然環境)"이라고 한다. 자연환경은 자연법칙(自然法則)에 의해서 움직이고 있으며 자연환경을 관찰하는 형화기정(形化氣精)을 분석해서 "자연법칙의 조화점"을 찾는 것이 풍수지리라고 한다.

라이(Lai, 1974)는 캐나다 빅토리아의 차이나타운을 사례로 중국 전통의 풍수는 왕족, 관료, 일반 국민들의 주택을 점하는데 유용하게 사용되었으며, 현대에도 이러한 풍수모델이 충분히 활용 가능하다고 하였다.

사라 로스바흐(Sarah Rossbach, 1984)는 풍수란 인간과 주위환경, 고대방식과 현대적 삶을 연결하는 신비한 고리다. 자연의 형태와 현상들, 그리고 인간이 세운 건물과 상징물들, 우주의 끊임없는 운행, 달이 차고 이지러짐, 별의 진열 등을 말해주는 언어다. 풍수는 인간과 자연, 우주의 숨소리, 기의 침묵의 대화를 이해하는 관건이며 철학, 심리학, 의학, 건축학에서부터 도시계획, 실내장식, 천문학에 이르기까지 혼인, 축제, 장례, 파티 등 일상다반사를 결정하는 요인으로 보존, 생태계, 방위, 공간배열 등 환경예술로써 기본적으로 이 세상에서 어떻게 또 어디에 자신을 두어야 할 건지, 자기 터전을 마련해야 할 건지를 알려주는 것이다. 또한 누구나가 바라는 것에 대한 약속이다. 결론적으로 풍수란 이 우주에서 어떻게 더 바람직하게 자신을 위치할 것인가를 알려주는 것이다. 풍수에서 양택(주택)이나 음택(묘)은 오행상생 음양 배합을 이루며, 반드시 균형이 잡히고 환경과 조화를 이루어야 한다. 즉 기가 원활히 흐르는 지점을 찾아내고 음양의 균형이 맞는지를 감정하는 것이다.

초대 통일중국 수도였던 장안(현 서안)의 황궁은 북두칠성의 형태를 본떠서 만들었는데, 모든 별들이 북두칠성을 중심으로 움직이듯이 지상에서는 황제가 중심이라는 상징을 지닌다. 북경의 황궁인 자금성은 모든 별들의 회전축인 북극성에 조준되어 있다. 거기서 천자는 국운을 관장하고 천·지·인의 조화를 유지하는 역할을 했다.

린 윈(Lin Yun, 1984)은 "나는 집을 기(氣) 흐름에 융화 시킨다." 이는 인간의 본성과 우주의 흐름을 의미한다. "침대 모양, 건물 형태와 높이, 도로방향, 골목 등 모두 인간운명에 연관된다." 사람의 운명을 틀 수는 있지만 완전히 바꿀 수는 없다고 한다. "모두들 잠재성과 운명을 가지고 있다." 사람은 기본적으로 행, 불행, 중간행의 3부류로 태어난다. 그것이 운명이다. 때때로 남을 도울 수 없어 죽어나가는 걸 보기도 한다. 그러나 대개는 풍수의 도움으로 잠재력을 향상시킬 수 있다. 그래서 상서로운 사무실 배치나 건물을 지닌 중간 행운 정도의 사업가가 행운은 타고 났으나 근무환경이 비교적 좋지 않은 사업가의 잠재력을 능가하는 것이다.

데릭 월터스(Derek Walters, 1989)는 풍수란 바람과 물(구름, 비)의 조화로 만물이 천지의 절대적인 영향 하에 살고 있는 바, 번성을 염원하는 인간이 이 영향력과 조화를 이루어야만 한다는 당위성에서 인간이 자연에 순응하는 수단으로 자연 순화적인 풍수가 큰 줄기를 이루었으며, 천지간에 가득 찬 운기체계로 땅을 관장하는 자연의 영향이다. 천기지기(天氣地氣)가 만물을 창조한다. 천기와 지기는 서로 융합하면서 자극하고 서로 창조하면서 궁극적으로는 만물을 생성한다고 하며, 서양에서 풍수에 관심을 갖는 것은 쾌적한 주거환경, 좋은 인간관계 형성, 육체적·정신적 건강의 강화를 위해서 이용하고 있다고 말하고 있다.

람 캄 추엔(Lam Kam Chuen, 1996)은 고대 중국 황궁이나 영국의 버킹엄 궁, 백악관, 타지마할 등은 모두 풍수학적으로 고려하여 지어진 것이라고 한다.

북경의 황궁인 자금성에 인공도랑을 파서 외부로부터의 기의 침범을 막고 다섯 개의 다리는 권력의 심장을 상징하는 숫자적 의미를 띠고 있다. 오직 황실만이 가운데 다리를 쓸 수 있었으며 다른 관리들은 나머지 다리를 사용했다.

버킹엄 궁은 뒤쪽으로 조용한 정원이 안정감을 주고 멀리 나무들이 있어 방해 받지 않는 안락함을 준다. 중앙에 이르는 긴 길은 앞뜰로 몰려드는 기(氣)의 냇물 같다. 빅토리아 여왕 기념관은 들어오는 기(氣)를 모으는 위치다. 장안의 황궁, 자금성, 버킹엄 궁은 모두 풍수적으로 고려하여 지어진 건물이다.

탐(Tam, 1999)은 풍수는 건축물의 공간 배열과 입지와 연관한 이론으로서 건물 디자인에 중요한 요소로 사용되었으며, 홍콩에서는 풍수가 경제적 가치를 가지고 있기 때문에 형세가 좋은 곳은 높은 가격을 보이고 있다고 하였다.

황보(Hwangbo, 1999)는 풍수의 목적은 건물 디자인에 있어 조화와 행운을 추구하는 것이라고 하였으며, 우주론과 관련이 있는 풍수의 직관적인 태도는 서양건축의 기하학적 개념과 강한 유사성을 보인다고 하였다.

막과 응(Mak and Ng, 2005)은 풍수는 건축과 관련된 중국의 전통적인 학문으로서 크게 형세론(形勢論:Form School)과 이기론(理氣論:Compass School)으로 구분되는데, 이 중 형세론은 주로 지리적 특성이나 지형을 파악하는 데 사용되었고, 이러한 원리는 거시적으로는 도시 디자인, 부지의 선정 등에, 미시적으로는 건물의 방향, 내부 배치 등에 사용되었다고 하였다. 이러한 원리를 홍콩의 231개 표본과 시드니의 314개 표본 등 총 545개의 표본을 대상으로 일원분산분석법(One-way ANOVA)을 이용, 연구하였다. 풍수이론이 적용된 홍콩의 건물과 서양의 관점에서 건축된 시드니의 건물을 비교분석한 결과 건물 주위의 환경의 선택과 내부 배치 등에서 서양의 관점에서 건축된 시드니의 건물도 사실상 홍콩의 건물과 같이 풍수적인 구조로 해석 가능하다는 결과를 얻었다.

릴리안 투(Lillian Too, 2005)는 풍수란 우리가 일상을 살아가는데 제일의 생활 기술이며, 그것을 배울 수 있고 실행하는 가이드라인의 통합된 세트를 제공하고, 우리가 살고 있는 집이나 직장의 기(氣: 에너지)의 최적의 밸런스를 맞추는 데 초점을 두고 가이드라인을 적용하는 여러 가지 기술의 구성이다. 우리가 살고 일하는 공간을 디자인하고, 향상시키는 것과 같은 좋은 용도로 선택할 때에 가치 있는 전문 지식을 주고, 풍수공식 또한 우리의 행운을 맞춤 디자인 할 수 있게 한다.

나. 풍수지리는 친환경 설계학이며 자연환경 과학이다

인간은 자연에서 태어나 자연에서 살다가 자연으로 돌아간다. 즉 살아서도 자연, 죽어서도 자연이다. 인간은 자연을 떠나서는 살 수가 없다. 천지의 순환에 의해서 태양을 중심으로 지구의 자전과 공전으로 밤낮과 춘하추동 4계절이 생기고, 밤낮과 춘하추동 4계절이 생김으로써 24절기가 생긴다.

또한 자연의 법칙(法則)은 인간의 힘으로는 어찌할 수 없는 절대성이 있다. 그래서 우주를 천지라 하고, 천지는 곧 음양이라고 한다.

심오한 동양철학이며 풍수의 근본사상인 음양오행(陰陽五行) 사상은 하늘과 땅이 서로 응함에 음(陰)과 양(陽)이 생하고, 음양이 생함에 배합(配合)과 불배합(不配合)이 생하고, 배합과 불배합이 생함으로 상생(相生)과 상극(相剋)이 생겨서 오행(五行)이 이룩된다고 한다. 하늘에도 오행성이 있고, 지리에는 오행산이 있으며, 지구도 오대양이 있다. 인체에도 오장이 있으며, 인류는 오색종이 있다. 우주에 있는 모든 만물들은 태(胎)·란(卵)·습(濕)·화(化)로 태어난다. 즉, 태로 태어나거나, 알로 태어나거나, 습기로 태어나거나, 화해서 태어난다. 만물에는 유상(有想)인 것과 무상(無想)인 것, 유색(有色)인 것과 무색(無色)인 것, 생각이 있는 것과 없는 것, 모양 즉 형체가 있는 것과 없는 것이 있으나, 그 근본은 이 음양(陰陽)과 오행(五行)의 정기(精氣)가 묘합(妙合)하여 만물이 화생(化生)된다.

인간은 우주의 정기를 받아 태어났다고 하여 소우주라고 한다. 이 우주의 정기가 바로 자연의 정기이며, 자연은 우주(宇宙)의 천체(天體)

가 순환하는 이치와 그 변화하는 현상을 말한다. 이러한 자연 속에 살고 있는 모든 생물들은 산(山)·수(水)·풍(風)과 방위(方位)의 영향(影響)을 받아 그 영고성쇠(榮枯盛衰)와 생사(生死)가 결정되는데, 이 산(山)·수(水)·풍(風)과 방위(方位)를 자연환경(自然環境)이라고 한다. 자연환경은 자연법칙에 의해서 움직이고 있으며 자연법칙의 조화점(調和点)을 찾는 것이 풍수지리다. 풍수지리는 자연환경의 산·수·풍에서 관찰되는 형(形)·화(化)·기(氣)·정(精)을 총 분석하여 실습을 통해서 알아내는 학문이다. 이 산·수·풍의 영향으로 삼라만상의 흥망성쇠(興亡盛衰)와 소장변화(消長變化)가 일어나며, 산·수·풍의 여건이 맞는 곳은 만물이 번성하고, 그 여건이 맞지 않는 곳은 만물이 쇠진한다. 이것이 풍수지리의 근본 원리다. 예를 들어 똑같은 씨앗을 바위 위와 물속에 뿌리고, 비옥한 땅과 척박한 땅에 뿌렸다고 하자. 바위 위에 뿌린 씨앗은 물이 없어 싹을 틔우지 못하고 말라 버리며, 물속에 뿌린 씨앗은 바람 즉 공기가 없어서 싹은 틔울 수 있으나 오래되면 썩어 버린다. 반면에 비옥한 땅과 척박한 땅에 뿌려진 씨앗은 싹을 틔운다. 다만 산·수·풍의 조화와 균형, 그리고 지질에 따라 그 씨의 번식과 수확 정도는 각각 다르다.

산·수·풍의 바람과 물은 산의 생김에 따라 움직이며 생활의 등차는 산천영기에 따라서 결정된다. 산과 물은 맑고 아름다워야 하며, 산포수회(山抱水廻) 산이 둥글게 둘러 감싸주고(環抱) 그 주위의 산세가 안정되어야 불어오는 바람도 온화하고 습하지 않으며 물도 감돌아 주어야 건조하지 않다. 이렇게 산·수·풍이 결응(結應)된 곳에 지기(地氣)가 상승하고 천기(天氣)가 하림해서 햇빛이 잘 들어 편안하고 온화하며,

포근하고 아늑한 느낌을 주는 곳으로 한해(旱害)와 수해(水害)를 입지 않고 생업의 조건이 좋으며, 교통이 편리한 곳이 좋은 터, 즉 길지(吉地)이며 명당(明堂)이다.

다. 풍수지리의 현대적 정의

현대의 풍수는 천지인(天地人) 하늘과 땅과 사람이 서로 유기체로 "인간과 자연이 유기적인 통합체로 공존한다"는 자연환경에 관한 생태학으로 주역의 팔괘, 즉 "방위와 음양오행론"에 의해 바람[風]과 물[水]의 흐름, 땅[地]의 지형[地形] 지세[地勢] 등 자연적 요소가 인간에게 미치는 영향을 분석, 인간 생태계에 접목시킴으로써 자연의 생명에너지와 인간의 생명에너지가 가장 효율적으로 동화(同和)하고 순화(醇化)하는, 즉 자연환경과 인위적 환경이 서로 조화(調和)와 균형(均衡)을 이루어 자연과 인간이 함께 어우르는 생태보전적 상생공존의 자연환경에 관한 친환경 설계학으로, 체계적인 사상과 이론으로 발전한 인간이 자연환경과 조화(調和)를 추구하는 자연환경과학(natural environment science)이다.

그러므로 풍수지리학은 바람과 물이라는 자연적 요소의 현상을 인간생활에 편리하게 수용하여 인간의 발전과 행복을 추구하는 학문이다. 후세에 효의 관념이나 샤머니즘과 결합하여 이기적(利己的)인 속신(俗信)으로 진전되기도 하였으나, 자연과 인간이 환경의 조화(調和)를 추구하는 일종의 토지관(土地觀)의 표출(表出)이라 할 수 있다.

라. 동양의 풍수지리

(1) 중국

중국의 풍수지리는 춘추전국시대부터 시작되었을 것으로 보고 있는데, 약 2000년 전인 후한시대 청오자가 청오경(靑烏經)을 저술하여 유포한 것을 역사적 기원으로 삼고 있고, 또한 장자방이 청낭정경(靑囊正經)을 지었다. 그 뒤 400년 후 진나라의 곽박이 청오경을 인용하여 저술한 장서(葬書) 금낭경(錦囊經)은 풍수지리에 대한 구체적인 해석과 풍수의 이론과 실천을 전체적으로 기술함으로써 풍수지리학 발전에 크게 공헌하였다.

그 어원은 당나라 황제 현종이 지리를 잘 아는 홍사라는 신하를 자주 불러서 산천의 형세를 물어보았는데, 그때마다 홍사는 장서를 인용하여 설명하였다. 현종이 홍사에게 그 책을 요구하니 홍사는 책을 바치면서 이 책은 세상에서 귀한 책으로 함부로 다른 사람에게 보여서는 안 되는 비보서(祕寶書)라고 말하였다. 이 말을 들은 현종은 이 책을 비단으로 만든 보자기인 금낭에 넣고 다시 장롱 깊이 넣어 보관하였다고 하는 데서 유래되었다.

곽박은 같은 기는 감응을 한다는 동기감응(同氣感應)을 주장하였는데, 이 동기감응은 지금도 풍수지리의 기본원리가 되고 있다.

당나라 때는 문화가 찬란하게 꽃을 피웠으며 풍수지리학도 크게 발전하였다. 이때는 간단한 나경(패철)을 이용하여 방위(方位)와 좌향(坐向)을 측정하였고, 양균송은 청낭경을 지어 당시 한낱 술법으로 전해 내려오던 풍수지리설을 정리하여 체계적인 학문으로 정립하였다.

특히 양균송은 팔십팔향법(八十八向法)을 정리하여 오늘날까지도 묘나 집의 좌향을 결정하는 데 사용하고 있다.

이외에도 여동빈 등의 대가가 있었으며, 이 시대에 도선국사의 스승이라고 알려진 일행선사(一行禪師)는 724년 칙명에 의하여 중국대륙의 남쪽은 교주로부터, 북쪽은 철륵에 이르기까지의 각 지역의 위도를 측정하여 화식지지(재화가 풍부한 땅), 용무지지(무인이 많이 나오는 땅), 용문지지(문인이 많이 나오는 땅)로 중국을 구분하기도 했다. 이는 국토 전체를 풍수지리적 관점에서 용도별로 편제하였다는 것인데, 풍수지리가 상당한 체계를 잡기 시작한 것의 반증이라 할 수 있다.

명나라 때의 풍수지리학은 오늘날 풍수지리 학계에 영향을 끼쳤는데, 협소한 고정관념에서 탈피하여 폭넓은 수용자세로 연구가 활발하였다.

그중에서도 구성법(九星法)의 응용으로 이기론(理氣論) 분야에 새로운 학설을 개척하였다. 또 나경(패철)학설의 발전으로 더욱 세밀한 부분까지 묫자리와 집터를 측정하여 시간과 공간을 서로 연관성 있게 다루었다. 이 당시 서선술, 서선계 쌍둥이 형제가 당시까지의 여러 풍수지리서를 통합하고 정리한 인자수지(사람이면 모름지기 알아야 할 것)를 펴냈는데 오늘날 모든 지리서의 지침서가 되고 있다. 또한 중국 청나라의 조구봉(趙九峰)이 여러 풍수지리서를 정리하여 풍수를 용(龍), 혈(穴), 사(砂), 수(水), 향(向)으로 정리한 지리오결(地理五訣)을 펴내기도 하였는데 현재도 양택풍수에서 사용하고 있는 양택삼요결(陽宅三要訣)로도 유명하다.

(2) 일본

일본에 풍수설이 전파된 것은 중국이나 백제에서 문물이 전파되면서 같이 넘어간 것으로 보는 설이 있다. 한국과 마찬가지로 풍수가 언제 전래되었는지는 정확히 밝히기는 어렵다. 그러나 그 근원은 일본의 정원과 도시건설에서 찾을 수 있다.

일본기(日本記)에 의하면 일본 정원의 시초는 스이코(推古) 日王 20년(612년)에 백제사람 노자공(미찌꼬노 다꾸미)이 일본 왕궁의 남쪽 마당에 연못을 파고 다리를 놓아 만든 것을 풍수적 기원이라 보는 학자가 많다. 이유는 풍수에서는 생기(生氣)는 물을 건너서 도망가지 못하게 하기 때문에 집에 딸린 정원의 연못을 팔 때는 생기를 받아들이는 통로가 되는 집 뒤가 아니라 받은 생기가 흘러나가지 못하도록 앞마당 끝(남쪽)에 파는 것이 원칙이기 때문이다. 일본의 정원 원리는 풍수적 영향(影響)이 크다.

세계에서 가장 오래된 정원으로 알려진 일본의 '사쿠데이기'에 나타난 정원 만드는 법은 풍수지리설과 밀접한 관계가 있음을 알 수 있다.

특히 지형의 기복 조성, 나무의 종류를 골라 길한 곳에 심기, 물이 흐르는 모양과 방향의 결정 등에서 수(水) 사상의 영향이 보인다.

일본에서는 풍수가 한국이나 중국에서와 같이 민간인들 사이에 널리 신봉되지 못했다는 것이 학자들의 의견이다. 그러나 일본의 전통도시인 조카마치의 위치는 풍수적으로 명당(明堂)에 위치한 것이 많고, 그 시가지에서 높은 곳, 즉 주산(主山) 밑에는 대체로 다이묘(大名)의 궁성이 있다.

일본은 풍수지리 사상이 양택풍수(陽宅風水)로 확고히 자리 잡은 나라라고 할 수 있다. 풍수지리학을 전공한 박사가 40여 명이나 된다는 것이 단적으로 입증한다. 일본 전통 건물은 대지 중앙에 배치해 건물이 마당으로 둘러 싸여 있다. 이처럼 건물이 중앙에 섬처럼 위치하고 그 주변에 마당이 둘러진 배치는 남성이 중심이 되고 여성은 종속적인 위치를 갖게 된다. 따라서 남성은 여성 위에 군림하고 여성은 언제나 남성을 향해 봉사하게 된다. 일본은 이런 마당 배치 위에 배산임수(背山臨水) 원리를 원칙으로 하여 환경에 맞춰 조화롭게 풍수이론에 의하여 건축을 하고 있다. 일본의 전통 가옥이나 궁궐은 한국의 영향을 많이 받아 양택 이론으로 건축하였다.

이는 백제인이 일본을 지배하여 왔고 일제강점기에는 총독부에서 풍수지리를 연구하는 데 전력하였으며, '무라야마 지쥰'이라는 풍수학자의 유명저서 〈조선의 풍수〉라는 서적이 출판되어 우리민족의 풍수사상을 상세히 기록하고 풍수지리학 발전에 기여하였다.

일본은 삼국시대 불교가 우리나라에서 전래된 이래 오랫동안 불교를 숭상해온 국가다. 우리와는 달리 개량된 일본식 정토 불교로 국민 대다수가 불교 신자다. 따라서 사후에도 불교식 화장을 한다. 명당을 찾아 시신을 매장하는 우리의 매장법과는 달리 화장한 유골을 사찰이나 정원에 안치한다. 또한 명당 지역에 입지선정(立地選定)을 한 후 풍수지리 원칙을 적용하여 공원묘지를 조성한다. 한 사람에 한 기로 묘지를 조성하는 것이 아니라 한 기에 조상 대대로 화장한 유골을 합분하는 방식을 쓴다. 4단계 탑묘를 9.9㎡ 정도 조성하고 지하 하단에 유골함으로 2단 3단을 가풍에 의해 조각하고 탑의 맨 위는 집안의 명패를 한문으로 조각한다.

마. 서양의 풍수지리

(1) 미국

미국의 풍수는 중국에서 이민 온 화교들이 전파했다는 설이 가장 유력하다. 이는 미국인들이 중국인에게 배웠기 때문에 중국어의 풍수를 '펑쉐이(Feng Shui)'라고 부른다. 동아시아권은 음택(묘지)과 양택(주거)을 모두 중요시 하는 반면 미국인들은 양택에 관심이 많고 음택에는 관심이 적다.

과학과 합리를 존중하는 미국 사람들이 풍수가 과학적 학문으로 증명되면서 풍수 관련 서적과 기의 흐름을 좋게 한다는 반지, 등불, 양초 등 기 제품이 많이 팔리며 폭넓은 계층에서 풍수가 인기를 끌고 있다.

미국 국토를 풍수지리적으로 분석해 볼 때 서부에 자리 잡은 로키산맥이 멕시코를 따라서 대서양으로 산맥을 따라 길게 뻗어 내려가고 있다.

동쪽에는 애팔래치아 산맥이 플로리다 반도까지 연결되고, 그 사이에 넓은 평야가 자리 잡고 있다. 이 평야의 가운데에 미시시피 강이 흘러서 멕시코 만으로 들어가고 있다. 이러한 형태는 전체적으로 곡식을 고를 때 쓰는 키 모양을 하고 있다. 특히 대륙의 미시시피 강이 멕시코 만으로 들어가며, 대륙과 만이 음양의 조화를 이루고 있다. 멕시코 만은 유카탄반도, 쿠바, 바하마 군도 등 여러 섬들이 바람막이 역할을 하고 있어서 장풍과 음양의 효과가 매우 좋은 곳이다. 미 대륙의 동쪽은 애팔래치아 산맥이 청룡, 서쪽의 로키 산맥이 백호가 되며, 수구는 플로리다 반도 끝 부분이 되는 장풍과 득수의 명당 형태를 이루고 있다.

미국의 주산(主山)인 로키 산맥이 서쪽에 위치하고 있어 여성 상위의 나라로 볼 수 있으며, 물질 만능의 나라임을 알 수 있다. 또한 수구가 잘 갖추어져 있어서 재물이 풍부하고, 땅의 전반적인 형태가 안정세를 이루고 있어서 풍수학상 축복받은 나라다. 특히 멕시코 반도가 길게 우선으로 회전하면서 남아메리카로 연결되어 수구를 잘 감싸주고 있는 것이 미국 국토를 재물이 모이는 명당으로 만든 풍수지리적 특징이 있다.

미국의 풍수전문가 '푼진(Pun-Yin)'은 수년전 빌 클린턴 대통령의 성스캔들이 백악관 집무실의 풍수 때문이라는 기사를 실었다. 대통령의 집무실 위치와 내부 구조가 풍수 원칙에 상반된 배치로 대통령이 "성 스캔들, 화이트 워터 사건, 불법 헌금 모금 시비 등등 갖가지 화를 입고 있다"고 주장하면서 백악관 집무실 구조를 풍수에 맞춰 완전히 바꿀 것을 충고했다고 한다. 이 주장에 백악관도 긍정적으로 받아들였다고 한다.

실리콘밸리와 샌프란시스코 일대의 하이테크 인터넷 기업들이 근무 환경을 가장 쾌적하게 조성하기 위해서 풍수를 활용한다. 풍수를 잘 따르면 재화가 창출될 수 있다는 생각에 풍수 컨설턴트의 조언에 회사 내부 구조를 바꾼 뒤 매출과 생산 기록을 갱신했다는 회사도 생겨났다. 풍수는 이제 미국 사회에서 어느 정도 보편화된 단어가 되어 "풍수에 맞게 사무실을 꾸며놨다(I had my office fengshui)"라는 말이 자연스럽게 들린다.

또한 LA에선 최근 풍수지리설을 신봉하여 주택을 거래하기에 앞서 풍수전문가와 상의하는 사람이 급격히 늘고 있고 풍수 때문에 거래가

깨지는 경우는 물론 풍수전문가로부터 보증서를 받은 다음에야 집을 내놓는 사람들까지 생겨났다. LA지역의 노스트롬(Nordstrom) 백화점은 풍수학적으로 보아 백화점에 들르는 것만으로도 기와 복을 얻을 수 있다고 홍보하고 있다. 미국 부동산 매매에서 풍수의 영향력은 계속 커질 것으로 보이며, 저명한 풍수사의 풍수보증서가 유행할지도 모를 일이다.

중국, 베트남 등 아시아 이민들이 늘고 있는 워싱턴 인근 지역에서는 이제 "펑쉐이를 모르면 부동산업을 할 수 없다"는 말이 나오고 있다. 이 지역 주택개발업체에서는 앞으로 아시아 인구 밀집 지역에 건설하는 주택 단지는 풍수가의 자문을 받아 설계한다고 한다. 또 담당 직원들에게 기본적인 풍수교육을 실시하기도 한다.

(2) 영국

영국 기업들 사이에 풍수지리가 유행하는 이유는 이들 기업들이 영국 식민지였던 홍콩과 거래가 잦았기 때문이라고도 볼 수 있다. 다른 서구 기업들에 비해 중국문화와 접촉할 기회가 많아서 동양사상을 적극 수용한 것으로 보인다. 최근 런던 시내엔 '풍수지리 전문가'라는 직업이 신종 인기 직업으로 부상하고 있다. 풍수지리 상담료로는 하루 300파운드를 벌고 있으며, 특정 건물에 기가 모이도록 해주는 것 같은 작업은 무려 5만 파운드 이상을 받는다고 한다. 우리나라에선 아직도 풍수학자나 지관이 못자리나 잡아 주는 사람 정도로 인식되고 있는 것과는 대조적이다.

버진 애틀랜타 항공, 막스앤스펜서 백화점, 리츠호텔 등 영국의 많은 유수의 기업들이 사무실 배치 등에 풍수지리를 활용하고 있다는 것이다.

이 회사들은 대부분 잉어 어항과 활엽수 화분을 사무실에 두고 카펫은 행운을 상징하는 붉은색과 검은색으로 바꿨으며, 기가 원활하게 소통되도록 출입문 주위에는 장애물을 두지 않는다고 한다.

회사 차 번호판도 행운의 숫자로 이뤄지도록 신경을 쓰고 간부들에게는 가급적 붉은색, 검은색, 초록색 옷을 입도록 권장한다. 무선통신회사인 오렌지 사의 경우는 풍수지리상 자동차가 난폭한 호랑이를 상징한다는 이유로 건물 앞 주차를 금지했으며 사람들이 밟고 다니는 매트에 있는 회사 로고는 없앴다. 리츠호텔 사무실 위치나 홀 좌석 배치를 런던의 지력과 조화시키기 위해 풍수지리를 응용하고 있다.

(3) 독일

풍수지리가 유럽으로 급속도로 유입된 시기는 1980년대로 추정되고 있다. 미국, 영국과 마찬가지로 실내 풍수를 중심으로 다양하게 퍼져 있다. 홍콩, 대만, 일본 등의 영향으로 풍수가 유입되었다는 설도 있다. 독일 인터넷 검색 사이트 알타비스타에는 약 12만 개의 풍수지리 관련 사이트가 있다고 한다. 독일의 대형 서점가에는 'Feng Shui(풍수의 유럽식 표기)'라는 제목의 표기 책들이 수십 권씩 진열되어 있다고 한다.

책뿐만 아니라 TV나 신문에서도 간간이 풍수가 소개된다고 한다. 독일 함부르크의 파크하얏트 호텔은 객실 배치를 풍수지리에 맞추어 바꾸고, 조립건축업체인 베베르하우스와 매시브하우스는 건축물의 방위를 풍수지리적으로 정하는 데 공을 들였다. 그 결과 양 사의 영업이익은 크게 향상되었다고 한다. 현재 독일에는 2천 명이 넘는 풍수사가 활동 중이다. 풍수지리가 가장 활발하게 응용되는 분야는 건축, 조립식 건축물 생산업체다. 이같은 회사들은 풍수에 입각한 건축을 하고 있으며, 바이에른주 마싱시는 풍수지리에 입각해 개발하여 많은 업체들이 입주를 희망하고 있다.

일부 학자는 독일이 동독과 서독으로 나뉘어진 것은 풍수지리의 기(氣) 영향 때문이고, 다시 통일이 된 것도 독일의 국토지리 풍수와도 무관하지 않다는 논리를 전개하기도 한다. 최근의 장묘 문화는 수목장을 지내는 추세로 확대되고 있다. 이것은 동양의 음택풍수의 영향이라고 보는 시각도 있다. 조립식 건물 생산업체인 베버하우스, BKB, 매시브 하우스 등은 이러한 풍수의 트렌드를 파악해 풍수와 일치하는 건축물을 제공해 성공했다. 베버하우스는 매일 250명 가량이 방문해 제품을 구입한다고 한다.

외국의 풍수지리에서 살펴보았듯이 우리의 풍수지리는 자생설이든 중국영향설이든 간에 우리 주변의 나라들로 급격히 퍼져 나가고 있음을 부인할 수는 없다. 일본은 음택(묘지풍수)에 권력자나 재벌들의 소수 매장보다는 대부분 화장으로 장묘 문화를 현실에 맞게 적용하고 있고, 음택보다는 양택(주거)에 활용 비중을 두고 있다.

미국은 소위 내부 인테리어와 음양의 조화에 주안점을 두고 활용의 폭을 넓히고 있고, 영국은 그들이 지배했던 홍콩의 영향을 받아서 중국의 풍수와 거의 같은 풍수를 받아들였다. 오행의 형태나 중국인들이 신앙같이 여기는 숫자의 개념(중국인들은 8자를 매우 선호함)도 그대로 적용하는 것 같다. 이렇듯 우리는 그동안 조상들로부터 음택풍수에 치중하였던 풍수지리 사상을, 양택의 동·서사택 방위와 음양오행의 조화를 현대에 맞게 적용한 양택풍수를 현실에 활용해야 할 것이다.

독일은 장묘 문화도 수목장으로 계몽하고 있다. 국토는 좁은데 무조건 좋은 부지를 선택하기 이전에 선택된 부지에 내·외부를 보완해서 (풍수에선 비보라 함) 활용가능성을 만들어야 한다. 인테리어 풍수, 생활과학 풍수를 발전시킨 외국의 사례들은 그동안 매장 묘지만 붙들고 있었던 우리에게 시사하는 바가 크다.

❺ 인생의 운명을 변화시키는 풍수

우주만물에는 각각의 상(象)이 있으며 고유의 이(理)·기(氣)·상(象)을 갖고 있다. 그 상에는 음상(陰象)과 양상(陽象)이 있으며, 물상(物象)의 외형에는 그 형상에 상응한 기상과 기운이 들어 있다. 양상은 선천적인 형상(形相)이요, 음상은 후천적인 기상(氣相)이다. 태어날 때 가지고 온 DNA와 타고난 사주팔자는 선천적인 형상으로 변화시킬 수 없지만, 후천적으로 받는, 즉 살아가면서 받는 기상은 변화시킬 수 있다. 이 기상을 변화시키는 것이 바로 풍수의 양택과 음택의 보금자리다. 그러나 그 기상은 그가 위치한 주위환경에 따라 변화한다. 똑같은 씨앗을 한날한시에 뿌렸다 해도 지질에 따라 그 씨의 번식과 수확이 다르듯이, 모든 생물은 자기가 위치한 그 보금자리에서 성쇠(盛衰)가 판가름 난다. 풍수도 땅의 생기(生氣)와 감응(感應)에 의해 주택, 사무실,

사업장, 관공서, 공공시설, 종교시설 등 사람이 잠자고 일하며 생활하는 보금자리, 그리고 사람이 죽어서 영면하는 보금자리가 식물이 싹트고 자라는 보금자리와 같은 이치를 갖고 있다. 풍수는 신비한 지기의 작용으로 건강, 사업번창, 행운 등을 관장하는 에너지가 인생 만물의 운명을 지배하며, 생활에 활기를 불어넣는 촉매역할을 하고, 인생을 행운으로 이끌어 삶의 질을 한 단계 업그레이드하는, 누구나가 바라는 것에 대한 약속이다. 우리는 이 풍수를 배우고 실행할 수 있으며 나와 자손의 발전과 번영 그리고 행복을 추구하는 생활철학으로, 수천 년간 전통과 맥을 같이한 생존(生存) 과학이자 생활(生活) 과학이며 자연(自然) 과학으로 면면히 이어져 내려온 "인간의 운명을 변화시키는 제1의 생활기술이다."

풍수는 인생의 운명을 행복으로 이끄는 에너지이며 생활의 지혜다.

땅의 기운과 생명

1. 산의 기운
2. 산의 앞과 뒤
3. 오행산
4. 산의 종류와 토질
5. 지세
6. 산세를 분석하는 방법

모든 생명체들은 하늘과 땅의 생명력을 받아 태어난다.

사람들은 태어날 때 산천(山川)의 정기(精氣)를 받고 태어난다고 한다. 사람의 체형과 체질이나 마음은 자신이 태어나고 성장한 땅의 생기(生氣), 즉 자연의 기상과 기운에 의해 완성된다는 것이다.

땅의 토질은 진흙, 황토, 백토, 마사토, 고령토, 모래, 바닷가의 뻘·비석비토 등과 같이 지면을 이루는 여러 가지 광물질(鑛物質)이다. 땅의 지형(地形) 지세(地勢)의 기운은 에너지의 근원체(根源體)로 땅이 갖고 있는 전기(電氣), 자기(磁氣), 지기(地氣), 수기(水氣), 수맥(水脈)으로, 토질이 품고 있는 기운과 생명체를 만드는 오행(五行)의 기운이다. 땅을 단순히 광물질로만 인식하는 서구식 물질주의와는 상당한 차이가 있다.

하늘은 햇빛과 달빛, 비와 눈, 각종 바람을 땅으로 쏟아 낸다. 이러한 현상은 모든 것을 그대로 받아들이는 땅이 있기 때문이다. 땅은 하늘의 기운을 받아들이는 동시에, 새로운 생명을 만들어 낸다.

땅은 외부의 영향을 조금도 거부하지 않고 모두 수용한다. 하늘에 붉은 태양이 떠오르면 땅은 태양 빛을 받아 붉게 빛나고, 밤하늘이 검게 변하면 땅도 검은 하늘색을 그대로 따른다. 땅은 하늘의 변화에 순종하는 성질을 갖고 있다. 땅의 순종은 외부의 힘을 포용하는 과정이다. 땅이 모든 것을 포용함으로써 새로운 생명체를 잉태하고 양육하며 생산하는 것이다.

사람이 태어나고 자라며, 늙어 죽는 현상은 다섯 가지 기운 때문이다. 다섯가지 기운의 성질을 색으로 표현하면 푸른색, 붉은색, 노란색, 흰색, 검은색이다. 푸른색은 생명체가 나무와 같이 푸르고 싱싱하게 태어나 성장하는 기운을 의미한다. 붉은색은 생명체가 태양과 같이 맹렬하게 활동하는 힘을 상징한다. 흰색은 인생의 황혼기를 뜻하고, 검은색은 죽음, 곧 생명체 전후의 무한한 공간의 기운을 뜻한다. 그리고 노란색은 앞의 네 기운을 모두 포용하며 이 네 가지 기운의 중심이 된다.

❶ 산의 기운

산은 어느 민족에게나 힘을 갖고 있는 대상으로 숭배(崇拜)되어 왔다. 단군이 고조선을 건국한 곳이 태백산의 신단수 아래였으며, 단군이 죽어 산신이 된 곳도 태백산이었다. 산신(山神)은 크게 보면 국가를, 작게 보면 한 마을을 수호하는 수호신(守護神)으로 숭배되어 왔다. 사람들은 가뭄이나 홍수 또는 질병과 자신의 소원에 대해서 산이 사람보다 월등한 능력을 갖고 있어 간절한 소망을 들어준다고 믿었기 때문이다.

산은 평지보다 더 강한 기운을 갖고 있기 때문에 지세(地勢)를 분석하거나 집터를 선정하는 데 가장 중요하다. 풍수지리에서는 평지보다 조금만 높아도 산으로 본다. 3cm만 높아도 땅에서 발산하는 힘이 다르며, 그 높이에 의해 물이 흐르는 방향이나 바람부는 방향이 달라지기 때문이다. 산은 살아있는 생명체와 동일한 능력을 갖고 있다고 보았으며, 산의 생명력은 인간에게 유익한 기운도 있고 해로운 기운도 있다.

모든 식물들이 토양의 성질에 따라 성장 과정이나 결실이 달라지듯, 좋은 기가 흐르는 곳에서는 사람의 몸과 마음이 편안하고 아름다워지며, 나쁜 기가 흐르는 곳에서는 마음이 불안해지고 생활도 발전을 기대하기 어렵다. 명산이 위치한 곳에서 큰 인물이 태어나는 것도 산의 기운 때문이다. 산의 크기나 모습이 모두 다르듯이 산의 기운도 다르므로, 생기가 많은 좋은 집터나 사업장은 건강과 사업의 발전과 번영을 기대할 수 있다.

❷ 산의 앞과 뒤

사람은 앞과 뒤가 서로 다르다. 사람의 얼굴 앞면에는 색이 밝고 광채가 있으나 뒷면은 색이 어둡다. 또 앞면에 있는 배는 전체적으로 부드러우나 뒷면인 등에는 등뼈가 많은 부분을 차지하고 있다. 사람의 신체에서 가장 중요한 이목구비(耳目口鼻)와 생식기(生殖器)는 모두 몸 앞면에 있다. 나뭇잎도 앞면은 마치 기름을 바른 듯 매끈하고 부드러우며 반짝이지만, 뒷면은 거칠고 어둡다. 산에도 사람과 같이 앞과 뒤가 있고, 그 형태도 나뭇잎의 앞뒷면과 같은 이치다.

"명당은 산의 앞면에만 있다." 이것은 사람의 생식기가 몸 앞에 있고, 꽃과 열매가 잎 앞면에서만 피고 맺는 것과 같다. 따라서 명당은 산의 앞과 뒤를 구분해서 산의 앞면에서 찾아야 한다. 산의 뒷면에는 명당이 없다.

산의 앞면은 형태가 평탄(平坦)하고 안정적(安定的)이며 포근하고,

지면에 밝은 기운이 서려 있다. 그러나 산의 뒷면은 굴곡(屈曲)이 심하고 험한 바위가 불규칙하게 있으며, 지면이 어둡고 험한 분위기다. 또 산의 앞면은 들판이나 물을 향하고 있으면서 높은 산을 등지고 있다.

산의 앞과 뒤는 남향이나 북향 등 방위와 관계없이, 산맥의 흐름에 의해서만 결정된다. 산의 앞과 뒤를 구분하면 생기가 있는 땅, 곧 명당을 찾을 수 있다. 오래된 농촌 주택들은 크고 작은 산 앞쪽에 산을 배경으로 마을이 형성되어 사람들이 계속 발전하면서 대를 이어 온 반면에, 산 뒤로는 사람들이 그곳을 떠났기 때문에 마을이 형성되어 있지 않다.

따라서 집터를 정할 때는 반드시 산의 앞과 뒤를 구분하여, 산 앞쪽에 집을 지어야만 발전을 기대할 수 있다. 아름다운 산이나 바위가 집터를 바라보거나 집터가 산을 등지고 있는 지세에서는 사람들에게 존경을 받으며 살 수 있지만, 산 뒤에 살면 사람들로부터 따돌림을 당하게 되거나, 배반을 당해 손해를 입게 된다.

❸ 오행산

산의 모습은 제각기 천태만상이어서 하나도 같은 모습은 없다.

풍수에서는 산형(山形)을 하늘의 오성(五星)으로 나눈다. 즉 그 형태가 곧게 솟아 있는 것을 목산(木山), 뾰족하고 낮고 좁은 것을 화산(火山), 모가 나고 책상 모양인 것을 토산(土山), 머리가 둥글고 밑이 넓은 복종(伏鍾)과 같이 생긴 것을 금산(金山), 굽이쳐 흐르는 파도와 같은 형상을 수산(水山)이라 한다. 그러나 모든 산이 이 다섯 가지 형태에 맞지 않기 때문에 그 형상의 범위를 넓혀서 가장 표본적인 유형을 본래의 형체, 정체(正體)로 하고 그 밖의 것은 오성의 변형된 형체로 변격(變格)이라고 한다. 이 오성의 유형에는 다음과 같은 명칭이 있다.

목산(木山)은 나무의 마디처럼 불거져 생긴 곧게 솟아 있는 모양으로 산의 상층 다음에 위치한다. 산의 정상부에서 꽃봉오리 모양을 이룬 산을 말하며, 머리가 둥글고 몸이 길다. 수직 상승하는 기운이 많은 산이다.

목산 중 산 정상부가 마치 붓끝같이 뾰족한 산을 문필봉(文筆峰)이라 한다. 대개 중층 산 마디에 혈이 될 수 있다. 목산의 지세에서는 음택·양택에 관계없이 학문을 숭상하는 사람이 많이 배출된다. 따라서 목산이 있는 곳에서는 국가시험에 합격해 고급 공무원을 지내는 등 출세하는 사람이 많다.

서울의 경복궁과 청와대의 주산인 북악산이 목산이며 문필봉의 대표적인 형태다. 피라미드 형태의 산도 목산에 해당하며, 기운이 모여 있는 좋은 산으로 본다.

화산(火山)은 산의 정상부가 두 개 이상의 뾰족하고 좁은 봉우리를 이루면서 나무가 불에 탈 때 나타나는 불꽃의 형태를 닮은 산의 모양으로 산의 최상위에 위치한다. 불은 폭발해서 확산하는 기운이 있는데, 화산 또한 하늘로 높이 폭발하는 기운을 갖고 있다.

서울의 강남에 있는 관악산이 화산의 대표적인 형태다. 대개 상층 평탄처(平坦處)에 회룡고조(回龍顧祖) 여벽혈(犁鐴穴)로 수구(水口)에 화표(華表), 한문(捍門), 나성(羅城)이 완벽해야 혈(穴)이 될 수 있다.

화산의 지세에서는 화재가 자주 발생한다고 하여, 조선 시대에 서울을 수도로 정한 후 화산인 관악산의 화기를 막기 위해 경복궁 앞에 물을 상징하는 해태 석상을 만들어 그 화를 면한 것으로 전해지고 있다.

화산의 화기를 억제하기 위해 산 정상의 땅속에 소금 단지를 묻기도 했는데, 이것이 '소금묻이 산'이다. 화산의 지세에서는 종교인이나 예술가가 배출된다.

토산(土山)은 머리가 모나고 책상 모양으로 끝이 바르며 산의 정상부가 지붕처럼 평탄하게 수평으로 펼쳐진 것을 말하는데, 산의 제일 하층에 위치한다. 일(一)자와 유사해서 '일자문성(一字文星)'이라고도 부른다. 오행에서 토는 균형을 이루는 기운을 말하므로, 토산은 좌우 힘이 고르게 균형을 이룬 형태의 산을 말한다. 대개 하층 평지돌처(平地突處)에 혈이 될 수 있다.

경상북도 구미시 상모동 36번지에 있는 고 박정희 대통령 선산 앞에는 천생산이 안산으로 토산의 형태다. 고 육영수 여사의 고향인 충청북도 옥천군 옥천읍 교동리 313(옥천읍 향수길 113-6) 생가 바로 옆에도 토산이 있다.

토산의 지세에서는 왕이나 왕비가 나오는 것으로 본다. 토(土)는 모든 기운을 다 포용하는 중심적인 힘인 왕기(王氣)로 보기 때문이다. 면류관의 형태가 사각형이면서 상부가 평탄하게 되어 있는 것도 '토'의 의미가 내포된 것이다.

금산(金山)은 산의 형태가 머리는 둥글고 밑이 넓으며 몸이 왜소한 전체적으로 둥근 모양을 하고 있어서 마치 종(鍾)을 엎어 놓은 듯한 산의 모양으로 산의 중간에 위치한다. 농사를 끝내고 노적가리를 쌓아 놓은 형태와 유사하다고 해서 노적봉(露積峰)이라고도 하는데, 대개 중층 봉우리의 오목한 곳에 혈이 될 수 있다.

　　금산이 있는 지역에는 재물을 많이 모아 부자가 되는 사람이 많다. 서울의 인왕산이 금산이다. 산 형태가 둥글면서 힘차게 보이는 산은 금산 중에서도 '투구봉'이라고 한다. 투구는 군인에게 권위의 상징이기 때문에 금산이 안산으로 있는 지세에서는 장군이 배출되기도 한다. 노태우 전 대통령의 고향인 대구광역시 동구 신용동 596(대구 동구 용진길 172) 생가 앞에는 금산형의 안산이 있다.

　　수산(水山)은 산 정상부에 봉우리 여러 개가 부드럽게 연결되어 있어서 마치 파도와 같이 물결이 굽이치는 듯한 굴절 형태를 말하며 산의 하층에 위치한다. 두 개 이상의 봉우리가 비슷한 크기를 이루며 연결된 것이 특징이며, 여러 개의 봉우리가 비슷한 형태를 이루며 점진적으로 연결되거나, 여러 개의 산봉우리가 좌우로 길게 벌어지면서 마치 병풍을 둘러친 듯한 형태를 이룬 것도 수산이다.

　　수산은 부드럽고 평화롭게 보이는 장점이 있으나, 기운이 한 지점에 모이지 않고 여러 곳으로 분산되는 단점이 있다. 대개 혈이 하층 산진처(山盡處)에 될 수 있다.

　　서울의 남산이 수산 형태인데, 산 정상부가 양쪽으로 나누어져 있고 가운데 부분이 잘록해서 마치 말 잔등과 같은 형태를 이루고 있다. 이

오행산의 형태

화형산

목형산

금형산

수형산

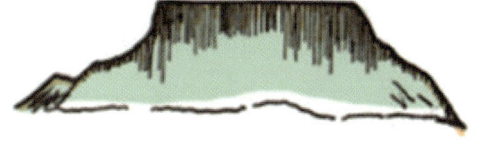

토형산

러한 형태는 산의 기운이 중심에 모이지 않고 좌우로 분산된다.

오행의 두 가지 기운이 혼합된 형태의 산은 구분하기 어려운데, 산의 기운도 혼합되어 있다. 목산과 화산이 혼합된 산은 학문과 예술, 관직과 예술을 동시에 갖고 있는 것으로 본다.

❹ 산의 종류와 토질

가. 산의 품격과 체형

산이 가지고 있는 고유한 기운의 구분 방법은 품격(品格)에 의한 것과 체형(體形)에 의한 것이 있다.

(1) 품격(品格)에 따른 구분

산의 기운은 품격에 따라 주인격(主人格)·보조격(補助格)·배반격(背反格) 등이 있다. 주인격 산은 주인과 같이 강한 능력을 갖고 있으며, 마치 주인 또는 지도자와 같은 형태의 산이다. 보조격 산은 보조자의 기운만 갖고 있으며, 주인의 강한 기운이 부족한 산이다. 배반격 산은 주인격 산의 기운을 빼앗아 가는 산이다. 산의 품격은 그 형태(形態)에 따라 구분된다.

주인격 산은 피라미드와 같이 중심이 안정되고 좌우 균형(均衡)을 이루어 위엄(威嚴)을 갖추고 있다. 산의 중심에는 강한 기운이 집중되어 있으며 금산, 목산, 토산으로 정치적으로나 경제, 사회적으로 강력한

지도자가 배출된다.

보조격 산은 형태가 중심이 낮고 넓이도 좁아서 기운이 중심에 모이지 않고 오른쪽이나 왼쪽으로 분산되는 형태의 산으로 수산, 화산을 말한다. 산의 중심 기운이 부족하고, 산 정상부가 긴 ― 자 수평과 뾰족한 형태를 이루고 있다. 보조격 지세에서는 큰 인물을 보조하는 인물이 배출된다.

배반격 산은 주산(主山)을 향해 마주 보지 않고 주산을 등지고 있으면서 주산의 기운을 빼앗아 간다. 배반격 지세에서는 가까운 사람에게 배반을 당하거나 부도가 나는 등 명예를 잃거나 재산의 피해를 입게 된다.

산의 3품격 중 주인격 산과 보조격 산은 길산이고 배반격 산은 흉산이다. 주인격과 배반격 산이 함께 있을 때는 두 산의 기운을 동시에 받게 되는데, 그중 힘이 강한 산의 기운을 더 많이 받게 된다. 또 거리가 가까운 산의 기운을 먼저 받고, 멀리 있는 산의 기운은 늦게 받는다.

고려 수도였던 개성을 도읍지로 정한 사람은 풍수지리에 능한 도선국사였다. 도선국사는 고려의 시조 왕건이 고려를 세울 때 개성을 도읍지로 정해 주었다. 개성은 거리도 가깝고 힘이 강한 송악산을 주산으로 좌청룡·우백호·전주작이 모두 빼어나게 아름답고, 장풍과 득수에 의해 강력한 생기를 이루고 있는 천하의 명당이었기 때문에 천년의 도읍지라고 하였다.

도선국사가 개성의 지세를 관찰하던 날은 날씨가 흐려 멀리 보이는 서울의 진산인 삼각산이 아이를 업고 도망가는, 배역하는 형태의 배반격 산임을 미처 보지 못했던 것이다. 얼마 뒤 궁궐의 준공을 앞두고 날씨가 맑은 날, 멀리 삼각산을 바라본 도선국사는 자신이 실수한 것을 알고 크게 후회했으나 이미 때는 늦었다. 그는 고려의 앞날을 운명에 맡기기로 했는데, 고려의 천년도읍지가 이성계에 의해 왕권이 바뀌었으며 500여 년 만에 수도도 한양, 지금의 서울로 천도되었다.

(2) 체형(體刑)에 따른 구분

산은 형태(形態)에 따라 강체(强體)·중체(中體)·약체(弱體)·병체(病體)로 구분된다. 이것은 마치 사람의 20대·40대·70대·90대와 같다.

20대는 혈기 왕성한 청년 시절이며, 40대는 건강이 무르익는 장년의 시절, 70대는 허약한 시절, 90대는 병든 시절을 말한다.

강체는 전체적으로 힘이 강하고 땅이 단단하게 뭉쳐진 왕성한 생기

(生氣)가 발생하는 산을 말한다. 마치 갓 피어오른 꽃봉오리나 처녀의 젖가슴처럼 탐스럽고 통통하게 생긴 산이다.

중체는 정상부에서 하부에 이르기까지 직선으로 연결된 형태의 산으로, 골짜기가 없고 평탄한 경사면을 이루며 부드러운 기운을 만든다. 산의 대부분이 중체에 속한다.

약체는 정상부에서 중간 높이까지 연결된 능선(稜線)이 힘없이 늘어진 형태로 산 중간 중간에 골짜기나 계곡이 있어서 땅이 무르고 우그러든 형태이며, 약한 기운이 흐른다.

병체는 형태가 안정감이 없고 좌우가 불안정하며, 땅도 무르고 흙과 바위가 서로 분리된 산을 말한다.

산의 4체형 중 길산은 강체와 중체로, 마음이 평안하고 즐거워지는 반면, 흉산인 약체와 병체는 이웃 사이에 싸움과 불상사가 자주 일어나고 병자가 발생한다.

나. 산의 토질

모든 식물은 토질에 의해 성장이나 결실 내용이 다르다. 토질이 나쁜 곳에서는 식물이 잘 자라지 못한다. 사람도 생활하는 곳의 토질 기운에 따라 그 영향이 다르게 나타난다.

토질에는 백토·황토·진흙·모래 등 여러 종류가 있다. 주택지로서 가장 이상적인 토지는 단단하며 광채가 있고, 습기가 적당해서 탄력을 갖고 있는 백토 또는 마사토다. 하천변의 모래밭이나 매립지는 무기력하여 생기가 없다.

흙 중에는 죽은 흙도 있는데, 바닷가의 뻘과 같이 흙이 단단하지 못하여 사람이 밟으면 발자국이 생기거나, 먼지가 일어날 정도로 푸석푸석한 땅이 죽은 땅에 속한다. 흙에 수분이나 탄력이 없고 단단하지 못한 땅을 말한다. 이런 땅은 주거지로는 좋지 않다. 죽은 땅에서 나오는 나쁜 기운은 사람의 건강을 해친다. 중동의 사막 지대나 외국의 평탄한 대지는 비록 땅은 넓어도 바람이 불면 흙먼지가 바람에 날린다. 이런 땅은 기운이 분산되는 형태로서 생명력이 부족하다.

❺ 지세

지세란 바람과 물의 흐름, 그리고 땅의 모양 등 한 지역의 지기를 이루고 있는 자연적 요소의 조건을 말한다. 지기의 분석을 위해서는 지세를 관찰해야 한다. 지세는 크게 산과 물 두 가지로 구분된다. 지세를 이루는 산에는 **주산(현무)·청룡·백호·안산(주작)**의 **사신사와 조산** 등이 있다.

주산은 한 지역에 있는 산 가운데 가장 높고 큰 산을 말하며, 장엄하고 위엄을 보여야 좋다. 능선이 분지된 지점도 주산이 될 수 있다. 주산은 그 지역의 기운에 영향을 주기 때문에 지세 분석에 가장 중요한 부분이다.

주산의 기운이 하나로 뭉쳐진 산에서는 강하고 진취적인 인물이 배출되며, 서로 화목하고 단결해서 평화롭게 살아간다.

주산 주변에 주산을 호위해 주는 산이 있으면 더욱 강한 기운을 지니게 되지만 없으면 힘이 미약해진다. 주산과 같은 규모의 산이 두 개 이상 있으면 주산의 기운이 분산되어 나약한 인물이 나오게 되며, 의견이 분열되어 큰 발전이 어렵다. "양택지는 주산과 보국을 위주로 본다."

가. 지세의 종류

명당의 지세는 주변을 산들이 둘러 감싸 주어야 바람을 막아 주어 생기가 돈다. 그러나 산이 둘러 감싸지 않은 지세는 바람이 강하게 불어 생기가 모이지 않으므로 큰 재물이 모이거나 큰 인물이 배출되기 어렵다. 명당은 여러 형태를 이루고 있는데, 그 형태에 따라 기운도 달라진다.

지세의 종류와 분석

지세 1
주산과 청룡 백호가 둥글게 둘러 감싸고 안산이 혈을 향해 순종하듯 읍(揖)을 하고 있는 명당이 가장 대표적인 형태다. 가족이 화목하고 건강하며 크게 번창한다. 사업에 성공하여 재산이 크게 늘고 입신출세하여 명예와 공명을 얻는다.

지세 2
백호 안산의 명당, 주산에서 연결된 백호가 안산까지 휘감고 있으며 청룡도 나를 둥글게 둘러 감싸고 있는 백호와 안산이 연결된 명당으로 재산이 크게 늘어 재벌이 된다. 특히 여성이 사업에 성공하여 명예와 입신출세가 뒤따른다.

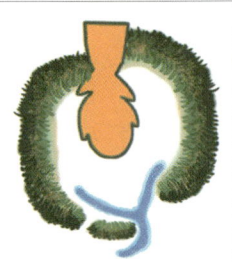

지세 3
주산에서 청룡과 백호의 연결점은 다르나 주산에 연결된 본신용호로 둥글게 둘러 감싸고 안산도 혈을 향해 순종하듯 읍을 하고 있다. 주산에서 청룡과 백호의 연결점이 다른 상태의 명당으로 재산이 크게 늘고 입신출세하며, 명예를 얻고 자손이 번성한다. 안산의 아미사로 미인이 태어난다.

지세 4
잇기야(也) 자 명당
청룡이 짧아 흠이 있으나 백호가 안산까지 잇기야(也) 자로 둥글게 둘러 감싸고 있는 백호안산의 명당이다. 여자가 사업에 성공하여 재산과 명예를 얻고, 미인이 태어나 왕비가 되는 명당이다.

지세 5
청룡의 상부는 끊어졌으나 백호국을 이룬 형태로 여자 형제들의 입신출세와 집안의 재산은 일어나지만 장남이 사고사나 불상사로 좋지 않게 된다.

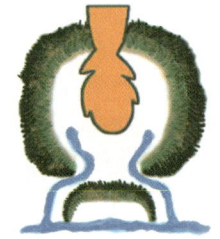

지세 6
주산·청룡·백호는 좋으나 안산이 배반격 형태로 물이 양쪽으로 흘러 나간다. 사회적으로 가까운 사람에게 사기를 당하고 부도가 나서 재산을 잃으며, 주변으로부터 배반을 당하거나 부인이 가출한다.

	**지세 7** 청룡 상부가 끊어지고 배반격이며, 백호의 상부는 끊어졌으나 보조격이다. 장남 장녀가 사고사 등 불상사가 있고 장남은 주변으로부터 배반을 당하고 단명할 수 있다. 여자는 남자로부터 배반당한다.
	**지세 8** 청룡이 좋아서 남자들은 출세한다. 그러나 백호 상부가 끊어지고 배반격이어서 장녀와 여자 형제들이 사기나 부도로 재산을 잃고, 특히 장녀가 사망하거나 불상사가 있으며 여자가 재물을 가지고 가출할 수 있다.
	**지세 9** 주산·청룡·백호·안산 모두 배반격이어서 남녀 가족 모두가 사기를 당하고 부도가 나서 재산을 잃어 사업과 집안이 망한다. 모든 사람들로부터 멀어져 외면과 배반을 당하고 외롭게 살다가 자살을 하거나 단명하게 된다.
	**지세 10** 주산과 용호가 배역하고 안산이 없어 집안 가족 모두가 사업이 부도나고 망한다. 자손들은 뿔뿔이 흩어지고 재산이 시원스럽게 나가는 형국으로 집안이 뿌리째 흔들리는 풍비박산(風飛雹散)의 지세다.

(1) 분지로 구성된 지세

땅이 둥글고 평탄하면서 중심이 언덕이나 분지(分枝)처럼 솟아 있는 솥뚜껑과 같은 지세를 금반형(金盤形) 지세라고 하며 토산에 속한다. 이 지세는 중심부를 정점으로 동서남북 사면이 완만한 경사를 이루고,

외곽에 강물을 갖고 있는 것도 있다. 금반형 지세는 기운이 제일 많이 모여 있는 정상 부분이나 앞부분이 집터로 좋다.

(2) 원형과 사각형 지세

산이 사면으로 둥글게 감싸고 그 중심에 들판이 있는 형태가 가장 좋은 지세다. 원형 지세는 하늘의 기운과 땅의 기운이 회전 운동을 일으켜 가장 큰 생기가 모여 명당을 이룬다. 정사각형 들판도 생기가 많이 모이며, 들판을 둘러싸고 있는 산의 형태에 따라 기운이 다르게 나타난다.

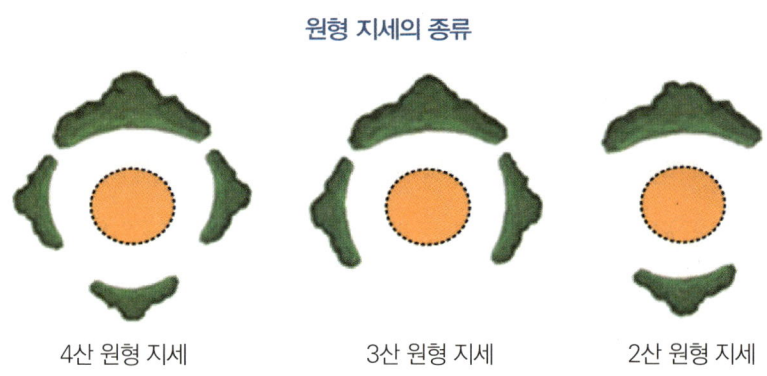

원형 지세의 종류

4산 원형 지세   3산 원형 지세   2산 원형 지세

(가) 4산 원형 지세: 사신사가 원형 또는 정사각형으로 들판을 중심으로 전후좌우 사면을 둘러 감싸고 있는 형태로, 가장 이상적인 명당이다. 이 지세는 바람이 부드러워 생기가 많이 모이고, 안정된 분위기로 재물이 많이 모이며 큰 인물이 많이 배출된다. 그러나 주산과 용호 안산이 모두 들판을 향해 앞면을 보이고 있어야지, 만일 뒷면을 보이

고 있으면 배반격으로 명당을 이룰 수 없다.

　서울은 4대문을 중심으로 사신사가 둘러 감싸고 있는 지세로 북쪽의 북악산(주산), 동쪽의 낙산(청룡), 서쪽의 인왕산(백호), 남쪽의 남산(안산) 등 사신사가 감싸고, 청계천이 역수하는 세계적인 명당을 이루고 있다. 서울에 인구가 많이 모이고 정치, 경제, 사회, 문화적으로 중심을 이루며 경제력이 밀집된 것도 지세가 명당이기 때문이다.

　(나) 3산 원형 지세: 사신사 중 세 산이 들판을 중심으로 감싸고 있는 원형 지세로 생기가 많이 모인다. 4산 원형 지세보다는 생기가 약하다.

　(다) 2산 원형 지세: 두 산이 들판을 중심으로 서로 마주 보면서 원형을 이루며 감싸주는 지세로 생기가 모여 사회활동이 원활하다. 단 두 산이 모두 들판을 향해 앞면을 보아야지, 만일 뒷면을 보는 지세라면 배반격으로 생기가 모이지 않는다.

(3) 삼태기 지세

　산 중심에서 양쪽으로 능선이 벌렸다 감싸준 그 중간에 평탄한 들판을 이룬 삼태기와 같은 형태의 지세를 말한다. 중심의 봉우리는 주산, 좌우로 벌렸다 감싸준 능선은 청룡과 백호로 둥글게 둘러 감싸고 있어 생기가 많이 모인다.

　삼태기 지세는 산 중심에 기운이 모여 있어야지 기운이 중심에 모이지 않고 좌우로 분산되는 지세라면 생기를 이루지 못한다. 또 좌우를 감싸고 있는 능선이 들판의 중심을 향해 앞면을 보여야지, 등을 보이면 배반격으로 생기가 발생하지 않는다.

기타 지세의 종류

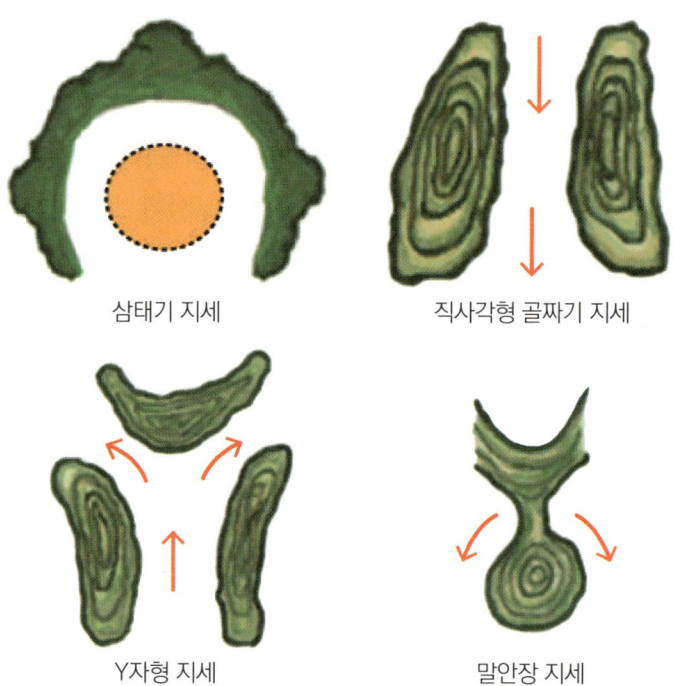

삼태기 지세 　　　 직사각형 골짜기 지세

Y자형 지세 　　　 말안장 지세

(4) 직사각형 골짜기 지세

두 개의 산 능선이 서로 평행을 이루며 길게 뻗어 내려가는 그 사이에 직사각형을 이룬 들판이 있는 지세로 여러 계곡과 두 산 사이로 부는 바람의 강한 살풍과 하늘과 땅의 기운이 회전을 못해서 생기가 모이지 않는다.

이런 지세의 집에 살면 사업이 부도가 나고 재산을 탕진하며, 중풍이나 중병에 걸리거나 사망에 이르며 장차 폐가가 된다.

(5) Y자형 지세

　양쪽에 있는 산 사이에 골짜기를 이루고 있으며, 그 골짜기 끝 부분에 다른 산이 Y자 같은 형태나 삼거리 같은 형태를 이룬 지세다. 이 지세는 바람이 빠르게 불고 하늘과 땅의 기운이 회전 운동을 못하여 생기가 발생하지 않는다. 특히 Y자 중심부분은 급한 바람이 부딪치므로 매우 위험한 자리다. 이러한 터에 집을 짓고 살면 벙어리가 되거나 건강을 잃게 되고, 가족 사이에 불화를 면치 못하며 갑자기 폐가가 된다.

(6) 말안장 지세

　산 능선이 내려오다가 결인과 속기모양으로 다시 높이 올라가서 중심 부분은 낮고 앞면과 뒷면은 높은 말안장과 같은 형태다. 산마루턱 위치가 말안장 지세다. 이런 지세는 능선 중심에서 물이 좌우로 분산된다. 또 산마루는 바람이 통과하는 공간이므로, 하늘과 땅의 기운이 회전 운동을 이루지 못해 생기가 발생되지 않는다.

(7) 산이 없는 평탄한 땅

　중국이나 미국·아프리카·러시아는 산이 없는 평탄한 넓은 평야가 많지만 우리나라는 그리 많지 않다. 넓은 평야는 바람을 막아주는 산이 없으므로 바람의 속도가 매우 빨라 땅의 기운을 분산시킨다. 산이 없고 넓은 평야 지세는 생기가 모이지 않으므로 큰 인물이 나오지 않으며 재물도 모이지 않는다.

❻ 산세를 분석하는 방법

집터를 구할 때 주변 주산과 보국을 위주로 안정감이 있는 곳을 선택한다. 보국은 사신사, 즉 주산과 그 주변에 있는 산의 배치 관계를 분석한다. 지세를 분석하는 방법은 다음과 같다.

가. 산의 앞과 뒤를 구분한다. 생기가 모이는 공간은 산의 앞면이다.

나. 주산을 중심으로 품격·체형·오행산을 구분한다. 산의 품격은 주인격 산이 가장 좋고 보조격이 그 다음이며, 배반격은 선택하지 않는다. 산의 체형은 강체와 중체를 선택하고, 약체와 병체는 선택하지 않는다. 오행산은 강한 기운의 주인격인 목산·금산·토산을 고르고, 기운이 분산되는 보조격의 화산이나 수산은 선택하지 않는다.

다. 산 정상에서 연결되어 내려오는 중심 용(능선)을 찾는다.

라. 보국(사신사)의 국세를 살피고 주산의 위엄과 내룡(來龍)의 변화, 입수와 혈판의 구성을 보고 사신사(주산, 용호, 안산)가 앞쪽으로 면하면 생기를 만들지만, 뒤쪽으로 면하면 배반하는 기운이 있어 좋지 않다.

마. 중심용의 중간 부분의 기가 멈추고 모이는 장풍득수(藏風得水)의 명당을 찾는다.

바. 물이 흐르는 모양과 수구를 살핀다. 물의 줄기가 도는 안쪽이 길(吉)하며 물이 도는 바깥쪽은 흉(凶)하다. 물이 곡선으로 흐르며 역수하는 곳으로 좁은 수구가 명당이다. 물이 흘러나가는 수구는 좁아야 좋고, 물이 흘러들어 오는 득수는 넓어야 좋다.

사. 배산임수(背山臨水) 산을 등 뒤로 물이 있는 쪽을 향해 전저후고(前低後高), 앞이 낮고 뒤가 높은 곳이 좋다.

아. 집터는 급경사나 낭떠러지 밑은 피한다.

자. 바람의 길목에 묘지나 집을 짓지 말라.

기승풍즉산 계수즉지(氣乘風則散 界水則止) 풍수지리의 핵심은 생기(生氣)를 얻는 데 있다. 땅속에서 나오는 기(氣)는 바람을 타면 흩어지고, 물을 만나면 멈추는데 기(氣)가 흩어지지 않게 하기 위해서는 장풍(藏風)이 되어야 한다. "장풍이란 바람을 막아 주는 것이 아니라 바람을 감춘다"는, 장풍(藏風)이다. 즉 혈(穴)의 좌우에 청룡(靑龍)과 백호(白虎)와 주위 보국(保局)이 잘 되어 혈을 보호(保護)하여 주면 기(氣)는 장풍이 되어 흩어지지 않으며, 생기(生氣)는 물과 경계를 이루면 물이 기를 막아 혈이 맺어지게 된다.

명당은 혈을 중심으로 산포수회(山包水廻) 주변 사면을 현무(주산)·청룡·백호·주작(안산)이 둥글게 둘러 감싸주어야 한다. 현무는 지기를 공급하는 산이며, 한 지세에서 가장 중심이 되는 산이 주산이다. 주산은 주인격 산으로 강체인 경우에는 강한 생기를 만들 수 있다. 청룡·백호·안산은 주산의 기운을 보조하는 보조격 산이다. 명당의 혈(穴)은 산(山), 수(水), 방위(方位)의 길흉과 조합에 의해 성립되며 용세(龍勢)의 끝자락에서 물을 만나 생기가 멈추고 모여 혈을 이룬다.

제3장

양택풍수
(陽宅風水)

1. 양기와 양택
2. 배산임수론
3. 양택방위론
4. 동사택과 서사택
5. 대지의 형태와 안전성
6. 건물의 형태

❶ 양기(陽基)와 양택(陽宅)

가. 양기(陽基)

　양기(陽基)는 산 사람의 주거지, 즉 땅이란 뜻이다. 그러므로 사람의 주거지를 '양택'이라 한다. 택(宅)과 기(基)는 모두 사람의 주거지에 사용된 용어로 택은 사람이 들어가 사는 곳, 기는 이 택을 둘 수 있는 토지를 말한다. 즉 사람이 살 수 있는 주택이 택(宅)이고, 이 주택이 들어선 땅이 기(基)다. 주택에는 이 택과 기가 모두 필요하다. 그런데 사자(死者)의 주택은 지상에 별도로 가옥을 짓지 않고 땅속에 영면(永眠)할 곳을 정하기 때문에, 묘지에서 이 택과 기는 다른 것이 아니다. 그러나 사람이 생활하는 주택에는 사람이 들어가 살 수 있는 가택과 가택을 세울 수 있는 택지(기지)가 필요하다. 묘지에서는 이 택을 기지라고 하지 않고 음택(陰宅: 死者)이라 하며, 주거지를 양기(陽基: 주택이 아니고 택지)라고 하는 것이다. 양기는 산 사람의 주택을 세우는 토지를 의미하며, 주택을 세울 만한 명당의 토지인가에 대하여 중대한 관심사항이 되는 것이다. 따라서 그 위에 주택을 지을 만한 토지가 생기를 얻을 수 있는 곳이면, 그 토지 위에 세우는 주택의 크기는 별 문제가 아니다.
　따라서 양기의 풍수는 유형유물(類型類物)에 의한 음양의 조화, 오행의 상생상극과 화생(化生)을 촉진할 지형물의 형세에 큰 비중을 둔다.
　고려 국도(國都) 개성은 솟아오른 칼날의 형태를 이룬 한양의 삼각산 때문에 멸망했고, 평양은 '행주형(行舟形)'의 땅이기 때문에 쇠닻을 대동강 속에 가라앉혀 진호(鎭護: 외적이나 재난으로부터 나라를 지킴)시켰다. 그러나 근래 그것을 끌어 올렸기 때문에 출수범람(出水汎濫)을 만났던 것이다. 강서(江西)는 학이 춤추는 형태이기 때문에 그것을 영원히 멈추게 하기 위해서 난구(卵邱)를 조영(造營)하였다.

무학(無學)이 한양에 궁궐을 지을 때 궁궐터의 지형이 학이 춤추는 형태이기 때문에 우선 궁성을 축조해서 학의 나래를 억누른 후에 궁궐을 세우고 관악산의 화기를 누르기 위해 광화문 앞 양쪽에 해태를 설치한 것으로 보아 양기를 풍수적으로 그 유형을 중요시 했다는 것으로 볼 수 있다.

그렇지만 양기풍수도 그 유형만을 중요하게 고찰하는 것은 아니다. 단지 음택에 비해서 유형에 많은 비중을 둔다는 것이다. 양기도 음택과 마찬가지로 풍수의 원칙인 장풍득수의 형국이 우선이며, 그 근본은 유형보다도 사신사(四神砂)에 중점을 두어야 한다.

양기의 장풍득수, 사신사에 대해서 「지리신법」의 저자 호순신은 양택에 적합한 곳으로서 규모가 크고, 산수가 모여서 중심을 이루는 땅으로, 산이 멀리서 다가오고 물이 깊이 에워싸는 곳이 양기의 대표적인 곳이라고 했다.

사람의 주거지인 토지, 즉 양기에는 대체로 두 가지 종류가 있다. 하나는 국(國), 도(道), 특별시, 광역시, 시(市), 군(郡), 구(區), 읍(邑), 면(面), 동(洞)과 같이 국민들의 생활의 장(場)이며, 하나는 개인 가옥의 택지다.

사람의 주거지(가옥)는 사자(死者)와 달리 일상생활 때문에 마을에서 떨어진 곳에서 생활하지 않고 가까운 곳에서 집단생활을 하게 된다.

따라서 양기의 종류는 집단과 개인의 차이가 있는 것이 아니라 집단생활의 하나일 뿐이다. 그러나 풍수 목적으로 볼 때는 집단생활자 전체의 행복을 위한 것인가, 또는 다른 생활자의 불운, 불행은 문제시하지 않고, 오직 자기 일가의 행복만을 중요시하는가의 차이에 따라, 집단생활자의 행복을 목적으로 하는 집단 양기(陽基)와 자기와 자손의 행운을 목적으로 하는 개인 양기로 나눌 수 있다. 양택은 산 사람이 거주하는 주택이나 사무실, 사업장, 관공서, 공공시설, 교회, 사찰 등 사람이 생활하는 공간이며, 음택은 죽은 사람이 영면(永眠)하는 묘나 납골당이다.

나. 산하(山河)의 형상(形象)과 정기(精氣)

동양사상은 대우주와 우리 인간이 유사하다고 보아, 대우주를 닮은 우리 인간을 소우주로 파악하였다. 자연환경의 조건은 인간의 생활과 사상을 만든다.

풍수는 산하(山河)의 정기(精氣)와 기상(氣像)의 이론이다. 산수(山水)가 날카롭고 험하면 그 고장 사람도 날카롭고 강하며, 산수가 유순하고 풍부(豊富)하면 그 고장 사람도 부드럽고 후하다. 풍토(風土)에 의하여 인심(人心), 기질(氣質)도 다르므로, 사람은 자기 고장의 산수(山水)와 환경의 영향과 지배를 받고 산다.

조선의 정조와 윤행임의 조선 8도 인물평을 보면,
경기도는 거울 속의 미인(鏡中美人)이요, 충청도는 맑은 바람 밝은 달처럼(淸風明月) 생겼고, 강원도는 바위 밑의 옛 불상(岩下古佛)이요, 황해도는 돌밭을 가는 소(石田耕牛)다. 전라도는 바람 앞의 버들가지(風前細柳)며, 경상도는 눈 속의 고독한 소나무(雪中孤松)요, 평안도는 용맹한 호랑이가 숲에서 나오는(猛虎出林) 형상이고, 함경도는 진흙 밭에서 개들이 싸우는 모양(泥田鬪狗)이라 하였다.

우리 인간에게 영향을 미치는 주위 환경은 바람(風), 물(水), 지형(地形), 지세(地勢), 방위(方位), 지기(地氣), 온도(溫度), 햇빛(광선), 눈에 보이지 않는 불가시(不可視) 광선, 불가시(不可視) 에너지, 미세한 소리와 진동, 전기, 지자기(地磁氣), 전자파, 중력(重力), 이온, 토양(土壤), 각종 매연, 엘니뇨 현상 등 그외 여러 가지 인자가 있을 수 있다.

양택(집터)이나 도읍지(도시)의 풍수에서는 지형(산의 모양), 지세(산세), 위치, 산수, 토질, 기후의 영향, 바람과 물의 흐름 등을 자세히 논하고 인간의 건강과 사업의 번창, 승진, 영전 등 직위의 오름 등을 연관지어 길흉판단을 하며 살아 있는 사람의 모든 역량을 높이고, 부귀영화의 행복추구에 이용하려고 노력하였다.

풍수에서는 바람이 감춰지고 기가 모이며 물을 얻을 수 있는 장풍득수(藏風得水)로서, 산줄기의 모양, 산세의 모임, 지기(地氣), 공기(風)의 조화, 물의 얻음과 빠짐, 햇볕의 받음, 주위의 산에 대한 지자기(패철)의 방향, 위치 등을 많이 논하고 있다.

사람이 살 수 있는 땅은 비옥하고, 물을 얻을 수 있고, 공기가 맑고 자연경관이 수려하여야 자손대대로 오래도록 살 수 있는 명당 길지로 양동마을이나 하회마을이 대대로 오래도록 자손이 살아오고, 인위적인 구릉이나 높은 산꼭대기, 산의 뒷면 등에는 마을이 오래가지 못한다.

다. 자연적 기운과 인위적 기운

풍수지리에서 사람에게 영향을 주는 터를 선정할 때는 먼저 공간의 기운(氣運)을 분석한다. 사람에게 영향을 주는 기운을 크게 자연적 기운과 인위적 기운으로 구분하는데, 자연적 기운이란 산(山)이나 강(江)의 지형(地形), 지세(地勢), 바람(風), 물(水), 방위(方位) 등 자연 지세(地勢)에 따라 생기는 기운을 말하고, 인위적 기운이란 사람이 만든 공간에서 생기는 기운을 말한다. 건축물이 가장 대표적인 인위적 공간이다.

(1) 자연적(自然的) 기운(氣運)
풍수의 핵심목적은 산(山)과 물(水)의 흐름과 지형(地形), 지세(地勢)를 분석하여 사람이 살기에 좋은 포근한 명당자리를 정확하게 찾는 것에 있다. 풍수의 목적이 신비한 지력(地力)에 힘입어 인생의 발달과 행복을 구하는 데 있지만, 이를 구체적으로 말하면 주택을 길지(吉地)에 정해 행운을 구하는 일과 조상의 묘(墓)를 길지에 모셔 자손의 발전과 번영(繁榮)을 꾀하려는 두 가지다.

주거에 대한 풍수법은 경제적 환경(環境) 혹은 기후(氣候), 풍토(風土)가 주거에 미치는 영향을 분석하는 것이 아니라 그 거주자에게 미치는 길흉적(吉凶的) 영향을 말하고 있다. 다시 말하면 풍수는 그곳에 사는 사람의 운명을 설명하고 그들의 운명을 행복과 번영으로 향하게 하려는 것이다. 묘지(墓地)는 주택의 연장으로 생각할 수 있다. 주택이 지상의 길흉 여하에 따라 사람의 운명을 좌우한다면, 묘지 역시 그 지상의 길흉에 따라 사자(死者)의 혈처(穴處)가 후손에게 영향을 미친다는 것이다.

(2) 인위적(人爲的) 기운(氣運)

인위적 공간인 건축물에서 사람들은 많은 시간을 보내면서 생활하게 된다. 실내에 있는 동안 사람은 자연적 지세(地勢)에서 발생하는 기운과 인위적 공간인 건물에서 발생하는 기운을 동시에 받게 된다. 건물에서 발생하는 기운은 건물의 구성요인이 되는 규모(規模)나 형태(形態), 배치(配置), 방위(方位), 마당, 도로, 주변 건물과의 관계, 건축물의 재료와 색상, 실내 공간의 형태와 방위 등에 따라 달라진다. 자연적인 지세가 명당을 이루고 있어도 건물의 형태나 방위 등이 좋지 못하면 완전한 명당을 이룰 수 없다. 명당의 핵심이라고 할 수 있는 혈(穴)이라는 말도 음양(陰陽) 이론을 바탕에 두고 있다. 혈은 여성의 자궁(子宮)에 비유되는데 생명력(生命力)이 가장 많이 밀집되어 있는 공간이기 때문이다. 이곳에서는 음기(陰氣)와 양기(陽氣)가 결합하여 생명을 잉태(孕胎)한다. 여기에서 음기는 땅의 기운을, 양기는 하늘의 기운을 뜻한다.

라. 양택(陽宅)과 가상(家相)

양택은 양기(陽基), 즉 택지의 선정 못지않게 건물의 방위와 배치, 형태, 주변 건물과의 관계가 거주인에게 지대한 영향을 미친다. 양택은 사람이 살고 있는 주택이나 건물 그리고 생활공간 등에 대한 이론이다.

우리 인간은 살기 좋은 터를 찾아 좋은 형태와 구조의 집을 지어 개인의 발전과 번영을 누리며 건강하고 행복하게 살기를 바란다.

살기 좋은 곳은 산이 있고, 물이 있고 들이 있어야 한다. 산과 물은 맑고 아름다워야 하며 기름진 땅이 스스로 감싸고 그 주위의 산세(山勢)가 안정되어야 편안하고 아늑한 느낌을 주는 좋은 곳이라 할 수 있다.

바람과 물은 산의 생김에 따라 움직이며, 주산(主山)이 맑고 깨끗하면 흐르는 물도 맑으며 주산이 장원(長遠)하면 물의 양이 많아서 깊어질 것이다. 주위가 안정되면 물과 바람은 그 산의 생김에 따라서 안정된다.

그 산의 생김을 살피는 데는 봉우리, 줄기, 가지, 분지(分枝) 등이 서로 엉키어 하나의 마을이 형성되며, 형성된 마을의 지리(地利)가 좋고 생업(生業)의 조건이 좋아야 한다. 또 아름다운 산과 물이 있어야 동네 인심이 스스로 좋아지는 것이다. 수해와 한해를 입지 않는 곳, 교통이 편리한 곳이 살기 좋은 곳이다. 그 주위의 환경과 국세(局勢) 규모에 따라 도시와 촌락이 구분되며, 산천영기(靈氣)에 따라 생활의 차이가 생기는 것이다. 그러므로 한 사회나 한 국가의 성쇠도 한 가정으로부터 시작된다.

가상(家相)이란 그 터 위에다 건물의 형태와 구조, 방위 및 실내 공간 배치에 관한 풍수지리 이론이다. 양택은 나라의 도읍지나 신도시를 선정하거나, 마을이나 개인 주택지를 선정하는 방법을 말한다. 또 택지인 땅의 형태에 따른 길흉화복을 연구하는 학문이다. 반면에 가상은 택지 위에 세워지는 집의 형태와 구조를 인간생활에 유익하게 하는 방법이다. 즉 집의 크기와 모양을 비롯해서 대문, 방, 주방 등의 배치를 음양오행이나 건축공학적으로 합당하도록 연구하는 학문이다.

　가상의 양택삼요란 문(門)과 거(居), 주(主), 조(竈)를 말한다. '문'은 사람이 집으로 출입하는 통로이고, '거'는 거실이다. '주'는 안방을 뜻하며, 그 집의 가장이 거주하는 방이다. '조'는 주방(廚房)으로 음식을 만드는 곳이며 양택의 기본 구조로 사람이 살기 위한 필수적 요소들이다. 양택에서는 제일 먼저 대문을 보고, 다음으로 거실과 안방, 주방을 본다. 또한 양택은 방위를 기준으로 동사택(東舍宅)과 서사택(西舍宅)으로 나누어진다.

　안방은 정해져 있는 것이 아니고, 높고 큰 것이 주방(主房: 안방)이 된다. 중요한 것은 문주(門主)가 상생(相生)하면 길하다고 보고, 상극(相剋)이면 흉하다고 판단한다. 이것이 양택을 보는 필연적인 요소다. 주방은 식구들의 섭생을 위해 중요한 곳이므로 제일 먼저 '문'과 상생하고, 다음으로 '주'와 상생해야 한다. 중요한 것은 대문, 안방, 주방, 거실, 이 네 가지가 배치된 장소에서 문이 생하고, 주(안방)가 생하며, 거실과 주방이 생하는 거주조 생문(居主竈 生門: 거실, 안방, 주방이 대문을 생하는 것)이어야 한다. 그리고 서로 어우러져야 한다. 그러나 양기(陽基), 즉 지세가 아무리 좋아도 형태나 배치가 좋지 못한 건물에서는 명당의 기운이 완전하게 발생되지 못한다. 사람에게 가장 좋은 공간은 명당지세에 양택의 길한 형태와 구조로 동·서사택의 동궁, 음양의 배합방위와 오행의 상생배치로 지어진 건축물이다.

❷ 배산임수론(背山臨水論)

가. 양택(陽宅)의 3대 요소

양택 3요결(陽宅 三要訣)

(1) 배산임수(背山臨水)
건강장수(健康長壽): 산을 등 뒤로 물이 있는 쪽을 향해 건물 배치

(2) 전저후고(前低後高)
세출영호(世出英豪): 높은 곳을 뒤로 낮은 곳을 앞으로 건물 배치

(3) 전착후관(前窄後寬)
부귀여산(富貴如山): 출구가 적고 정원이 안정됨

풍수지리학에서 택지(宅地)를 정할 때 가장 이상적으로 여기는 배치로, 집을 지을 때는 뒤에 산(山)이나 언덕이 있고, 앞에는 강(江)이나 개울, 연못, 논 등 물(水)이 있어야 함을 일컫는다.

전통 풍수에서 집 뒤의 산은 집에 생기를 불어넣는 지맥이 있는 곳이다. 지맥(地脈)은 산을 따라 흘러 내려와 집에 생기를 불어넣는데, 집 뒤에 산이 없으면 산천의 생기가 집으로 전해지지 않는다. 이는 기승풍즉산 계수즉지(氣乘風則散 界水則止), 생기가 바람을 만나면 흩어지

고, 물을 만나면 멈추기 때문이다. 따라서 집 뒤의 산은 바람을 막아주고 집으로 들어온 생기를 보호하는 역할을 한다. 또 집 앞의 물은 산으로부터 흘러온 땅의 기운이 모이는 곳으로, 땅의 기운이 더 이상 앞으로 나아가지 못하도록 막아주는 역할을 한다.

더욱이 산의 기운인 음(陰)과 물의 기운인 양(陽)이 서로 합해지는 곳으로, 산천의 생기를 북돋우어 만물이 잘 자라도록 한다. 이 때문에 풍수설에서는 배산임수를 양택(陽宅)풍수라 하여 양기풍수(마을이나 도읍 터)와 음택풍수(묘지)를 함께 가장 중요한 풍수의 원칙으로 여긴다.

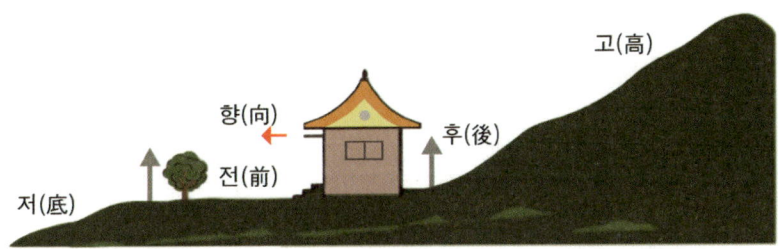

배산임수(背山臨水) 배치는 고기압의 생기열(生氣熱)을 건물로 불러들이기 위함이다. 생기열이란 남녀가 결합하여 자식(子息)이라는 발복(發福)이 있듯, 양(陽)인 태양과 음(陰)인 땅이 결합하여 생기열이라는 산물(産物)로 발복된 것이다. 일반적으로 복사열(輻射熱)로 알고 있으며 땅 위에 사는 모든 생명체는 이 생기열의 에너지(energy)를 마시고 진화(進化)해왔다. 생기열은 건강과 재물 복록(福祿)이며 새가 나르는 높이까지 오르고 그 이상은 희석(稀釋)된다. 배산임수 배치는 에너지 밀도가 높은 고기압의 생기열(Energy)을 집으로 많이 끌어들여 나와 가족의 발전과 번영 그리고 건강(健康)하고 안락한 생활의 행복을 추구하기 위함이다.

생기열의 이동 방향은 낮에는 골바람(谷風-valley wind)의 영향을 받아 저지대(低地帶)에서 고지대(高地帶)로 이동(移動)하고 밤에는 산비탈을 타고 내려가는 산바람(山風-mountain wind)에 의해 고지대에서 저지대로 저기압의 음기(陰氣)가 내려간다. 배산임수 배치가 되어야 생기열을 안고 들어오는 바람을 실내에 채워 압력을 높이게 되므로 건물 안에 사는 사람도 고기압의 생기열로 건강하고 재물이 모이게 된다.

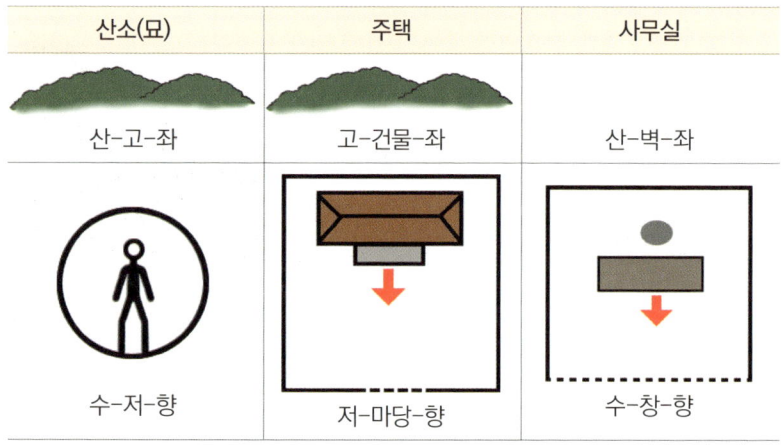

배산임수의 반대되는 역(逆) 배산임수 배치는 불행(不幸)을 부른다. 역 배산임수 배치는 물(水)을 등지고 산(山)을 향한 전고후저 배치로 공기의 흐름이나 물 흐름을 거꾸로 맞이하게 되며, 낮에는 저지대에서 고지대로 흐르는 고기압의 생기열 에너지가 비켜 나가고, 밤에는 산바람을 타고 내려오는 강한 저기압의 음기(陰氣)가 건물에 들어오게 되어

이 건물에 거주하는 사람은 사업에 실패하고 병사하거나 건강과 재물을 모두 잃게 된다.

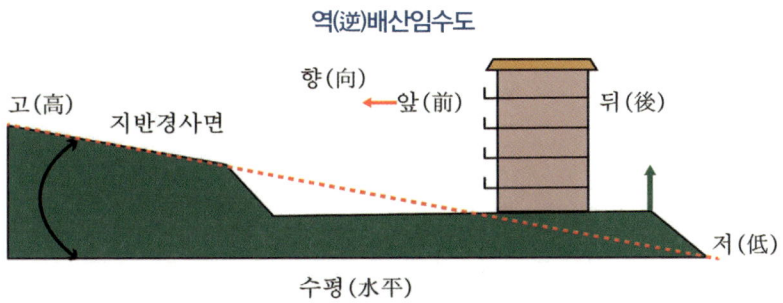

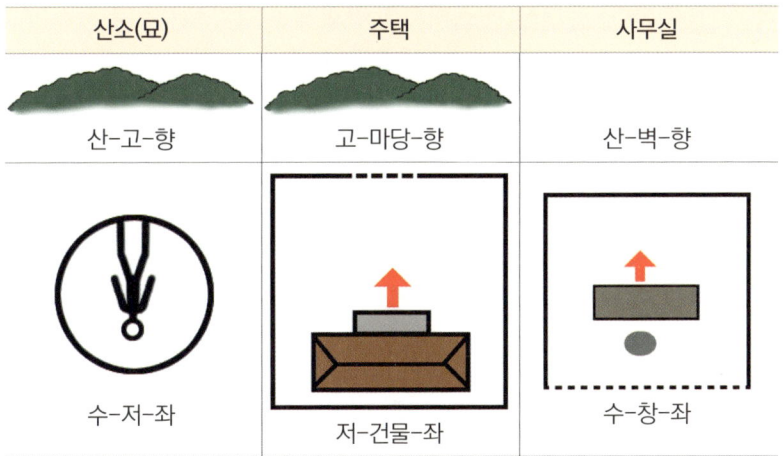

배산임수 배치가 순리(順理)이며, 저기압의 음기가 들어오는 역배산임수 배치는 역리(逆理)이므로 역리 현상이 일어나게 되는 것이다.

고기압의 생기열 에너지, 즉 양기가 집으로 들어오면 건강하고 재물이 모이며, 역(逆)배산임수가 되면 음기가 들어와 건강을 잃고 되는 일이 없어 어렵고 불행하게 된다. 배산임수의 원칙에는 과학적 요소가 있어 풍수뿐 아니라, 한국의 전통 촌락에서도 대부분 배산임수의 원칙을 따르고 있다. 실제로 전통 촌락 대부분은 뒤에 산이 있고, 앞에 하천이 흐르는 곳에 모여 있다. 따라서 배산임수(背山臨水)와 전저후고(前低後高)를 풍수 용어와 함께 자연환경과 조화를 이룬 과학적 택지 요건으로 본다.

나. 풍수의 기본은 배산임수

(1) 산이 있는 지세(地勢)의 건물 배치는 산을 등지고 물(水)이 있는 쪽을 향(向)한다. 풍수상 건물 배치의 전형적인 입지 방법이다.

(2) 건물의 향(向)은 비가 왔을 때 빗물이 내려가는 방향으로 한다.

(3) 등고선의 직각(直角) 방향에 건물의 중심축을 향(向)하게 한다.

(4) 건물의 배치를 배산임수 원칙으로 했을 때 흉석(凶石)이나 흉가(凶家) 등이 있으면 다소 변경할 수 있다.

(5) 평지에서는 겨울이 따뜻하고 여름에 시원한 남향(南向) 배치가 적합하다. 그러나 우선순위는 배산임수, 남향 배치, 도로에 의한 배치, 형태에 의한 배치, 안산에 의한 배치, 주변 건물에 의한 배치 순이며 남향의 오래 받는 햇빛보다 바람, 즉 생기열의 고기압이 더 중요하다.

빛은 북쪽에서 반사광선으로 실내로 들어와도 무방하지만 신선한 공기, 즉 생기열의 고기압은 잠시라도 없어서는 안 되는 요소이기 때문이다.

경남 합천 해인사는 남서향인데, 방향과 관계없이 오래된 사찰들은 산을 등지고 물을 향하는 배산임수형 배치임을 볼 수 있다. 서울 창덕궁이 동향집에 동향 대문이고 종묘가 남서향 배치인 것도 모두 같은 원리다. 산줄기의 맥에 터를 잡고 산을 등지고 물을 바라보는 배치다. 따라서 배산임수 배치는 남향 배치보다 우선(優先)한다.

(6) 가장 이상적인 배치 방법은 배산임수와 남향을 동시에 이루는 방법이다. 유실수(有實樹)의 과일이 남쪽에 달린 것이 건실하고 잘 익는다. 집에 있어서도 남쪽에서 불어오는 고기압의 생기열 에너지와 햇빛을 모두 받을 수 있는 지형, 즉 북쪽이 높고 남쪽으로 경사져 내려간 땅이 이상적인 땅이다. 반면 남쪽지면이 높고 북쪽 지면이 낮은 곳에 집을 지을 때는 지면이 높은 남쪽이 건물의 등 뒤가 되고 지대가 낮은 북쪽이 마당이 되는 북향(北向) 배치가 배산임수에 맞는 배치 방법이다. 햇빛은 적게 들지만 고기압의 생기열 에너지가 많이 들어오는 배치다.

북향 배치로는 인촌 김성수 생가, 케네디 생가, 전두환 전 대통령 조부모 산소 등이 배산임수에 따른 북향 배치형 명당이다.

(7) 배산임수 배치가 풍수이론상 이상적인 이유는 신선한 바람은 강물이나 바다가 있는 낮은 지대에서 불어오며, 물을 향해 대문을 배치한 집은 신선한 바람이 집 내부까지 잘 들어오게 되는 것이다.

집 안으로 신선한 바람이 잘 들어오면 실내의 공기 압력이 높아지고 그 안의 사람에게 생기를 불어넣게 된다. 따라서 산을 등지고 물을 바라보는 배산임수형으로 배치된 집이 명당이라 할 수 있다.

(8) 8방위에 따른 배산임수 배치는 (가) 북쪽이 높으면 남향 (나) 동북쪽이 높으면 서남향 (다) 동쪽이 높으면 서향 (라) 동남쪽이 높으면 서북향 (마) 남쪽이 높으면 북향 (바) 서남쪽이 높으면 동북향 (사) 서쪽이

높으면 동향 (아) 서북쪽이 높으면 동남향이 된다.

다. 건물 배치에 따른 배산임수와 역(逆)배산임수

(1) 배산임수(背山臨水) 배치

(가) 고기압의 생기열(energy)이 많이 들어온다.

(나) 순리(順理)의 배치다.

(다) 상명하달(上命下達)로 어진 아버지, 현모양처의 어머니, 효자 자녀가 되는 순리의 가정이다. 화목(和睦)하며 재산이 늘어난다.

(라) 행복한 가정이 된다.

배산임수의 기압 이동 방향

골바람에 의한 낮의 고기압 이동 방향

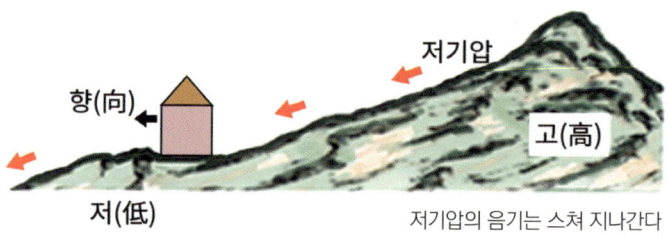

산바람에 의한 밤의 저기압 이동 방향

(2) 역(逆)배산임수(背山臨水) 배치

(가) 저기압의 음기(陰氣-calamity energy)가 많이 들어온다.

(나) 역리(逆理)의 배치다.

(다) 하극상(下剋上)으로 어머니가 아버지에게 저항하고 아이들이 부모 말을 따르지 않는 역리의 가정이다. 재물이 모이지 않고 불화(不和)가 따르며 가난하게 된다.

(라) 하극상(下剋上)의 크기나 역리의 정도(程度)는 지반의 경사(∠ⓠ)에 비례하여 경사도가 크면 하극상도 심하고 완경사이면 하극상도 약하다.

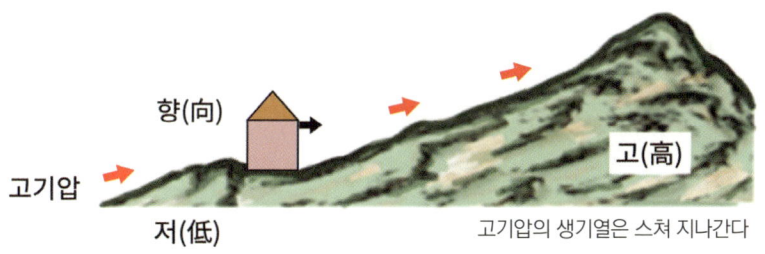

골바람에 의한 낮의 고기압 이동 방향

산바람에 의한 밤의 저기압 이동 방향

❸ 양택방위론(陽宅方位論)

가. 방위 이론

방위는 양택의 길흉 판단에 없어서는 안 될 필수요소 중 하나다. 방위에 따라 특정된 오행의 기가 각기 다르게 작용하기 때문에, 집의 길흉을 판단하기 위해서는 먼저 방위를 확인하는데 나침반을 이용해서 만들어진 패철을 사용한다. 패철을 나경(羅經)이라고도 하며, 24방위로 천기(天氣) 12방위와 지기(地氣) 12방위로 구성되어 있다.

양택이나 건물 방위의 길흉분석(吉凶分析)은 8방위로 해석한다. 8방위는 『주역(周易)』의 팔괘(八卦)와 그 의미가 같으며, 360도 원주(圓柱)를 8등분해서 동서남북 4방위와 그 사이 간방 4방위로 이루어져 있다.

8방위는 정북(正北)·정남(正南)·정동(正東)·정서(正西)·동북(東北)·동남(東南)·서남(西南)·서북(西北)으로 각각 45도씩 구분하고 있다. 45도의 8방위를 다시 3등분하면 24방위가 된다. 따라서 24방위의 한 방위는 15도가 된다.

24방위는 북쪽에 있는 자(子)에서 시계 방향으로 계(癸)·축(丑)·간(艮)·인(寅)·갑(甲)·묘(卯)·을(乙)·진(辰)·손(巽)·사(巳)·병(丙)·오(午)·정(丁)·미(未)·곤(坤)·신(申)·경(庚)·유(酉)·신(辛)·술(戌)·건(乾)·해(亥)·임(壬) 24자로 표시한다.

패철 방위는 자석이 가리키는 북쪽은 '자(子)'로 표시되고, 남쪽은 '오(午)'로 표시되어 자오를 연결하는 선을 중심선으로 한다. 24방위는 자오선을 중심으로 천기와 지기가 각각 한 방위씩 섞여 마치 음양이 짝을 이루며 둘러앉아 있는 모습과 같다.

패철로 방위를 측정하는 침법에는 세 가지가 있다. 패철에는 5층반, 7층반, 9층반, 36층반 등 여러 종류가 있지만 요즘 보편적으로 사용하고 있는 9층반으로 된 패철로 볼 때 4층이 지반정침(地盤正針), 6층이 인반중침(人盤中針), 8층이 천반봉침(天盤縫針)이다.

지반정침의 침법은 자연이 순환하는 천지의 이치 대로 정한 것으로, 낙서 후천팔괘에 따라 남북을 정하고 자북(磁北: 자침이 가리키는 북쪽)을 기준으로 한 침법이다.

이 침법은 음(陰)에 속하는 정적인 용맥(龍脈)을 주로 측정하고 방향(方向)을 가늠하는 데 사용하며, 인반중침은 지반정침보다 7.5도 뒤진 침법으로 하늘이 별자리의 이기(理氣)로 생겨난 사(砂)의 기운을 방위로 헤아려서 그 길흉을 논하는 데 쓰는 침법이다.

한편 천반봉침은 지반정침보다 7.5도 앞선 침법으로 천기를 땅의 기운에 적용시킨 침법이다. 지자기(地磁氣)와의 편각(偏角) 약 7.5도를 더한 것이니 진북(眞北: 북극성이 있는 북쪽)과 관계가 깊고, 양에 속하는 동적인 물을 주로 측정하는 데 쓰나 용을 측정하거나 향을 세우는 데에도 함께 쓰는 침법이다.

여기에서는 양택의 길흉 판단에 적용하고 있는 기본적인 방위 측정법만 살펴보고자 한다.

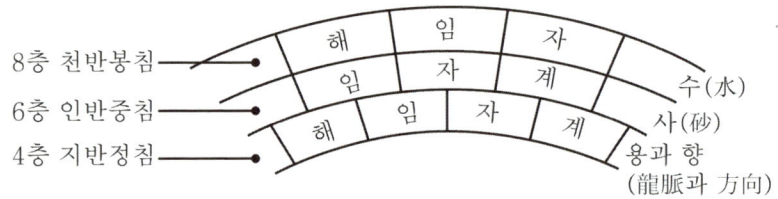

나. 기본이 되는 방위

양택에서 방위를 측정할 때 쓰는 침법으로는 지반정침을 주로 사용한다. 지반정침은 갑(甲), 을(乙), 병(丙), 정(丁), 무(戊), 기(己), 경(庚), 신(辛), 임(壬), 계(癸)의 10천간 중 오행상 토의 기운인 무, 기를 빼고 대신 건(乾), 곤(坤), 간(艮), 손(巽)의 4유(四維)를 포함시켰다.

자(子), 축(丑), 인(寅), 묘(卯), 진(辰), 사(巳), 오(午), 미(未), 신(申), 유(酉), 술(戌), 해(亥)의 12지지를 각각 배속시켜 임자, 계축, 간인, 갑묘, 을진, 손사, 병오, 정미, 곤신, 경유, 신술, 건해의 24방위가 조합을 이루어 만들어졌다.

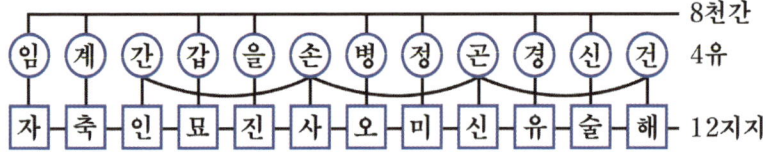

다. 팔괘(八卦)의 방위(方位)

팔괘의 방위는 후천방위를 기준으로 한다. 방위를 8방위로 분류하니 북에 감(坎), 동북에 간(艮), 동에 진(震), 동남에 손(巽), 남에 리(離), 서남에 곤(坤), 서에 태(兌), 북서에 건(乾)이다.

감에는 임자계, 간에는 축간인, 진에는 갑묘을, 손에는 진손사, 리에는 병오정, 곤에는 미곤신, 태에는 경유신, 건에는 술건해로 구분되니, 동, 서, 남, 북의 정사방 중심에서 자리한 자, 오, 묘, 유의 양 옆에는 천간이 받쳐주고, 정사간방 중심에 자리한 건, 곤, 간, 손의 양 옆에는 지지가 받쳐주고 있어 음양의 조화를 이루고 있음을 알 수 있다. 그리고 하나의 괘가 차지하는 각도는 45도가 된다.

팔괘와 방위

라. 정중선(正中線), 사우선(四隅線), 귀문선(鬼門線)

정동, 정서, 정남, 정북의 연결선을 '정중선'이라 하고, 정동북, 정서남, 정동남, 정서북 방의 이음선을 '사우선'이라 한다. 각 네 개의 기본 선은 양택의 길흉 판단에 매우 중요한 의미를 갖는다. 그 방위의 동·서 사택과 음양오행의 기가 너무 크게 직접적으로 작용하고 있는 공간이기 때문이다. 이 선이 관통하는 공간상에 건축물이 건축되어 있느냐, 그렇지 않느냐에 따라 길흉이 전혀 다르게 나타난다. 특히 북동쪽과 남서쪽을 잇는 사우선을 귀문방이라 해서 매우 꺼리는 방위다.

토기(土氣)가 성하고 양기와 음기가 교차되는 지점이라는 특수성도 가지고 있어서, 붙여진 이름에 걸맞게 작은 것에도 흉한 작용이 민감하게 나타나는 곳이다. 모든 것이 부패하기 쉽고 오염되기 쉬운 장소로 보고, 수기나 화기 등을 까다롭게 취급해 주기를 요구하고 있는 방위다.

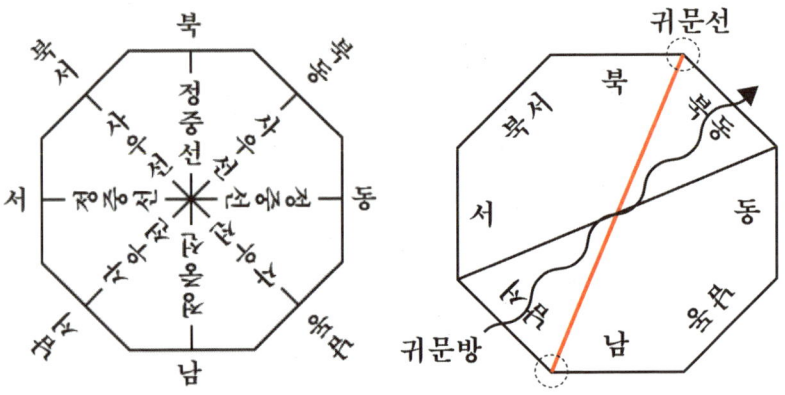

정중선과 사우선, 귀문방과 귀문선

특히 계축(癸丑)과 정미(丁未) 사이를 귀문선이라 하며 매우 조심해야 한다. 만일 이 주변이 오염되었다면, 그 집안에는 허리병으로 고생하는 사람이 있거나, 신장 또는 소화기계 질환으로 고생하는 환자가 사는 집이 분명하다. 그뿐 아니라 대인관계도 원만하지 못해 사회활동도 위축된다. 또한 해임(亥壬)과 인갑(寅甲)도 동기와 서기의 한계선으로 조심해야 한다.

마. 패철 보는 법

패철을 고정시킨 위치에서 좌향과 방위를 측정한다.

(1) 집의 좌향 측정 순서
(가) 건물 앞면 중심점, 즉 기점방위(起点方位)의 기두(起頭)를 정한다.
(나) 측정할 곳의 중심선상의 앞에서 패철을 수평이 되도록 놓고,
(다) 패철을 돌려 북쪽은 자(子)에, 남쪽은 오(午)에 일치하게 하여 패철의 자오선이 자석의 남북을 가리키는 선과 일치하게 한다.
(라) 패철 24방위 글자 가운데 건물 앞면 중심점에 가장 가까운 방위 글자가 건물의 좌(坐)가 된다.
(마) 패철에서 좌의 반대편, 곧 마주 보는 글자가 이 건물의 향(向)이 된다. 좌와 향은 180도의 정반대 방향을 나타낸다. 건물 방위가 정남향인 경우에는 자좌오향(子坐午向)이 되며, 정북향이면 오좌자향(午坐子向)이 된다. 또 건물이 정동향이면 유좌묘향(酉坐卯向)이 되고, 정서

향이면 묘좌유향(卯坐酉向)이 된다. 건물이 동서남북 각 중간의 간방위는 패철에 나타난 글자에 의해 좌와 향을 구분한다. 집의 방위는 좌향을 구분하기도 하지만, 좌향에 의한 기운을 구분하여 집의 길흉을 분석하기 위한 것이다. 집은 외부 방위를 측정하기도 하고, 내부 방위를 측정하기도 한다.

방위에 의한 기운을 정확하게 분석하기 위해서는 집 외부와 내부의 방위를 함께 봐야 한다.

(바) 출입하는 문의 방위와 자기가 주로 쓰는 곳의 방위를 보고 길흉을 판단하는데, 이궁(다른 사택)과 불배합, 상극은 흉하고, 동궁(같은 사택)과 배합, 상생은 길하다. 그러나 동궁(같은 사택)만 되어도 길하다.

집에는 출입문과 안방과 주방과 거실이 있다. 이는 모두 길방에 두고 반대로 화장실, 욕실, 서고, 창고, 옷방, 다용도실 등은 흉방에 배치하여야 한다.

구체적으로 살펴보면, ① 집의 위치(보국의 정밀과 대지의 상) ② 동·서사택의 구조(방위) ③ 집의 상 ④ 정원의 상을 관찰한다.

집과 정원의 크기는 균형이 맞아야 한다. 정원의 크기는 집의 크기보다 3배 이상이면 기운이 분산되는 허한 상이다. 정원이 집의 건평보다 넓을 때에는 집 앞 대지의 중심에서, 정원이 건평보다 적거나 없을 때는 건물의 중심에서 측정하면 된다.

(2) 패철을 측정 위치에 고정 시키는 방법은

(가) 전원주택이나 별장은 그 대지의 중심점에서 건물과 대문 등의 방위를 측정한다. 정원이 집 정면에 위치하여 집의 크기와 같을 때는

집 앞 정면 중심에서 측정한다.

(나) 연립주택, 아파트, 빌딩 내의 사무실은 그 구조 자체의 중심선상에 패철을 놓고, 출입문 방위를 보면서 동사택이나 서사택의 동궁 여부를 분석해서 길흉을 판단한다.

주택의 좌에는 감리진태(坎离震兌) 건곤간손(乾坤艮巽)의 8방으로만 좌를 정하고, 그 집의 기두(기점방위)와 대문방위가 상생되어야 한다. 문의 방위가 기점방위를 중심으로 좌우 어느 방위와도 극이 없어야 한다. 극을 받는다면 그 집에 사는 사람 중 누구에게 피해가 갈 것인가를 분석하고 그 흉화를 판단하는 것이다. 상생상극은 오행으로 분별하고, 음양은 배합과 불배합으로 분별하며, 연대는 하락수로 판별한다.

❹ 동사택(東舍宅)과 서사택(西舍宅)

가. 동·서사택(東西舍宅)

집의 성격 판별은 크게 두 가지로 동사택과 서사택으로 나누어진다. 집은 그 위치한 곳에서 좌(坐)가 생기고 그 좌에서 바라다보는 향(向)이 생긴다. 동사택과 서사택을 구별하는 방법에 두 가지가 있는데, 그 하나는 집의 좌로써 결정하는 것과, 다른 하나는 그 집의 중심점(中心點), 즉 기점방위(起点方位)에 따라 결정하는 방법이다. 그 집의 성격 곧 길흉화복을 판단하는 데는 기점방위를 사용한다.

지표면에는 보이지 않는 힘이 흐르고 있다. 지표면에 수직 회전하며 흐르는 기운은 동기(東氣)와 서기(西氣)로, 동기는 햇빛이 많이 비치는 방위로 지표면에서 상승하는 기운이고, 서기는 햇빛이 적게 비치는 방위로 하강하는 기운이다. 방위에 의한 동기와 서기는 오행으로 구분한다. 오행 중 수, 목, 화는 동기 그리고 토, 금은 서기로 구분한다. 동사택은 동기가 통과하는 방위에, 서사택은 서기가 통과하는 방위에 자리 잡은 집이다. 동기는 같은 동기와는 서로 어울리지만 서기와는 어울리지 못하고, 서기도 같은 서기와는 어울리지만 동기와는 조화를 이루지 못한다.

집이나 건물의 동사택과 서사택의 구분은 방위를 기준으로 한다. 패철의 8방위 가운데 네 방위는 동사택에 해당하고, 나머지 네 방위는 서사택에 해당한다. 북쪽·동쪽·동남쪽·남쪽 방위 180도는 동기가 흐르는 방위며, 동북쪽·서북쪽·서쪽·서남쪽 방위는 서기가 흐르는 방위다.

집 중심부에는 동기나 서기 중 한 기운만 모여 있는 것이 좋다. 동기와 서기가 혼합되면 기운이 탁해져 흉가가 된다. 마당에서 볼 때 집이 북쪽에 위치하고 남쪽을 향하면, 건물 중심은 임자계(壬子癸) 방위로 동사택이다. 이 건물의 중심 기운은 순수한 동기 건물이다.

대문의 방위도 집이 위치한 방위만큼 중요하다. 대문으로 좋은 기운이 들어오면 그 집에 좋은 기운이 흐르고, 나쁜 기운이 들어오면 좋지 않은 기운이 흐른다.

대문 방위도 집 방위를 볼 때와 동일하게 마당 중심에서 대문 위치를 패철로 측정하는데, 대문 위치가 동기에 있으면 동사택, 서기에 있으면 서사택이다. 건물이 동사택이면 대문도 같은 동사택 방위로, 건물이 서사택이면 대문도 같은 서사택의 방위가 동궁(같은 사택)으로 길하다. 건물과 대문이 이궁(다른 사택)이면 흉하다.

양택의 패철도

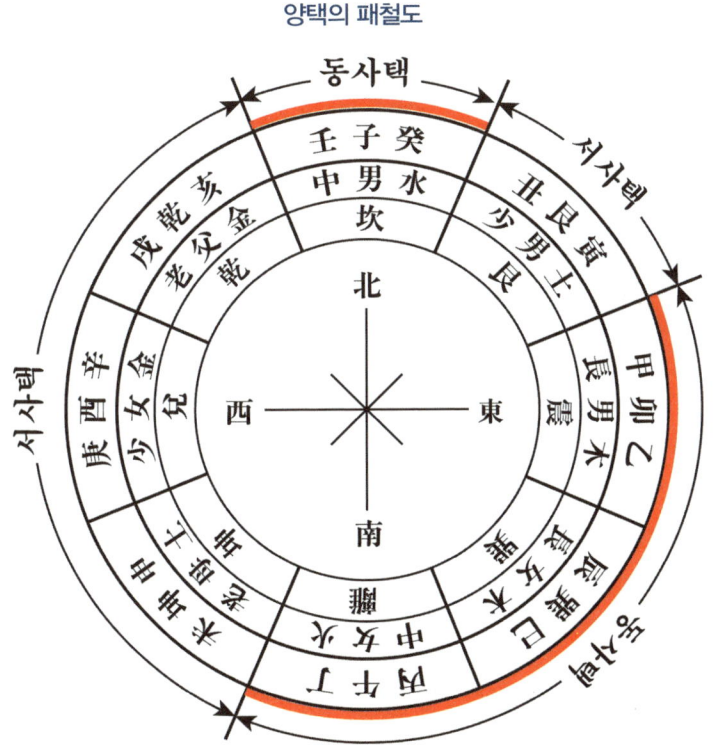

동사택과 서사택

	동사택(東舍宅)과 서사택(西舍宅)			
동사택궁 東舍宅宮	감 임자계 坎(壬子癸) 정북방 正北方	진 갑묘을 震(甲卯乙) 정동방 正東方	손 진손사 巽(辰巽巳) 동남방 東南方	이 병오정 離(丙午丁) 정남방 正南方

서사택궁 西舍宅宮	건 술건해 乾(戌乾亥) 서북방 西北方	곤 미곤신 坤(未坤申) 서남방 西南方	간 축간인 艮(丑艮寅) 동북방 東北方	태 경유신 兌(庚酉辛) 정서방 正西方

동사택과 서사택의 대문 방위

동사택(東舍宅)				
남향(壬子癸:임자계)	동남문	남문	동문	북문
서향(甲卯乙:갑묘을)	남문	동남문	북문	동문
북향(丙午丁:병오정)	동문	북문	동남문	남문
서북향(辰巽巳:진손사)	북문	동문	남문	동남문

서사택(西舍宅)				
동향(庚酉辛:경유신)	동북문(生)	서북문	남서문	서문
서남향(丑艮寅:축간인)	서문(生)	남서문	서북문	동북문
동북향(未坤申:미곤신)	서북문(長)	동북문	서문	남서문
동남향(戌乾亥:술건해)	남서문(長)	서문	동북문	서북문

나. 방위(方位)와 음양오행(陰陽五行)

(1) 방위와 음양

8방위는 음과 양의 두 가지 성질로 구분되는데, 음은 여성적인 기운을, 양은 남성적인 기운을 가졌다. 음 방위와 양 방위의 기운은 음양의 이치에 따라, 서로 다른 기운과 만나면 음양이 배합으로 좋고, 같은 기운과 만나면 음양이 불배합으로 좋지 않다.

음 방위는 패철상 동남(진손사)·정남(병오정)·남서(미곤신)·정서(경유신)로 여성의 기운이며, 양 방위는 서북(술건해)·정북(임자계)·북동(축간인)·정동(갑묘을)으로 남성의 기운이다. 음양의 각 4개 방위는 젊음과 노쇠의 기운에 따라 동남은 장녀(長女), 정남은 중녀(中女)의 왕성한 여성 기운이며, 정북은 중남(中男), 정동은 장남(長男)의 왕성한 남자 기운이다.

대지나 집 마당의 중심점에서 보아 기두(기점방위)가 서북·정북·동북·정동에 있을 때는 집 내부에 남성 기운이 흐르고, 남서·정남·정서·동남이면 여성 기운이 흐른다. 대문도 마찬가지다.

집의 건물과 대문의 의미를 구분하면, 건물은 주인이고 대문은 손님과 같은 관계다. 음과 양은 서로 결합하기를 좋아하여 집의 기운이 남성일 경우 대문이 여성 기운이면 행운이 따르고, 같은 남성 기운이면 서로 배척해서 좋지 않다. 건물과 대문이 각각 남성과 여성 기운을 갖고 서로 어울려 생기를 이룰 때, 어울리는 과정에서 늙고 젊음은 약간의 상관이 있다. 건물이 축간인의 소남 방위와 대문이 미곤신으로 노모 방위면 소남과 노모가 서로 어울려서 생기를 이루는 좋은 공간이지만 음양결합이 늦다.

건물과 대문이 중남과 중녀일 경우에는 음양이 빠르게 결합해서 이른바 속발하게 된다. 그러나 노부와 노모일 경우에는 노부부는 서로 행복한 공간을 이루며 음양결합은 천천히 이루어지고 신혼부부는 좋지 않다.

(2) 방위(方位)와 오행(五行)

패철의 24방위에는 각각 오행(五行)의 기운(氣運)이 포함되어 있으며, 패철(佩鐵) 삼선(三線)에 그 오행이 나타나 있다. 곧 패철의 자(子) 방위 글자 위에는 수(水)가 표시되어 있는데, 자(子) 방위가 물의 기운을 갖고 있다는 뜻이다.

24방위 가운데 물의 기운을 갖고 있는 것은 신(申)·자(子)·진(辰)이다. 불의 기운을 갖고 있는 것은 인(寅)·오(午)·술(戌)이며, 나무의 기운이 흐르는 방위는 해(亥)·묘(卯)·미(未)요, 쇠의 기운을 가진 방위는 사(巳)·유(酉)·축(丑)이다. 이와 같이 세 방위의 기운이 한 가지 오행(五行) 기운(氣運)으로 나타나는 것을 삼합(三合)이라고도 한다.

나머지 12개 방위, 즉 갑(甲)·을(乙)·손(巽)·병(丙)·정(丁)·곤(坤)·경(庚)·신(辛)·건(乾)·임(壬)·계(癸)·간(艮)은 지지와 배합관계에 따라 구분한다. 즉 신(申), 자(子), 진(辰)의 배합인 곤(坤), 을(乙), 임(壬)은 물의 기운을 지닌 방위로 구분한다.

방위에 의한 동기와 서기는 오행으로도 구분된다. 수(水)·화(火)·목(木) 방위는 동기고, 금(金)·토(土) 방위는 서기다. 오행을 8방위로 구분하면 정북이 수, 동북·서남은 토, 정동·동남은 목, 정남은 화, 정서·서북은 금이다.

집과 대문의 방위는 서로 상생 관계를 이루는 것이 좋다. 집이 정북이면 오행상 물 기운으로 대문은 오행상 나무 기운을 받는 것이 좋다. 그러나 같은 집이라도 대문이 남서쪽에 있으면 흙에 해당하므로 상극 관계를 이뤄 좋지 못하다.

다. 방위(方位)와 수(數)

오행의 수는 방위와 관련지어 수량·시간·원인 등을 나타낸다.
그 기운은 『주역(周易)』의 하도(河圖)를 기초로 해서 오행은 생수와 성수의 구분에 근거한 하락(河洛)의 수를 배정하여 오행은 각각 수(數)를 지니고 있다. 북은 1과 6, 남은 2와 7, 동은 3과 8, 서는 4와 9, 중앙

양택 패철도의 가족방위와 하락이수

방향 方向	주역괘 周易卦	가족 방위	팔방 八方	하도낙서 河圖洛書			의미 意味
				생수 生數	성수 成數	오행 五行	
동 東	묘 卯	진 震(☳)	장남목 長男木	갑묘을 甲卯乙	3	8	목	뇌(雷) 천둥뇌성 아버지(큰아들)
서 西	유 酉	태 兌(☱)	소녀금 少女金	경유신 庚酉辛	4	9	금	택(澤) 연못 여자 아기(막내딸)
남 南	오 午	이 離(☲)	중녀화 中女火	병오정 丙午丁	2	7	화	화(火) 불 딸(가운데 딸)
북 北	자 子	감 坎(☵)	중남수 中男水	임자계 壬子癸	1	6	수	수(水) 물 아들(가운데 아들)
동남 東南	손 巽	손 巽(☴)	장녀목 長女木	진손사 辰巽巳	3	8	목	풍(風) 바람 어머니(큰딸)
서북 西北	건 乾	건 乾(☰)	노부금 老父金	술건해 戌乾亥	4	9	금	천(天)하늘 할아버지(아버지)
서남 西南	곤 坤	곤 坤(☷)	노모토 老母土	미곤신 未坤申	5	10	토	지(地)땅 할머니(어머니)
동북 東北	간 艮	간 艮(☶)	소남토 少男土	축간인 丑艮寅	5	10	토	산(山) 남자 아기 (막내 아들)

은 5와 10을 나타낸다. 오행의 수는 사물의 원인성(原因性)과 발생시간, 그리고 그 규모(規模)와 수량 등의 해석에 적용된다.

규모와 수량의 예를 들면 같은 사택으로서 수생목이나 목생화의 오행 상생하는 동쪽 대문으로 부자가 되는 집의 재산은, 동쪽은 오행으로 목에 해당하여 3과 8을 갖는다. 따라서 재산을 3,000석이나 8,000석으로 본다. 집 방위와 음양오행이 좋으면 3,000석으로 보고 주변 지세까지 명당이면 8,000석으로 본다. 시간을 예로 들면, 동쪽 대문으로 재벌이 되는 경우는 동쪽은 3·8 목에 해당하므로 3년 8개월이 되는 시점에서 부자나 재벌이 된다는 의미다. 동쪽대문의 부자나 재벌은 목재나 합판·가구·주방 인테리어 같은 나무를 소재로 한 업종에 종사하면 사업이 번창한다. 동쪽 대문을 통해 나무 기운이 집 안으로 들어오기 때문이다.

오행은 그 자체로 좋은 일이나 나쁜 일의 길흉화복(吉凶禍福)을 일으키는 원인으로 작용한다.

라. 방위(方位)에 따른 길흉과 분석

건물 출입구나 창문은 외부 공기와 빛을 받아들이는 통로다.

건물 출입구의 방위에 따라 건물 안 공기가 달라지며, 배치된 방위의 기운에 의해 실내 분위기와 길흉(吉凶)이 달라지고, 그 안에 사는 사람들에게 미치는 정신적·육체적 영향도 달라진다.

패철을 사용해 집이나 묫자리의 방위를 좌향으로 나타낸다. 일반적으로 집의 방위라고 하면 외부 방위를 말하는데, 대지의 중심점에서 건물과 대문 등의 방위를 측정한다. 내부 방위는 거실·안방·화장실·현관·주방 등이 배치된 방위에 의한 기운을 분석하는 것으로, 집 안 중심점에서 각 방의 방위를 측정한다.

방위를 분석하는 기준은 동사택과 서사택이 가장 비중을 많이 차지하고 다음이 음양·오행이다. 세 요소의 비중은 동사택과 서사택이 60%, 음양에 의한 방위가 20%, 오행에 의한 방위는 20%의 영향을 미친다고 본다.

평점을 100점으로 볼 때, 동사택과 서사택 방위가 맞으면 60점이고, 음양은 음기와 양기가 서로 어울리면 좋은 기운으로 20점이고, 같은 기운끼리 모이면 0점이다.

오행도 상생 관계는 20점을 더하고, 상극이면 0점이다. 그리고 오행에서 같은 기운끼리(물과 물, 나무와 나무 등)는 10점으로 본다.

가장 이상적인 평점은 도합 100점의 방위다. 남향 건물에 동남 출입구는 건물 중심점에서 남향 건물은 북쪽이 중심점이다. 이 중심 기운은 동사택 기운이며, 출입구가 동남에 있으면 방위상으로 같은 동사택 방위다. 그러므로 주인 기운과 손님 기운이 어울려 60점의 생기를 확보한다.

음양으로 분석하면 북쪽의 중심 기운은 중남의 남성 기운에 해당하고 동남쪽 출입구는 장녀의 여성 기운에 해당한다. 그러므로 여성 기운이 들어와 남성 기운과 어우러져 20점의 생기를 얻는다.

오행상으로도 주인 기운은 물, 손님 기운은 나무가 되어 수생목 20점의 상생 관계를 이루어 실내 기운이 도합 100점을 이루는 것이다.

남향 단독 건물에 서쪽 출입문(대문)은 대지 중심점에서 보면, 주인 기운은 동사택에 해당한다. 중심에서 출입문이 있는 서쪽은 서사택 방위다. 주인의 동사택 기운과 손님의 서사택 기운은 서로 다른 기운으로 0점이다.

음양으로 분석하면, 주인 기운은 중남의 남자 기운이고, 출입문은 서쪽의 소녀 기운으로 음과 양은 서로 조화를 이뤄 20점이다.

오행으로 구분하면, 중심 기운은 물(水), 출입구 기운은 쇠(金)로, 금생수의 상생 관계로 20점이다. 총 합계는 40점으로 좋은 집이 아니다.

"건물의 중심기운 즉 기점방위(起点方位)를 기두(起頭)라 한다."

단독주택, 전원주택, 별장 등은 대지의 중심점에서 건물의 좌(坐), 즉 기두와 출입문(대문)이 동일한 사택의 방위에 배치해야 한다.

건물의 기두와 출입문이, 동일한 동사택 방위 또는 동일한 서사택 방위는 동궁(같은 사택)으로 60점이다. 그러나 건물의 기두와 출입문이 서로 다른 동사택과 서사택, 또는 건물의 기두와 출입문이 서로 다른 서사택과 동사택 방위는 이궁으로 0점이다.

동궁과 이궁의 예로 동사택 기두와 동사택 방위의 대문은 동궁으로 60점이고, 서사택 기두와 동사택 방위의 대문은 이궁으로 0점이다.

음양은 음과 양이 서로 다르면 여성 기운과 남성 기운이 배합으로 20점을, 서로 같으면 불배합으로 0점이다. 오행의 상생상극 관계는 상생은 20점이고, 상극은 0점이며 같은 기운 즉 동기는 10점이다. 그러나 "건물의 중심 기운인 기두와 출입문(대문)이 동궁이면 70%의 복가로 판단하며 음양오행의 배합과 상생상극의 관계보다 동궁이 우선이다."

마. 주택과 대문의 배치 방위에 따른 길흉 분석

(1) 남향집의 길흉 분석

집	배치도	1	남향집(자좌오향)	
		구분	동·서사택	동사택
			음양	양(중남)
			수리·오행	1·6수(水)

번호	대문위치	해 석	평점
1	북	자(子·중남수)기두 자(중남수)문, 동궁(同宮) 불배합 동기의 무해무득한 동사택 복가다. 자좌(동사택궁) 자문(동사택궁)의 동궁이다. 기두 자방수는 문의 자방수와 (수·수) 오행동기하며, 중남과 중남(남남)의 음양 불배합 동사택 복가다. 가족이 건강하며 재산이 점차 늘어나 안정을 이루며 발전한다.	70
2	동북	자(子·중남수)기두 간(艮:소남토)문, 이궁(異宮) 불배합 상극의 동사택 흉가다. 자좌(동사택궁) 간문(서사택궁)의 이궁이다. 문의 간방토는 기두 자방수와 (토극수) 오행상극하며, 중남과 소남(남남)의 음양 불배합 동사택 흉가다. 건강과 재산을 모두 잃고 이 집에 옮겨 산 지 6개월이나 1년 만에 아들이 사망한다.	0
3	동	자(子·중남수)기두 묘(卯:장남목)문, 동궁(同宮) 불배합 상생의 동사택 복가다. 기두 자방수는 문의 묘방목과 (수생목) 오행상생하며, 중남과 장남(남남)의 음양 불배합 동사택 복가다. 집안 식구가 건강하며 발전한다. 이 집에 옮겨 산 지 3년 8개월 만에 아버지나 큰아들이 출세하여 명성을 날린다.	80
4	동남	자(子·중남수)기두 손(巽:장녀목)문, 동궁(同宮) 배합 상생의 동사택 복가다. 기두 자방수는 문의 손방목과 수목이 상생하는(수생목) 오행상생하며, 중남과 장녀의 음양 배합이다. 부귀와 명예를 겸한 가장 이상적인 최고의 남향집 동사택 복가다. 이 집에 옮겨 산 지 3년 8개월 만에 어머니나 큰딸에게 명예와 입신출세가 뒤따른다. 집안 식구들이 모두 건강하고 화목하며 재산이 늘고 안정을 이루며 명예와 공명을 얻는다.	100

집	배치도	1	남향집(자좌오향)	
		구분	동·서사택	동사택
			음양	양(중남)
			수리·오행	1·6수(水)

번호	대문 위치	해 석	평점
5	남	자(子:중남수)기두 오(午:중녀화)문, 동궁(同宮) 배합 상극의 동사택 복가다. 기두 자방수는 문의 오방화와 (수극화) 오행상극하며, 중남과 중녀(남여)의 음양 배합 동사택 복가다. 덕행과 학식이 높고 건강하며 재물이 늘어난다. 아들과 손자가 효성스럽다. 오행상 속발속퇴로 출세가 빠르며 일찍 물러난다. 관료나 높은 관직에서 선호하는 집으로 특히 일본 관료들이 선호하는 집이다.	80
6	남서	자(子:중남수)기두 곤(坤:노모토)문, 이궁(異宮) 배합 상극의 동사택 흉가다. 자좌(동사택궁) 곤문(서사택궁)의 이궁이다. 문의 곤방토는 기두 자방수와 (토극수) 오행상극하며, 중남과 노모(남녀)의 음양 배합 동사택 흉가다. 건강과 재산을 잃는다. 이 집에 옮겨 산 지 1년 6개월 만에 아들이 질병으로 고생한다.	20
7	서	자(子:중남수)기두 유(酉:소녀금)문, 이궁(異宮) 배합 상생의 동사택 흉가다. 자좌(동사택궁) 유문(서사택궁)의 이궁이다. 문의 유방금은 기두 자방수와 (금생수) 오행상생하며, 중남과 소녀(남녀)의 음양 배합 동사택 흉가다. 식구들이 서로 불신하고 다른 집 식구도 따라서 불편해진다.	40
8	서북	자(子:중남수)기두 건(乾:노부금)문, 이궁(異宮) 불배합 상생의 동사택 흉가다. 자좌(동사택궁) 건문(서사택궁)의 이궁이다. 문의 건방금은 기두 자방수와 (금생수) 오행상생하며, 중남과 노부(남남)의 음양 불배합 동사택 흉가다. 건강과 재산을 잃는다. 여성은 외롭다.	20

(2) 남서향집의 길흉 분석

집	배치도	구분	남서향집(간좌곤향)	
			동·서사택	서사택
			음양	양(소남)
			수리·오행	5·10토(土)

번호	대문 위치	해 석	평점
1	북	간(艮:소남토)기두 자(子:중남수)문, 이궁(異宮) 불배합 상극의 서사택 흉가다. 기두 간방(소남)토는 문의 자방(중남)수와 (토극수) 오행상극하며, 소남과 중남(남남)의 음양 불배합 서사택 흉가다. 가족 사이에 불화가 발생하며 건강을 잃고 가산을 탕진한다. 이 집에 옮겨 산 지 6개월이나 1년 만에 아들이 사망하는 대 흉가다.	0
2	동북	간(艮:소남토)기두 간(소남토)문, 동궁(同宮) 불배합 동기의 무해 무득한 서사택 복가다. 기두 간방(소남)토는 문의 간방(소남)토와 (토·토) 오행동기하며, 소남과 소남(남남)의 음양 불배합 서사택 복가다. 남성의 주장이 강하고 가족들이 건강하며 재산이 점차 늘어난다.	70
3	동	간(艮:소남토)기두 묘(卯:장남목)문, 이궁(異宮) 불배합 상극의 서사택 흉가다. 문의 묘방(장남)목은 기두 간방(소남)토를 (목극토) 오행상극하며, 소남과 장남(남남)의 음양 불배합 서사택 흉가다. 남성 사이에 불화가 일어나고 건강과 재산을 모두 잃는다. 이 집에 옮겨 산 지 10개월이나 5년 만에 남자 아이가 사망하는 대 흉가다.	0
4	동남	간(艮:소남토)기두 손(巽:장녀목)문, 이궁(異宮) 배합 상극의 서사택 흉가다. 간좌(서사택궁) 손문(동사택궁)의 이궁이다. 문의 손방(장녀)목은 기두 간방(소남)토와 (목극토) 오행상극하며, 소남과 장녀(남녀)의 음양 배합 서사택 흉가다. 이 집에 옮겨 산 지 5년 10개월 만에 사내 아이가 질병으로 시름시름 고생한다.	20

집	배치도	구분	남서향집(간좌곤향)	
			동·서사택	서사택
			음양	양(소남)
			수리·오행	5·10토(土)

번호	대문위치	해석	평점
5	남	간(艮:소남토)기두 오(午:중녀화)문, 이궁(異宮) 배합 상생의 서사택 흉가다. 문의 오방(중녀)화는 기두 간방(소남)토와 (화생토) 오행상생하며, 소남과 중녀(남녀)의 음양 배합 서사택 흉가다. 초년에 좋은 듯하나 시간이 가면서 불화가 발생하며 딸이 건강을 잃는다.	40
6	남서	간(艮:소남토)기두 곤(坤:노모토)문, 동궁(同宮) 배합 동기의 서사택 복가다. 기두 간방 토는 문의 곤방 토와 (토·토) 오행동기하며, 소남과 노모(남녀)의 음양 배합 서사택 복가다. 집안이 번창하고 남여 모두 건강하며 재산이 늘어난다. 신혼부부의 출산이 더디다.	90
7	서	간(艮:소남토)기두 유(酉:소녀금)문, 동궁(同宮) 배합 상생의 서사택 복가다. 간좌(서사택궁), 유문(서사택궁)의 동궁이다. 기두 간방 토는 문의 유방 금과(토생금) 오행상생하며, 소남과 소녀(남녀)의 음양 배합이다. 사업이 번창하며 부귀를 겸한 가장 이상적인 서사택 복가다. 건강과 재산이 점차 풍족하며 남녀 모두 사업에 성공하여 출세하는 집이다. 이 집에 옮겨 산 지 4년 9개월 만에 막내딸이 크게 성공한다. 신혼부부의 출산이 보장되며, 사업이 번창 성취되는 최고의 복가다.	100
8	서북	간(艮:소남토)기두 건(乾:노부금)문, 동궁(同宮) 불배합 상생의 서사택 복가다. 기두 간방 토는 문의 건방 금과 (토생금) 오행상생하며, 소남과 노부(남녀)의 음양 불배합 서사택 복가다. 남성은 사업에 성공하고 여성은 외롭다. 이 집에 옮겨 산 지 4년 9개월 만에 건강을 얻고 재물이 늘어 아버지가 사업에 성공한다.	80

(3) 서향집의 길흉 분석

집	배치도	3 구 분	서향집(묘좌유향)	
			동·서사택	동사택
			음양	양(장남)
			수리·오행	3·8목(木)

번호	대문 위치	해 석	평점
1	북	묘(卯:장남목)기두 자(子:중남수)문, 동궁(同宮) 불배합 상생의 동사택 복가다. 문의 자방 수는 기두 묘방 목과 (수생목) 오행상생하며, 장남과 중남(남남)의 음양 불배합 동사택 복가다. 가족이 화목하고 효자가 나온다. 경사스러운 일이 많고 승진과 출세가 빠르다. 이 집에 옮겨 산 지 3년 8개월 만에 아버지(큰아들)가 출세한다.	80
2	동북	묘(卯:장남목)기두 간(艮:소남토)문, 이궁(異宮) 불배합 상극의 동사택 흉가다. 묘좌(동사택궁), 간문(서사택궁)의 이궁이다. 기두 묘방 목은 문의 간방 토를 (목극토) 오행상극하며, 장남과 소남(남남)의 음양 불배합 동사택 흉가다. 남성 사이에 불화가 일어나고 재산과 건강을 모두 잃으며 아내가 고생한다. 이 집에 옮겨 산 지 10개월이나 5년 만에 남자 아이가 사망하는 대흉가다.	0
3	동	묘(卯:장남목)기두 묘(장남목)문, 동궁(同宮) 불배합 동기의 무해무득한 동사택 복가다. 기두 묘방 (장남)목은 문의 묘방 (장남)목과 (목·목) 오행동기하며, 장남과 장남(남남)의 음양 불배합 동사택 복가다. 남성이 발전하며 가족이 건강하고 사업이 안정을 이루며 발전한다.	70
4	동남	묘(卯:장남목)기두 손(巽:장녀목)문, 동궁(同宮) 배합 동기의 동사택 복가다. 기두 묘방(장남)목은 문의 손방(장녀)목과 (목·목) 오행동기하며, 장남과 장녀(남녀)의 음양 배합 동사택의 이상적인 복가다. 재산이 크게 일어나고 건강과 명예를 얻으며 가정이 화목하다.	90

집	![배치도: 1-子, 2, 3-卯, 4, 5-午, 6, 7-酉, 8, 중앙 甲卯乙, N]	3 구 분	서향집(묘좌유향)	
			동·서사택	동사택
			음양	양(장남)
			수리·오행	3·8목(木)

번호	대문 위치	해 석	평점
5	남	묘(卯:장남목)기두 오(午:중녀화)문, 동궁(同宮) 배합 상생의 동사택 복가다. 기두 묘방 목은 문의 오방 화와 (목생화) 오행상생하며, 장남과 중녀(남녀)의 음양 배합 동사택 복가다. 재산이 크게 일어나 안정을 이루고 건강과 명예를 얻으며 가족이 화목하다. 이 집에 옮겨 산 지 2년 7개월 만에 딸이 입신출세의 경사가 있다.	100
6	남서	묘(卯:장남목)기두 곤(坤:노모토)문, 이궁(異宮) 배합 상극의 동사택 흉가다. 기두 묘방(장남)목은 문의 곤방(노모)토와 (목극토) 오행상극하며, 장남과 노모(남녀)의 음양 배합 동사택 흉가다. 모자(母子) 관계가 특히 나쁘며 불화가 계속된다. 이 집에 옮겨 산 지 5년 10개월 만에 할머니나 어머니가 질병으로 시름시름 고생한다.	20
7	서	묘(卯:장남목)기두 유(酉:소녀금)문, 이궁(異宮) 배합 상극의 동사택 흉가다. 문의 유방(소녀)금은 기두 묘방(장남)목과 (금극목) 오행상극하며, 장남과 소녀(남녀)의 음양 배합 동사택 흉가다. 아버지나 큰아들이 질병으로 고생하며 건강과 재산을 잃는다.	20
8	서북	묘(卯:장남목)기두 건(乾:노부금)문, 이궁(異宮) 불배합 상극의 동사택 흉가다. 문의 건방(노부)금은 기두 묘방(장남)목을 (금극목) 오행상극하며, 장남과 노부(남남)의 음양 불배합 동사택 흉가다. 가족 사이에 흉사가 생겨 건강과 재산을 잃는다. 이 집에 옮겨 산 지 8개월이나 3년 만에 아버지나 큰아들이 사망하는 대흉가다.	0

(4) 서북향집의 길흉 분석

집	배치도	구분	서북향집(손좌건향)	
			동·서사택	동사택
			음양	음(장녀)
			수리·오행	3·8목(木)

번호	대문 위치	해 석	평점
1	북	손(巽:장녀목)기두 자(子:중남수)문, 동궁(同宮) 배합 상생의 동사택 복가다. 문의 자방 수는 기두 손방 목과 수목이 상생하는 (수생목) 오행상생하며, 장녀와 중남의 음양배합이다. 여성이 출세하여 부귀와 명예를 얻고 건강과 부귀를 겸한 복가다. 재산과 건강이 안정을 이루며 계속 발전한다. 이 집에 옮겨 산 지 3년 8개월 만에 어머니나 큰딸이 출세하여 부귀와 영화를 얻는다.	100
2	동북	손(巽:장녀목)기두 간(艮:소남토)문, 이궁(異宮) 배합 상극의 동사택 흉가다. 기두 손방(장녀)목은 문의 간방(소남)토와 (목극토), 오행상극하며 장녀와 소남(남녀)의 음양 배합 동사택 흉가다. 각종 질병에 시달리며 단명한다. 이 집에 옮겨 산 지 5년 10개월 만에 남아가 질병으로 고생하며 재산을 잃는다.	20
3	동	손(巽:장녀목)기두 묘(卯:장남목)문, 동궁(同宮) 배합 동기의 동사택 복가다. 기두 손방 목은 문의 묘방 목과 (목·목) 오행동기하며, 장녀와 장남의 음양 배합의 이상적인 동사택 복가다. 가난하던 살림이 점점 일어나 집안이 안정되고 화목하며 건강과 부귀를 얻는다.	90
4	동남	손(巽:장녀목)기두 손(장녀목)문, 동궁(同宮) 불배합 동기의 무해무득한 동사택 복가다. 기두 손방(장녀)목은 문의 손방(장녀)목과 (목·목) 오행동기하며, 장녀와 장녀(여여)의 음양 불배합 동사택 복가다. 재산이 점차 늘어나고 안정을 이루며 여성들이 발전을 거듭한다.	70

집		4	서북향집(손좌건향)	
		구분	동·서사택	동사택
			음양	음(장녀)
			수리·오행	3·8목(木)

번호	대문 위치	해 석	평점
5	남	손(巽:장녀목)기두 오(午:중녀화)문, 동궁(同宮) 불배합 상생의 동사택 복가다. 기두 손방(장녀)목은 문의 오방(중녀)화와 (목생화) 오행상생하며 장녀와 중녀(여여)의 음양 불배합 동사택 복가다. 건강과 재물 모두 안정적으로 발전한다. 부귀가 겸전하며 사업에 성공한다.	80
6	남서	손(巽:장녀목)기두 곤(坤:노모토)문, 이궁(異宮) 불배합 상극의 동사택 흉가다. 기두 손방(장녀)목은 문의 곤방(노모)토를 (목극토) 오행상극하며, 장녀와 노모(여여)의 음양 불배합 동사택 흉가다. 건강과 재물을 잃고 사업에 실패한다. 이 집에 옮겨 산 지 10개월이나 5년 만에 할머니나 어머니가 사망하는 대흉가다.	0
7	서	손(巽:장녀목)기두 유(酉:소녀금)문, 이궁(異宮) 불배합 상극의 동사택 흉가다. 문의 유방(소녀)금은 기두 손방(장녀)목을 (금극목) 오행상극하며, 장녀와 소녀(여여)의 음양 불배합 동사택 흉가다. 항상 집안의 불화가 끊이지 않고 질병으로 건강과 재산을 모두 잃으며 이 집에 옮겨 산 지 8개월이나 3년 만에 어머니나 큰딸이 질병이나 사고로 고생하다 사망하는 대흉가다.	0
8	서북	손(巽:장녀목)기두 건(乾:노부금)문, 이궁(異宮) 배합 상극의 동사택 흉가다. 문의 건방(노부)금은 기두 손방(장녀)목과 (금극목) 오행상극하며, 장녀와 노부(남녀)의 음양 배합 동사택 흉가다. 사업에 실패하여 재산을 탕진한다. 소송 사건에서 불리하게 되며, 이 집에 옮겨 산 지 3년 8개월 만에 어머니나 큰딸이 질병으로 고생한다.	20

(5) 북향집의 길흉 분석

집	(배치도)	5 구 분	북향집(오좌자향)	
			동·서사택	동사택
			음양	음(중녀)
			수리·오행	2·7화(火)

번호	대문 위치	해 석	평점
1	북	오(午:중녀화)기두 자(子:중남수)문, 동궁(同宮) 배합 상극의 동사택 복가다. 문의 자방(중남)수는 기두 오방(중녀)화와 (수극화) 오행상극하며, 중녀와 중남(남녀)의 음양 배합 동사택 복가다. 가정이 화목하며 재산이 서서히 늘어나고 온가족이 건강하며 입신출세가 이루어진다.	80
2	동북	오(午:중녀화)기두 간(艮:소남토)문, 이궁(異宮) 배합 상생의 동사택 흉가다. 기두 오방(중녀)화는 문의 간방(소남)토와 (화생토) 오행상생하며, 중녀와 소남(남녀)의 음양 배합 동사택 흉가다. 딸이 서서히 건강을 잃으며, 재산도 점점 줄어든다.	40
3	동	오(午:중녀화)기두 묘(卯:장남목)문, 동궁(同宮) 배합 상생의 동사택 복가다. 문의 묘방(장남)목은 기두 오방(중녀)화와 (목생화) 오행상생하며, 중녀와 장남(남녀)의 음양 배합이다. 가정이 화목하고 딸이 출세하는 동사택 복가다. 집안 식구가 모두 건강하고 부귀가 항상 함께하며, 이 집에 옮겨 산 지 2년 7개월 만에 여성들이 출세하여 명예와 공명을 얻는다.	100
4	동남	오(午:중녀화)기두 손(巽:장녀목)문, 동궁(同宮) 불배합 상생의 동사택 복가다. 문의 손방(장녀)목은 기두 오방(중녀)화와 (목생화) 오행상생하며, 중녀와 장녀(여여)의 음양 불배합 동사택 복가다. 딸이 모두 건강하고 현명하며 안정적으로 발전하여 사업에 성공한다.	80

집	(배치도)	구분	5	북향집(오좌자향)
			동·서사택	동사택
			음양	음(중녀)
			수리·오행	2·7화(火)

번호	대문 위치	해 석	평점
5	남	오(午:중녀화)기두 오(중녀화)문, 동궁(同宮) 불배합 동기의 무해 무득한 동사택 복가다. 오좌(동사택) 오문(동사택궁)의 동궁이다. 기두 오방(중녀)화는 문의 오방(중녀)화와 (화화)오행동기하며, 중녀와 중녀(여여)의 음양 불배합 동사택 복가다. 딸이 건강하며 재산이 차츰 일어난다.	70
6	남서	오(午:중녀화)기두 곤(坤:노모토)문, 이궁(異宮) 불배합 상생의 동사택 흉가다. 오좌(동사택궁) 곤문(서사택궁)의 이궁이다. 기두 오방(중녀)화는 문의 곤방(노모)토와 (화생토) 오행상생하며, 중녀와 노모(여여)의 음양 불배합 동사택 흉가다. 딸이 가출하거나 질병이 따른다.	20
7	서	오(午:중녀화)기두 유(酉:소녀금)문, 이궁(異宮) 불배합 상극의 동사택 흉가다. 오좌(동사택궁) 유문(서사택궁)의 이궁이다. 기두 오방(중녀)화는 문의 유방(소녀)금을 (화극금) 오행상극하며, 중녀와 소녀(여여)의 음양 불배합 동사택 흉가다. 질병으로 많은 식구가 고생하고 불화가 발생하며 건강과 재산을 모두 잃는다. 이 집에 옮겨 산 지 9개월이나 4년 만에 여아가 사망하는 대흉가다.	0
8	서북	오(午:중녀화)기두 건(乾:노부금)문, 이궁(異宮) 배합 상극의 동사택 흉가다. 기두 오방(중녀)화는 문의 건방(노부)금과 오행상극하며, 중녀와 노부(남녀)의 음양 배합 동사택 흉가다. 건강과 재산을 모두 잃고 집안에 불화가 따르며, 이 집에 옮겨 산 지 4년 9개월 만에 할아버지나 아버지가 질병으로 고생하며 재산을 탕진한다.	20

(6) 동북향집의 길흉 분석

6	동북향집(곤좌간향)	
구분	동·서사택	서사택
	음양	음(노모)
	수리·오행	5·10토(土)

번호	대문위치	해 석	평점
1	북	곤(坤:노모토)기두 자(子:중남수)문, 이궁(異宮) 배합 상극의 서사택 흉가다. 기두 곤방(노모)토는 문의 자방(중남)수를 (토극수) 오행상극하며, 노모와 중남(남녀)의 음양 배합 서사택 흉가다. 질병으로 집안의 대가 끊길 위험이 있다. 사업에 실패해서 재산 손실이 크며, 이사한 지 1년 6개월 만에 아들의 건강이 점점 나빠진다.	20
2	동북	곤(坤:노모토)기두 간(艮:소남토)문, 동궁(同宮) 배합 동기의 서사택 복가다. 기두 곤방(노모)토는 문의 간방(소남)토와 (토·토) 오행동기하며, 노모와 소남(남녀)의 음양 배합 서사택 복가다. 집안이 번창하며 지위와 공명을 얻어 주변에서 높이 칭송을 받는다.	90
3	동	곤(坤:노모토)기두 묘(卯:장남목)문, 이궁(異宮) 배합 상극의 서사택 흉가다. 문의 묘방(장남)목은 기두 곤방(노모)토와 (목극토) 오행상극하며, 노모와 장남(남녀)의 음양 배합 서사택 흉가다. 질병과 사고가 연발하며 재산을 잃어 궁해진다. 이 집에 옮겨 산 지 5년 10개월 만에 할머니나 어머니가 질병으로 장기간 고생한다.	20
4	동남	곤(坤:노모토)기두 손(巽:장녀목)문, 이궁(異宮) 불배합 상극의 서사택 흉가다. 문의 손방목은 기두 곤방토를 (목극토) 오행상극하며, 노모와 장녀의 음양 불배합 서사택 흉가다. 각종 질병으로 단명하며 우환과 소송이 겹쳐 재산을 모두 탕진한다. 이 집에 옮겨 산 지 10개월이나 5년 만에 할머니나 어머니가 병사하는 대흉가다.	0

집	(배치도)	6 구 분	동북향집(곤좌간향)	
			동·서사택	서사택
			음양	음(노모)
			수리·오행	5·10토(土)

번호	대문 위치	해 석	평점
5	남	곤(坤:노모토)기두 오(午:중녀화)문, 이궁(異宮) 불배합 상생의 서사택 흉가다. 문의 오방(중녀)화는 기두 곤방(노모)토와 (화생토) 오행상생하며, 노모와 중녀(여여)의 음양 불배합 서사택 흉가다. 집안에 불화가 있고 이사한 지 2년 7개월 만에 딸이 질병으로 고생한다.	20
6	남서	곤(坤:노모토)기두 곤(노모토)문, 동궁(同宮) 불배합 동기의 무해무득한 서사택 복가다. 기두 곤방(노모)토는 문의 곤방(노모)토와 (토·토) 오행동기하며, 노모와 노모(여여)의 음양 불배합 서사택 복가다. 건강과 재산이 늘어 생활이 안정된다. 사업이 점차 번창한다.	70
7	서	곤(坤:노모토)기두 유(酉:소녀금)문, 동궁(同宮) 불배합 상생의 서사택 복가다. 기두 곤방토는 문의 유방금과 (토생금) 오행상생하며, 노모와 소녀의 음양 불배합 서사택 복가다. 집안이 화목하며 입신출세가 잇따른다.	80
8	서북	곤(坤:노모토)기두 건(乾:노부금)문, 동궁(同宮) 배합 상생의 서사택 복가다. 기두 곤방토는 문의 건방금을 오행상생하며, 노모와 노부의 음양 배합이다. 사업이 번창하여 부를 축척하는 최고의 서사택 복가다. 사업이 성공해서 재산이 크게 늘고 남성이 모두 출세한다. 식구 모두 건강하고 화목하며 노년에 명예와 덕망이 높다. 신혼부부에게는 출산이 어려운 점도 있다. 이 집에 옮겨 산 지 4년 9개월 만에 할아버지나 아버지가 사업에 성공하여 재산과 명예를 함께 얻어 안정을 이룬다.	100

(7) 동향집의 길흉 분석

7	동향집(유좌묘향)	
구 분	동·서사택	서사택
	음양	음(소녀)
	수리·오행	4·9금(金)

번호	대문 위치	해 석	평점
1	북	유(酉:소녀금)기두 자(子:중남수)문, 이궁(異宮) 배합 상생의 서사택 흉가다. 기두 유방(소녀)금은 문의 자방(중남)수와 (금생수) 오행상생하며, 소녀와 중남(남녀)의 음양 배합 서사택 흉가다. 딸아이가 질병으로 고생하며 사업에 실패하여 건강과 재산을 잃는다.	40
2	동북	유(酉:소녀금)기두 간(艮:소남토)문, 동궁(同宮) 배합 상생의 서사택 복가다. 문의 간방(소남)토는 기두 유방(소녀)금과 (토생금) 오행상생하며, 소녀와 소남(남녀)의 음양 배합이다. 사업이 번창하는 사업가의 가장 이상적인 서사택 복가다. 갑자기 사업이 번창하여 건강과 재산이 늘어나 부를 창출하는 최고의 집이다. 이 집에 옮겨 산 지 4년 9개월 만에 나이 어린 여성 창업자의 성공이 보장되며 유명해진다. 신혼부부의 출산이 원활하다.	100
3	동	유(酉:소녀금)기두 묘(卯:장남목)문, 이궁(異宮) 배합 상극의 서사택 흉가다. 기두 유방(소녀)금은 문의 묘방(장남)목과 (금극목) 오행상극하며, 소녀와 장남의 음양 배합 서사택 흉가다. 외롭게 고생하며, 이사한 지 3년 8개월 만에 아버지(큰아들)가 불행한 일을 당한다.	20
4	동남	유(酉:소녀금)기두 손(巽:장녀목)문, 이궁(異宮) 불배합 상극의 서사택 흉가다. 기두 유방금은 문의 손방목을 (금극목) 오행상극하며, 소녀와 장녀(여여)의 음양 불배합 서사택 흉가다. 집안에 우환과 질병이 연이어 발생하며 건강과 재산을 잃는다. 이 집에 옮겨 산 지 8개월이나 3년 만에 어머니나 큰딸이 사망하는 대흉가다.	0

집	(배치도)	7	동향집(유좌묘향)	
		구분	동·서사택	서사택
			음양	음(소녀)
			수리·오행	4·9금(金)

번호	대문 위치	해 석	평점
5	남	유(酉:소녀금)기두 오(午:중녀화)문, 이궁(異宮) 불배합 상극의 서사택 흉가다. 문의 오방(중녀)화는 기두 유방(소녀)금을 (화극금) 오행상극하며, 소녀와 중녀(여여)의 음양 불배합 서사택 흉가다. 질병으로 고생하며 사고로 재산과 건강을 잃는다. 이 집에 옮겨 산 지 9개월이나 4년 만에 여자아이가 사망하는 대흉가다.	0
6	남서	유(酉:소녀금)기두 곤(坤:노모토)문, 동궁(同宮) 불배합 상생의 서사택 복가다. 문의 곤방(노모)토는 기두 유방(소녀)금과 (토생금) 오행상생하며, 소녀와 노모(여여)의 음양 불배합 서사택 복가다. 여아가 건강하며 갈수록 발전하여 재산이 점차 늘고 사업이 번창하여 성공한다.	80
7	서	유(酉:소녀금)기두 유(소녀금)문, 동궁(同宮) 불배합 동기의 무해무득한 서사택 복가다. 기두 유방(소녀)금은 문의 유방(소녀)금과 (금·금) 오행동기하며, 소녀와 소녀(여여)의 음양 불배합 서사택 복가다. 여성의 주장이 강하고 재산과 건강이 안정적으로 점차 발전한다.	70
8	서북	유(酉:소녀금)기두 건(乾:노부금)문, 동궁(同宮) 배합 동기의 서사택 복가다. 기두 유방(소녀)금은 문의 건방(노부)금과 (금·금) 오행동기하며, 소녀와 노부(남녀)의 음양 배합 서사택의 이상적인 복가다. 사업이 성공적으로 이루어진다. 이 집에 옮겨 산 지 4년 9개월 만에 할아버지나 아버지가 부와 명예를 얻고 입신출세한다.	90

(8) 동남향집의 길흉 분석

집	(배치도)	8	동남향집(건좌손향)	
		구분	동·서사택	서사택
			음양	양(노부)
			수리·오행	4·9금(金)

번호	대문 위치	해 석	평점
1	북	건(乾:노부금)기두 자(子:중남수)문, 이궁(異宮) 불배합 상생의 서사택 흉가다. 기두 건방(노부)금은 문의 자방(중남)수와 (금생수) 오행상생하며, 노부와 중남(남남)의 음양 불배합 서사택 흉가다. 할아버지나 아버지가 질병으로 고생하며 사업운도 없어 사업이 망하고 가세가 기운다.	20
2	동북	건(乾:노부금)기두 간(艮:소남토)문, 동궁(同宮) 불배합 상생의 서사택 복가다. 문의 간방(소남)토는 기두 건방(노부)금과 (토생금) 오행상생하며, 노부와 소남(남남)의 음양 불배합 서사택 복가다. 집안 식구가 모두 건강하고 화목하며 재산이 점점 늘어난다. 남성 위주로 여성은 외롭다. 할아버지나 아버지가 사업에 성공한다.	80
3	동	건(乾:노부금)기두 묘(卯:장남목)문, 이궁(異宮) 불배합 상극의 서사택 흉가다. 기두 건방(노부)금은 문의 묘방(장남)목을 (금극목) 오행상극하며, 노부와 장남(남남)의 음양 불배합 서사택 흉가다. 질병이 계속되며 불의의 사고로 건강과 재산을 잃는다. 이 집에 옮겨 산 지 8개월이나 3년 만에 아버지나 큰아들이 사망하는 대흉가다.	0
4	동남	건(乾:노부금)기두 손(巽:장녀목)문, 이궁(異宮) 배합 상극의 서사택 흉가다. 기두 건방(노부)금은 문의 손방(장녀)목과 (금극목) 오행상극하며, 노부와 장녀(남녀)의 음양 배합 서사택 흉가다. 불행한 사건이 계속되고 재산과 명예를 잃는다. 이 집에 옮겨 산 지 3년 8개월 만에 어머니나 큰딸이 질병으로 고생하며 재산을 잃는다.	20

집	(배치도)	8	동남향집(건좌손향)	
		구분	동·서사택	서사택
			음양	양(노부)
			수리·오행	4·9금(金)

번호	대문 위치	해 석	평점
5	남	건(乾:노부금)기두 오(午:중녀화)문, 이궁(異宮) 배합 상극의 서사택 흉가다. 문의 오방(중녀)화는 기두 건방(노부)금과 (화극금) 오행상극하며, 노부와 중녀(남녀)의 음양 배합 서사택 흉가다. 질병과 우환으로 고생한다. 하는 일마다 손해를 보며, 이 집에 옮겨 산 지 4년 9개월 만에 할아버지나 아버지가 건강과 재물을 잃는다.	20
6	남서	건(乾:노부금)기두 곤(坤:노모토)문, 동궁(同宮) 배합 상생의 서사택 복가다. 문의 곤방(노모)토는 기두 건방(노부)금과 (토생금) 오행상생하며, 노부와 노모(남녀)의 음양 배합이다. 방위상 어른 방위로 부귀와 명예를 얻어 존경받는 사업가의 최고의 서사택 복가다. 재산이 늘고 사업 운이 저절로 열리는 가장 이상적인 집이다. 이 집에 옮겨 산 지 4년 9개월 만에 할아버지나 아버지가 재산과 명예를 얻고 장수하며 덕망이 높아진다. 그러나 신혼부부는 출산이 어려운 점도 있으며 사업은 성공한다.	100
7	서	건(乾:노부금)기두 유(酉:소녀금)문, 동궁(同宮) 배합 동기의 서사택 복가다. 기두 건방(노부)금은 문의 유방(소녀)금과 (금·금) 오행동기하며, 노부와 소녀(남녀)의 음양 배합 서사택의 이상적인 복가다. 집안이 화목하며 출세가 연속된다. 재물이 저절로 모인다.	90
8	서북	건(乾:노부금)기두 건(노부금)문, 동궁(同宮) 불배합 동기의 무해무득한 서사택 복가다. 기두 건방금은 문의 건방금과 오행동기하며, 노부와 노부의 음양 불배합 서사택 복가다. 안정적으로 일이 추진되며 건강하고 재산이 점차 늘어난다. 오래갈수록 안정을 이루며 발전한다.	70

❺ 대지의 형태(形態)와 안전성(安全性)

건물은 안전한 대지 위에 세워야 그곳에 거주하는 사람들에게 안전한 분위기를 제공한다. 안전한 대지는 그 대지가 위치한 곳과 대지의 주위까지도 안정된 평탄한 곳을 말하며 아무런 피해를 받지 않는 곳을 말한다. 이러한 곳은 바람이 스스로 그 형태에 따라 안정되고 일월성신(日月星辰)의 빛까지도 바르게 비추어 이곳에 사는 사람도 그 환경에 따라서 마음이 바르고 기상이 밝아 스스로 행복해진다.

우리 인간은 선천적으로 타고난 형상에 그가 사는 보금자리로 후천적인 기상이 변하여 희망을 갖고 살아가게 된다. 그러나 불안한 대지는 그 위치한 대지는 물론, 그 주위까지도 모두 피해를 주게 되는 것이다.

건물이 들어설 대지는 그 모양이 네모반듯하여 단정한 형태가 좋다. 대지의 모양은 여러 가지가 있다. 삼각형이거나 불규칙한 형태의 대지

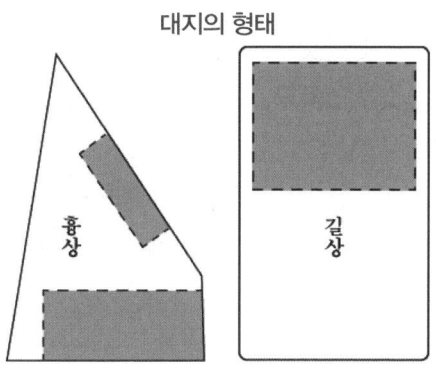

대지의 형태

는 좋지 않다. 이상적인 대지의 형태는 대지의 네 변이 바르고 사각형으로 마당과 건물의 넓이도 서로 큰 차이가 없는 것이 좋다. 즉 보기 좋은 대지는 길하고 보기 흉한 대지는 흉한 것이다.

가. 대지의 형태와 개수도

모든 대지의 형은 바르고 단정해야 한다. 사람이 사는 대지가 바르지 않은 것은 그곳에 사는 사람도 불균형이 될 것이다. 사람의 얼굴과 의복이 단정하여야 되듯이 대지와 건물도 바르고 단정하여야 한다.

주택이 들어설 대지는 토질에 생기가 있어야 한다.

생기가 있는 토질은 흙이 단단하고 광채가 있고 맑고 깨끗하다.

하천 주변의 모래밭이나 매립지는 무기력하여 생기가 없다.

생기가 있는 곳에 집을 짓고 살면 사람이 건강해지고 총명하며 활력이 넘친다. 그러나 생기가 없는 땅에 집을 짓고 살면 무기력하며 건강

도로에 접한 대지의 형태

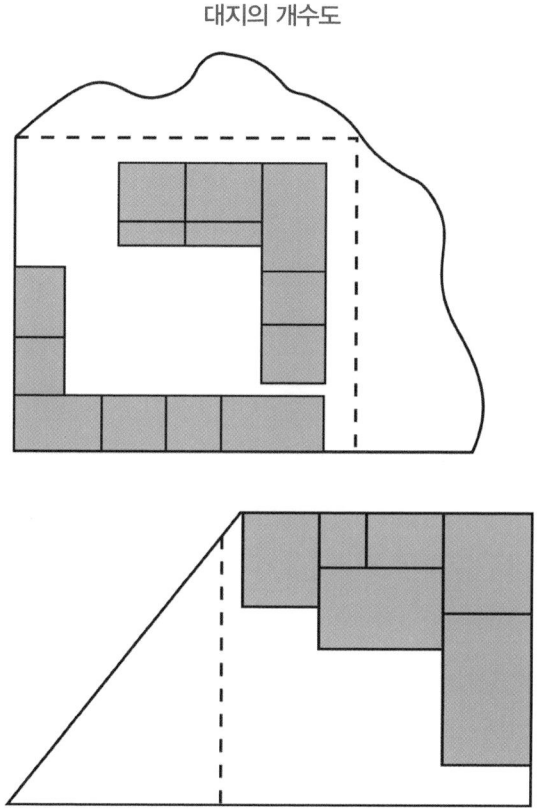

대지의 개수도

이 좋지 않고 총명하지 못하게 되는 것이다.

   대지의 형이 단정치 못할 때는 담장을 쌓는 등의 방법으로 단정한 형으로 고치고 남는 땅은 다른 목적에 이용하여 보기 좋게 고치는 것이 좋다.

나. 바람

모든 생물은 숨을 쉬어야 살아갈 수 있다. 사람도 호흡이 잘될 때 건강하고 호흡을 잘못하면 죽거나 병을 앓게 된다. 호흡에 필요한 공기는 맑고 그 흐름이 순하여야 좋은 호흡이 된다. 만약 바람이 급하게 되면 사람의 기운을 이겨 장차 흉하게 된다. 잠깐 동안은 맑은 공기라 좋다고 하겠지만 오랫동안 계속 된다면 장차 흉하고 불길해진다.

주택의 위치에는 바람의 흐름을 가장 중요하게 살펴야 한다. 바람은 그 위치하는 형태에 따라 움직여 순하기도 하고 흉하기도 하다.

(1) 골바람(谷風)과 산바람(山風)

풍수지리학의 최고 경전인 청오경(靑烏經)에서 기승풍즉산(氣乘風則散)이라 하여 사람에게 이로운 생기(生氣)는 바람을 타면 흩어지므로 주산(현무)·청룡·백호·안산(주작)으로 둘러싸여 바람을 막아주는 혈(穴)이라야 좋은 땅이 된다고 했다. 그러므로 묘소나 집, 마을에 바람을 감추는 장풍(藏風) 국(局)이 되어 생기를 받아서 건강하고 행복하게 살기를 바랐던 것이다.

산(山)이 있는 지역(地域)에서는 곡풍(谷風)이 부는데, 이를 골바람이라 한다. 골바람은 산비탈의 공기량이 평지 위의 공기량에 비해 용량이 적고 데워지기 쉬우며, 냉각되기 쉽기 때문에 평지 위의 공기와 기압차가 생기고, 그로 인해 부는 중간 규모의 대기 순환(循環)이다.

낮에는 산비탈이 가열되어 산비탈 근처의 공기가 주변 공기보다 따뜻해진다. 이에 산비탈을 따라 올라가는 바람인 골바람(谷風: valley wind)이 형성되어 저지대에서 고지대로 서서히 이동한다.

밤에는 반대로 산비탈이 빠르게 냉각되면서 산비탈 근처의 공기가 주변보다 낮은 온도가 되어 산비탈을 타고 내려가는 산바람(山風: mountain wind)을 형성하여 고지대에서 저지대로 급하게 이동한다.

산곡풍은 이 두 바람이 낮과 밤에 규칙적으로 교체되는 풍계(風系)를 가리킨다.

골바람의 경우, 충분한 수증기가 있으면 적운형(積雲: cumulus) 구름을 발달시켜 소나기가 내리게 할 수 있다.

한편, 골바람은 중력과 반대방향으로 이동하지만, 산바람은 중력에 의해 가속되므로 산바람이 골바람보다 풍속이 크다. 밤에 만들어지는 산바람을 맞는 집에 사는 사람은 병사하거나 패가망신 하게 되며 산바람(山風)을 맞는 마을은 가난하게 살뿐만 아니라 사람들이 장수하지 못한다. 즉 사람에 이로운 기운이 마을에 머물지 못하고 산골짜기를 타고 강한 저기압의 음기가 내려가기 때문에 사업도 실패하여 건강과 재산을 모두 잃는다.

(2) 산과 산 사이의 바람

산골짜기의 바람은 흉한 것이다. 사람들은 대개 주택의 위치가 높은 곳과 그 주위에 계곡이 지고 암석 등을 좋아하나 이는 주위가 안정되지 않아 장차 흉하게 된다. 낮에는 고기압의 곡풍이 올라가지만, 특히 밤에는 산비탈이 빠르게 냉각되면서 산비탈을 타고 내려가는 산바람(山風)이 중력에 의해 가속된 저기압의 음기가 내려오면서 살풍이 되어 가옥을 치므로 병사하거나 건강과 재산을 모두 잃는다.

(3) 막다른 바람

막다른 골목집은 골목에서 불어오는 바람이 살풍으로 흉하다.

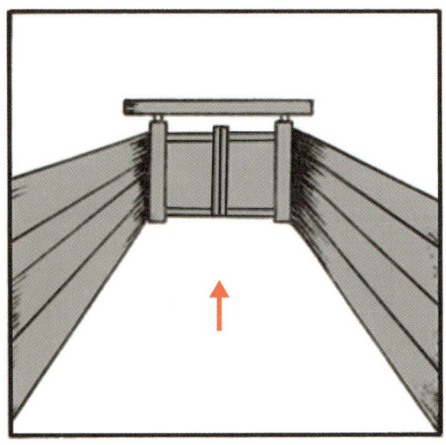

(4) 건물 사이의 바람

주택은 그 주위의 건물과 건물 사이에서 불어오는 바람이 좋지 않다.

그 주위의 건물이 높을수록 풍속이 강한 살풍이 불어온다.

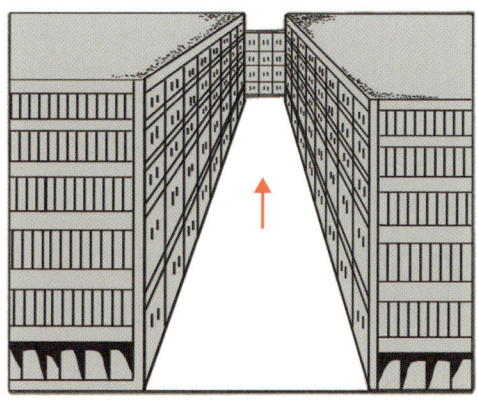

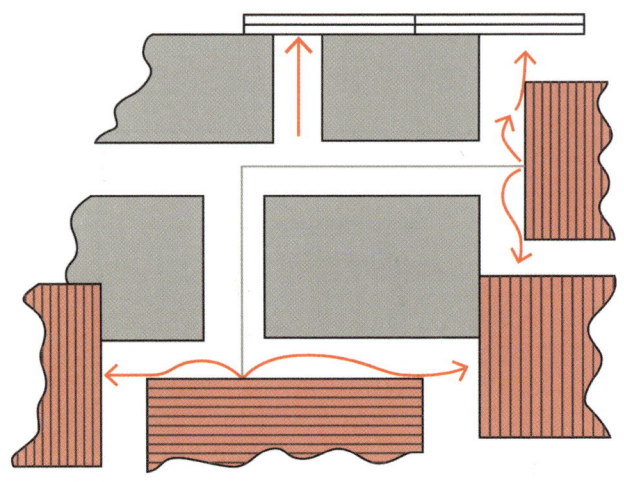

6 건물의 형태

가. 건물의 기운과 생명의 형태

원시시대 사람들은 굴 속이나 땅에 구멍을 파고 살았으며 땅속이 바로 집이었다. 그러다 농경시대를 거치면서 땅 위로 올라와 오늘날과 같은 건물을 만들게 되었다. 땅은 생명체를 낳고 키워 주는 어머니와 같은 존재다. 하늘을 아버지로, 땅을 어머니로 보는 음양 이론도 땅이 갖고 있는 모성적인 기능에서 출발했다고 본다.

집은 휴식을 통해 사람의 기운을 충전시켜 주는 공간이다. 사람은 잠을 설치면 기운이 없어서 활동하기가 어렵다. 잠을 자는 것은 단순히 휴식 외에 다음 날을 위한 충전의 의미가 크다. 출장이나 여행 등으로 잠자리를 바꾸면 잠을 잘 이루지 못하는 경우가 있다. 이것은 잠자리마다 사람에게 전달하는 소리나 기운이 다르기 때문이다. 육체가 잠자는 동안에도 영혼은 쉬지 않고 무한한 공간과 영적인 교류를 통해 새로운 영감을 얻는다.

사람이 좋은 기운이 있는 집에서 잠을 자면 다음 날이 활기차고, 기운이 나쁜 곳에서 잠을 자면 다음 하루가 힘들다. 집 안 기운은 집의 형태와 구조, 방위와 배치, 주변 건물과 산과 강 등에서 생기는 바람, 물, 지형, 지세, 지기(地氣) 지자기(地磁氣), 중력, 토양, 귀에는 들리지 않는 여러 소리와 진동, 보이지 않는 전자기파 등 여러 힘이 어우러져 이뤄진다.

집은 자연 공간의 기운과 공기를 사람의 숨결처럼, 태양빛을 심장의 맥박처럼, 자연의 에너지를 받아들임으로써 생명력을 갖게 된다.

(1) 건물의 기운

지역에 따라 인종이나 문화가 다른 것은 자연환경이 사람에게 전하는 기운이 다르기 때문이다. 서구식 문화는 넓은 평지에서 생겨나 수평적인 사고방식을 갖고, 산이 많은 지역에서는 수직적인 사고방식의 문화가 발전해왔다. 이처럼 자연환경의 지형지세에 따라 체질이나 문화가 서로 다르다. 모든 건물은 그 건물이 세워진 지역의 자연에서 기운을 받아들인다.

같은 지역에서도 건물의 규모와 형태, 방위와 배치 등이 서로 다르다. 건물은 여러 건축 재료가 합해져 공간을 이루며, 재료에서 발생되는 기운이 서로 다르다. 따라서 자연 조건이 비슷해도 건물 종류와 방위와 배치, 공간 형태에 따라 사람이 받는 기운과 분위기가 달라진다.

재료는 같아도 내부 분위기가 다른 것은 공간 형태에 따라 울림이나 기운의 순환하는 형태가 다르기 때문이다. 건축 공간에서 발생하는 기운은 공간의 형태, 공간의 울림, 소리, 공기의 회전 등에 따라 구분된다.

자연에서 생기는 울림은 지역과 공간에 따라 다르다. 지역의 토질이나 산, 강 같은 주변 조건이 모두 다르기 때문에 사람에게 주는 감동도 달리한다. 건물이 갖고 있는 울림도 사람에게 일정한 영향을 주는데 오래 계속되면 사람 성격을 결정한다. 공간의 형태에 따라 공간에서 생기는 울림, 나무에서 생기는 울림, 돌에서 생기는 울림은 서로 다르다. 같은 쇠라도 넓은 쇠와 좁은 쇠, 둥근 쇠와 뾰족한 쇠에서 생기는 울림은 서로 다르다. 이런 울림은 오관으로 느낄 수 없지만 영감으로 전달된다.

공간에서도 소리가 생기는데 자동차를 타고 가로수 옆을 달려갈 때 자동차 속도에 따라 가로수 크기나 수, 간격 등에 따라 바람이 스치는 소리가 달라진다. 가로수 옆을 지나갈 때도 소리가 발생하고 있지만 미약해서 잘 들리지 않고 건물 안에서도 마찬가지다. 사람이 거실이나 방을 통과하거나 그 앞에서 움직일 때에도 미세한 소리가 생긴다.

일정한 공간 내에서 공기(바람)는 온도 차이로 자연조건의 영향을 받아 계속 회전한다. 바람이 회전하는 조건은 공간 형태에 따라 달라지며 원형, 정팔각형, 정육각형, 정사각형 공간에서는 바람이 회전하기 쉽다. 특히 원형이 회전할 수 있는 크기가 가장 크다. 그러나 직사각형이나 ㄱ자 건물에서는 바람이 순조롭게 회전하지 못하고 회전의 크기도 작다. 큰 회전을 일으키는 공간이 생기의 회전이 크다.

(2) 생명의 형태

생명은 기본적으로 타원형의 둥근 공 모양이다. 태(胎)와 알이 둥글고, 꽃봉오리도 둥글고, 씨앗이나 열매도 둥글다. 생명력이 밀집돼 있고 새로운 생명체를 탄생시키는 구형(球形)은 기운이 가장 쉽게 순환할 수 있는 형태다. 대부분의 동물이 알에서 생명력을 받아 완전한 동물의 형태를 이루듯이 알이나 태반 등 구형이 생기가 가장 밀집된 형태임을 알 수 있다.

지구는 자전과 공전의 회전 운동을 원의 형태로 한다. 지구의 회전 운동은 생명력의 표현이다. 지구가 회전 운동을 멈추면 지구 위의 모든 것이 생명 활동을 멈출 것이다. 물이나 바람이 회전 운동을 하는 공간은 생명력이 있는 공간이며, 회전 운동을 하지 못하는 공간은 죽은 공간이다. 회전 운동의 공간 형태는 순환이 자유로운 원형이다.

생명체의 근원인 물방울도 구형이다. 사람 몸의 70%가 물이고, 사람이 살고 있는 지구도 커다란 물방울 모양이다. 물 분자는 육각형을 이루고, 눈(雪)도 기본 형태가 육각형이다. 「주역」에서는 물이 가장 먼저 발생하는 기운으로 보고, 그 성질을 생수1과 성수6으로 나타낸다. 이처럼 물은 생명의 근본을 이루면서 그 형태는 육각형을 이루고 있어, 둥근 원형에 가까운 육각형이 생명체와 깊은 관계가 있음을 알 수 있다.

하느님과 삼신을 나타내는 상징도 원형이다. 원은 하느님의 무한한 생명력을 나타내는데, 원형이 생명력을 가장 많이 받는 형태임을 증명한다. 음과 양의 순환 형태를 상징하는 태극도 원형이다. 또 공간을 구성하고 있는 여덟 가지 기운인 8괘가 팔각형이면 생명력이 밀집돼 있는 태와 알처럼 원형에 가까운 팔각형이 생명을 상징하는 형태임을 알 수 있다.

지형지세도 명당은 원형을 이루고 있다. 주산(현무)·청룡·백호·안산(주작)이 전후좌우를 둥글게 둘러 감싸고 있는 지세의 중심이 혈과 명당이 된다. 명당 지세가 생명력이 가장 밀집된 공간이다. 생기가 모이는 들판도 원형이며, 직사각형이나 Y자형 들판에서는 회전 운동이 부족하고 생기가 분산된 형태로 생기가 모이지 않는다. 산의 형태에 의한 기운을 분석할 때도 기운이 중심에 모여 있는 산, 곧 꽃봉오리 모양의 산이 명당을 형성하는 산으로 본다. 산 중심에 기운이 모여야 생기를 이룰 수 있고 기운이 분산된 형태의 산에는 생기가 부족하다.

따라서 생기를 많이 만드는 공간 형태의 명당형 건물은 전체 형태가 원형에 가까운 건물을 말한다.

나. 건물 평면 형태

(1) 명당형 평면

건물 형태는 1층 바닥의 평면 형태에서 시작된다. 평면이 원형, 타원형, 팔각형, 육각형, 정사각형은 명당형 평면이다. 명당형 평면에서는 기운이 중심에 모이며, 바람의 회전이 용이하고, 생기의 회전이 큰 공간에서 발생하는 진동이 안정적이다.

평면이 직사각형인 건물은 평면의 비례로 명당을 구분하며, 성당이나 교회처럼 가로보다 세로가 긴 1자(一字)형 건물은 명당 평면이다. 이러한 건물에서는 실내의 깊은 곳에 기운이 모이는 공간을 형성한다.

그러나 가로에 비해 세로가 짧은 건물, 즉 건물 앞면 길이는 길고 깊이가 짧은 건물은 흉가형이다. 가로와 세로의 비율이 5:3까지는 명당에 속하고 가로에 대한 세로 비율이 2:1부터는 흉가다.

이탈리아의 건축물들은 오늘날에도 사람들에게 최고의 걸작으로 꼽힌다. 이탈리아의 베드로성당과 같이 유명 건물들은 대부분 정사각형 평면 형태다.

	주인격	보조격	배반격
산의 형태			
건물 평면	① ② ③	④ ⑤	⑥ ⑦

(가) 금산형의 원형평면 〈그림〉 건물평면 ①참조

산의 형태 중 원형 산은 금산에 속하며 금산형 평면으로 구분된다. 지세에 있어서도 원형 공간은 음과 양의 기운이 서로 순환하며 강한 생기를 이룬다. 원형 평면은 평면 형태 중 생기를 제일 많이 갖는 명당 형태로 원형 전체가 하나의 공개된 공간일 때 더 큰 힘을 갖게 되며 원형 내부에 칸막이가 있으면 중심에 기운이 모이지 않고 생기의 순환이 원활하지 못하여 좋지 않다.

로마의 판테온 신전, 중국 북경의 천단 등도 모두 원형 평면을 이루고 있다. 원형과 유사한 팔각형, 육각형 평면에서도 생기가 중심에 집중되어 명당을 이룬다.

반면 ㄱ자나 반원형 평면은 중심에 기운이 부족해서 흉가로 구분된다. 도넛처럼 중심이 비어 있는 형태는 기운이 분산되어 흉가로 구분되고 도넛 중심 부분이 지붕으로 덮여 있으면 기운이 모여 명당형이다.

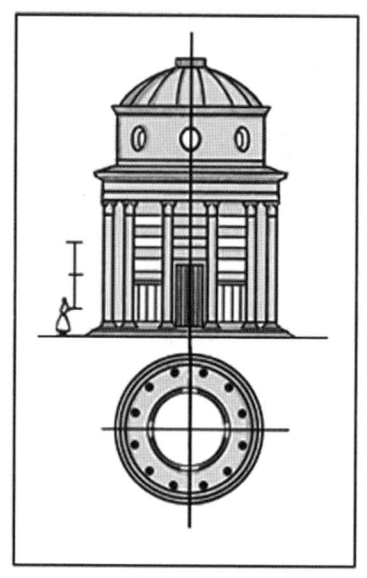

원형 명당 평면

한국의 대표적인 원형 평면 형태는 서울 시청 앞 원구단, 첨성대와 석굴암을 들 수 있다. 석굴암은 산에 굴을 파고 그 안에 원형 평면과 구형 천장을 만들고 그 공간 중심에 부처님을 안치했다. 굴 입구에서 중심까지는 사각형인 전실이 있다. 이러한 석굴암 형태는 여성의 자궁을 나타낸다. 굴 앞쪽 전실은 자궁의 질이며, 굴 안 원형 공간은 자궁의 형태다. 석굴암 바닥 한쪽 구석에는 작은 물이 흐르는데 여성의 생리 현상을 연상시킨다.

석굴암은 신라 땅에 부처님이 신라 사람으로 새롭게 탄생하기를 기원하는 염원을 나타낸 창건 당시 목적이 잘 나타나 있다.

신라가 강한 국가를 이루기 위해서는 신라인에 의한 부처님이나 미륵 같은 훌륭한 인물을 출생시켜야만 했다. 신라인의 혈통으로 강한 종교 지도자가 태어난다면 신라는 강한 국가를 이룰 수 있으며, 이러한 시대적 요구에 의해 신라인들은 동해에서 떠오르는 태양을 아버지로, 토함산을 어머니로 신라 사람의 부처님이 태어나도록 기원하기 위해 토함산 혈 자리에 여성의 자궁 모양의 석굴을 만들고 이곳에서 부처님이 잉태되도록 했다. 석굴암은 여러 차례에 걸쳐 보수 작업이 있었다. 돌 표면 형태를 유지하기 위해

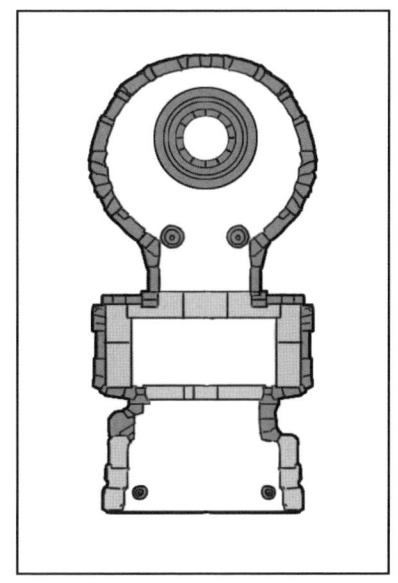

석굴암 평면도

주변에 철근 콘크리트를 설치하고, 습기로 인한 결로를 방지하기 위해 공기 조절 장치를 하고 관람자를 위해 대형 유리창을 설치했다. 이런 과정에서 석굴암 내부는 완전히 밀폐되어 버렸다. 그러나 이러한 조치를 취한 결과로 석굴암 내부의 돌 색깔이 죽어 가고 있는데, 이는 자연 통풍과 물에 의한 습도 조절 능력이 방해받았기 때문이라고 생각된다.

(나) 목산형의 수직선형 평면 〈그림〉 건물평면 ②참조

산의 형태가 수직을 이루는 산은 목산으로 등고선은 1자(一字) 형태를 이루며 목산형 평면으로 구분한다. 교회, 성당 등 기독교 건물이나 태국의 사찰이 목산형에 속하며, 건물은 폭이 좁고 깊이가 깊은 것이 특징이다. 수직선형 건물은 내부 중심에 기운이 모여 명당을 이룬다.

(다) 토산형의 정사각형 평면 〈그림〉 건물평면 ③참조

산의 형태가 정상부가 탄탄하고 생기 있는 토산의 등고선은 정사각형을 이루며, 토산 평면으로 구분한다. 타지마할, 베드로 성당, 팔라디오 건축물 등이 이에 속한다. 동서를 막론하고 유명한 건축물은 정사각형 벽면과 둥그런 돔형 지붕으로 되어 있다. 정사각형 건물은 벽 길이가 모두 같아 음양이 조화를 이루며, 음 기운과 양 기운의 회전 운동이 원활해서 생기가 발생하는 대표적인 명당 형태다. 정사각형 평면 중에서도 중심 부분에 마당이 있는 ㅁ자 평면은 기운이 중심에 모이지 못해 흉가로 구분된다.

건물 자체, 곧 지붕으로 덮인 건물이 정사각형이면 생기가 많은 형태다. 그러나 건물이 직사각형이면 생기가 분산되어 좋지 못하다. 전통 한옥은 ㅁ자 형태를 이루고 마당은 정사각형이지만 대청을 중심으로 한 건물은 직사각형을 이루어 도넛과 같이 생기가 분산되는 형태라 좋지 못하다.

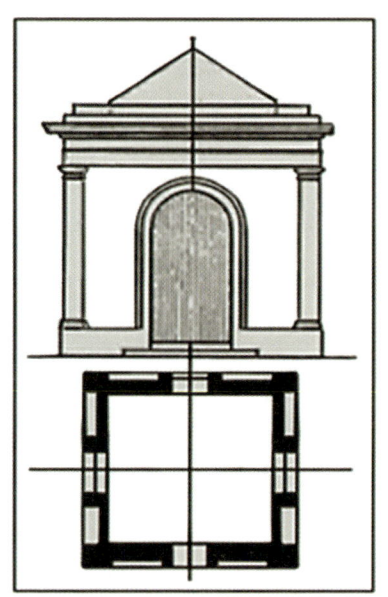

사각형 명당 평면

(라) 수산형의 직사각형 평면 〈그림〉 건물평면 ⑤참조

산의 형태가 굽이굽이 흐르는 물처럼 좌우로 길게 늘어선 산이 수산으로, 가로로 길게 —자(一字)를 이루고 있는 직사각형 평면은 수산 평면으로 구분한다. 전통 한옥, 학교 건물 등이 직사각형 평면의 대표적인 건물이다. 직사각형 건물은 채광과 환기가 잘 되고, 외부 마당과 연결이 쉽다는 장점이 있으나 기운이 건물 중심에 모이지 않고 분산되는 단점도 있다.

직사각형 건물에서 발생하는 생기는 평면의 가로(건물 앞면의 길이)와 세로(건물 깊이의 길이) 비율에 따라 달라진다. 비율이 1 : 1에 가까운 정사각형 평면은 생기가 많이 모이고, 깊이에 비해 가로가 길면 길수록 기운이 좌우로 분산되어 생기가 모이지 않는다. 따라서 같은 직사각형이라도 가로 세로 비율이 1 : 2 미만을 명당 평면으로 본다. 특히 가로 세로 비율이 1 : 1.7(=3 : 5)까지인 평면은 기운의 회전이 원활한 대표적인 명당으로 경복궁 근정전, 창덕궁 인정전 등의 궁궐과 해인사의 대웅전도 직사각형 명당이다. 직사각형 평면 가운데에서는 아(亞)자 평면 형태의 송광사 대웅전이 명당에 속한다. 학익진(鶴翼陣) 평면도 중심에 기운을 모으는 힘이 강해 명당을 이룬다.

(2) 흉가형 평면

(가) 수산형의 가로로 긴 직사각형 평면

건물의 기운이 중심에 모이지 않고 흩어지거나 등고선이 ㄱ자, ㄴ자, ㄷ자인 직사각형 산은 명당을 이루지 못한다. 가로와 세로 비율이 1 : 2 이상인 직사각형 평면은 기운이 좌우로 분산되어 생기가 빈약한 흉가로 구분된다. 건물 평면이 ㄱ자, ㄴ자, ㄷ자 형태인 한옥, 학교, 아파트가 기운이 중심에 모이지 않고 흩어지는 경우다.

초등학교의 직사각형 건물은 세로는 짧고 가로는 길게 직선을 이루고 있어 태양 광선을 많이 받을 수 있고 통풍이 좋은 장점이 있다. 그러나 가로 세로 비율이 10:1로 기운이 건물 중심에 모이지 않고 분산되는 형태다.

한옥이 세 칸인 경우, 앞면 길이는 세 칸이나 깊이는 한 칸으로 된 홑집은 가로 세로 비율이 3:1의 건물로 기운이 모이지 않는 흉가다. 그러나 세 칸이라도 겹집 구조에서는 가로 세로 비율이 3:2 = 1.5:1이 되어 명당형이다. ㄱ자형 한옥도 앞면 길이는 길다.

전통 한옥은 태양 광선이 마당을 통해 들어오고, 통풍이 잘 되며 자연과 잘 어울리는 형태를 이루는 장점이 있다. 그러나 가로 세로 비율로는 흉가형이다.

(나) 화산형의 삼각형 평면 〈그림〉 건물평면 ④참조

산의 형태가 뾰족한 산은 화산에 속하며 삼각형 평면은 화산(火山) 평면으로 구분된다. 삼각형 평면은 지나치게 뾰족해서 안정감이 부족하고 기운의 균형 감각이 없으며 폭발성이 강하므로, 집 평면으로는 좋지 않다. 평면이 삼각형 또는 한쪽이나 양쪽이 뾰족한 건물은 안정감이 없고 날카로워 싸움이나 분쟁 같은 불행한 기운을 갖고 있어 흉가에 속한다.

(3) 건물 평면의 3품격

건물의 기운을 분석할 때는 건물 형태와 비슷한 산의 기운을 적용시킨다. 산의 형태에 따라 생기 유무가 결정되듯이 집이나 건물도 그 형태에 따라 생기 유무를 판단할 수 있다.

1층의 평면 형태는 건물 전체 형태의 기본 요소다.

산의 3품격처럼 건물 평면도 주인격·보조격·배반격으로 구분된다.

(가) 주인격 평면

건물 중심에 기운이 모이는 평면은 주인격 평면으로 원형, 수직선형, 정사각형 평면이 주인격 평면에 속한다.

(나) 보조격 평면

기운이 분산되어 생기가 부족한 건물은 보조격 건물로 직사각형, ㄱ자, ㄷ자 평면이 보조격 평면이다.

(다) 배반격 평면

건물이 마당을 등지고 뒷면으로 꺾어져 ㄴ자, ㄷ자 형태를 이루고 있는 평면이 배반격 평면이다.

(라) 배반격 평면 사례 〈그림〉 건물평면 ⑥⑦참조

1996년 12월 16일자 〈조선일보〉 3면에 해외 투자 실패담으로, 삼성전자의 미국 AST사 인수 경영을 보도하면서 '쌓이는 적자, 투자 증액 밑 빠진 독'이라고 대서특필되었다. AST사는 세계 6위의 컴퓨터 생산 업체였으나, 경영 악화로 삼성이 4억 달러 이상을 들여 46%의 지분을 인수하여 경영에 참여했다. 삼성이 많은 노력을 기울였지만 적자가 계속돼서, 해외 투자의 어려움을 단적으로 나타내고 있다고 보도되었다.

　AST사 건물 배치는 중앙에 ㄷ자 건물이 있고 뒤쪽 중정(中庭) 좌우에 ㄱ자형 건물 두 개가 서로 대칭을 이루고 있다. 이들 세 건물 평면 형태를 분석해 보면 중앙에 있는 ㄷ자 건물은 직사각형을 이루고, 중심 부분보다 좌우 끝 부분이 넓어 기운이 분산되는 형태로 흉가를 이루고 있다. 또 중심 건물 뒤에 있는 두 대칭 건물은 ㄱ자 평면을 이루고 있는데, 배반격 형태로 배치되어 좌우 두 대칭 건물 사이로 불어오는 화살과 같은 바람으로 인하여 하루아침에 부도나 파산을 하는 흉가며 건물의 중심이 비어 있어 생기가 모이지 않는 빈상이다. 이와 같이 AST사의 중심 건물들은 모두 흉가며, 이 상태에서는 사람들 사이에 협조가 이루어질 수 없으며 서로 불목(不睦)하게 된다. 사업의 성공도 기대할 수 없다.

미국 AST사 배치도

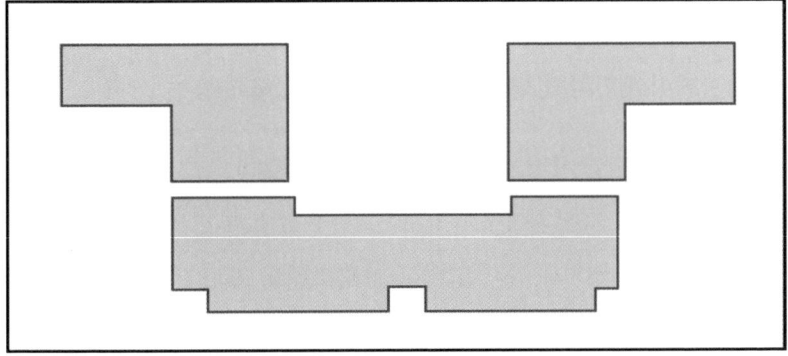

다. 지붕 형태

　지붕은 건물의 제일 높은 곳에 기운이 많이 모여 있는 곳으로 관상에 따라 개성이 다르듯이 지붕도 형태에 따라 건물의 기운이 달라진다.

　명당형 지붕은 건물 중심에 기운이 모이는 형태를 말한다. 원형 돔 지붕이나 피라미드형 모임 지붕이 명당형 지붕이다. 돔형이나 피라미드형 지붕은 용마루의 길이가 짧은 구조로 기운이 중심점 한 곳으로 모여 명당을 이룬다. 한옥 기와집은 긴 용마루를 갖고 있으며, 지붕 중심은 낮고 좌우는 높이 솟아 있어 기운이 중심에 모이지 않고 좌우로 분산되는 흉가다. 연립 주택, 초등학교, 성냥갑형 아파트도 용마루가 길다. 이런 지붕의 건물에서도 기운이 중심에 모이지 않고 좌우로 분산되어 생기가 부족한 흉가가 된다.

　산이 많은 한국의 집은 산의 형태와 조화를 이룬 초가집이나 기와집이었다. 산의 품속에 들어앉은 듯한 기와 지붕이나 초가 지붕은 산과 모양이 잘 어울리고, 특히 치켜 올린 기와집 추녀의 곡선은 버선코와 비슷하다. 또 산봉우리와 봉우리 사이를 연결하는 능선과 기와 지붕의 처지는 곡선이 조화를 이뤄 자연 경관의 운치를 더욱 높여 준다. 초가 지붕은 바가지를 엎어 놓은 것 같은 둥근 모양이 송이 같기도 하다. 초가 지붕은 둥글둥글한 능선을 배경으로 하면 더욱 평화스러운 풍경을 이룬다. 기와 지붕의 길게 뻗어 나온 처마는 일본이나 중국 건물과 비슷하지만, 유럽 건물들은 대부분 처마를 길게 내뻗지 않아서 지붕이 그다지 크게 느껴지지 않는다. 또 한국의 기와 지붕은 곡선형이지만 중국이나 일본의 기와 지붕은 직선형이다.

한국 전통 가옥들은 산과 조화를 이루면서 아름다운 형태를 추구해왔다. 자연의 형태 중에서 취할 수 있는 아름다움은 기운이 서로 다르며 다양하다. 아침에 떠오르는 태양이나 저녁에 지는 태양은 기가 서로 다르지만 모두 아름답다. 아침의 태양은 생명체가 활발하게 일어나는 아름다움이지만 석양의 아름다움은 활동을 정지하는 고요의 아름다움이다. 한국 건축물의 아름다움은 아침 태양이 솟구치며 활발하게 일어나는 힘의 아름다움이 아니라 석양의 아름다움이기 때문에 생기가 부족하다.

(1) 복가와 흉가의 지붕 형태

산의 형태를 축소하면 지붕의 형태가 된다. 지붕 중심 부분에 기운이 모이는 형태가 복가형 지붕이며 지붕 중심 공간이 빈약해서 기운이 모이지 않는 지붕은 흉가 지붕으로 구분된다. 복가형 지붕 구조는 돔형 지붕으로 돔형은 알과 같은 형태로 생기가 가장 많이 모이기 때문이다. 세계적으로 많은 사람들에게 사랑받는 건물들은 대부분 둥근 지붕, 곧 돔형 지붕으로 되어 있다. 인도 타지마할, 미국 버지니아 대학 로툰다, 미국 3대 대통령 토머스 제퍼슨 생가 등이 대표적이다. 초가 지붕·모임 지붕·피라미드형 지붕도 복가형이다.

흉가형 지붕으로는 중심은 낮고 좌우가 높은 한옥 기와 지붕, 중심 부분이 낮은 지붕, 一자형 평슬래브 아파트 지붕이며, 나비 날개처럼 중심이 낮고 좌·우가 높게 올라간 일명 버터플라이 지붕도 흉가형 지붕이다.

돔형 명당 지붕   **피라미드형 명당 지붕**

(2) 오행으로 본 지붕 형태

산의 형태 중 주인격 산과 강체, 중체 산은 명당을 이룬다. 그러나 보조격이나 배반격 산과 약체, 병체 산은 중심에 기운이 모이지 않아 명당을 이루지 못한다. 산의 형태와 마찬가지로 지붕 형태도 오행으로 구분된다.

(가) **목산**(木山)

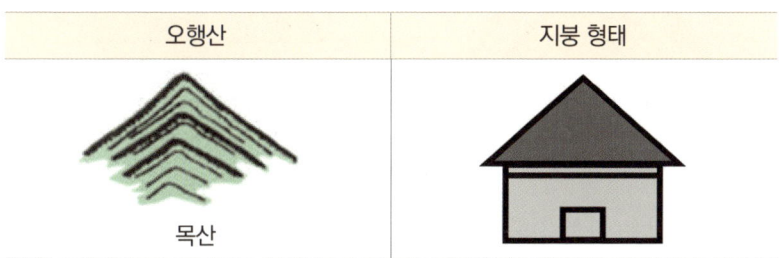

오행산	지붕 형태
목산	

피라미드처럼 한 정점을 갖고 솟아 있는 지붕으로 목산 지붕에서는 기운이 수직 상승하며 중심에 집중된다. 중심 정점에 기운을 집중시키는 힘이 강해 사람들을 단결시키고 한 사람을 정점으로 일사불란한 명령 체계를 이룬다. 일본식 건물에 이 형태가 많으며 복가형태다.

(나) 수산(水山)

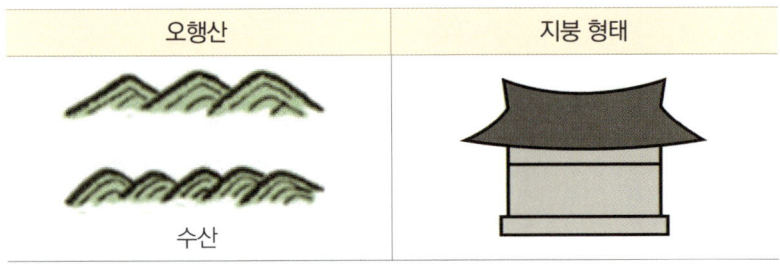

오행산	지붕 형태
수산	

지붕 정상 부분이 낮고 용마루 양쪽 선이 아래로 처진 지붕을 말한다. 대체로 차분하고 안정되어 평화로운 분위기를 이루는 장점이 있으나 기운이 좌우로 분산되어 중심에 모이는 힘이 없다.

한국 전통 기와 지붕의 용마루 중심이 아래로 처져 흉가 형태다.

(다) 금산(金山)

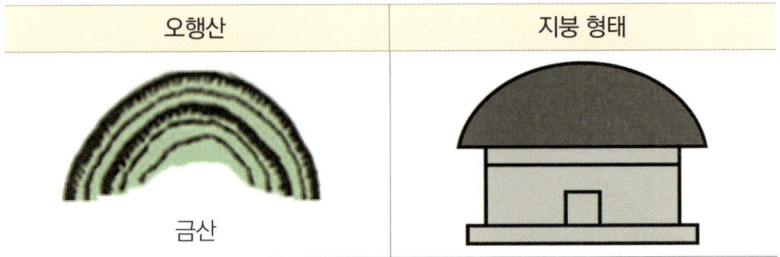

오행산	지붕 형태
금산	

돔형과 같은 원형 지붕이 이상적인 지붕 형태다. 중심에 기운을 집중시키는 힘이 강해 사람들을 단결시킨다. 이슬람교 건물과 인도 타지마할이 대표적이다. 한국의 초가 지붕도 금산형 지붕으로 복가 형태다.

(라) 화산(火山)

오행산	지붕 형태
화산	

화산은 불을 상징하며 뾰족한 지붕은 기운을 상승시키는 효과가 있다. 공격적인 기운이 강하며, 기독교 계통 건물에서 많이 볼 수 있는 형태다.

(마) 토산(土山)

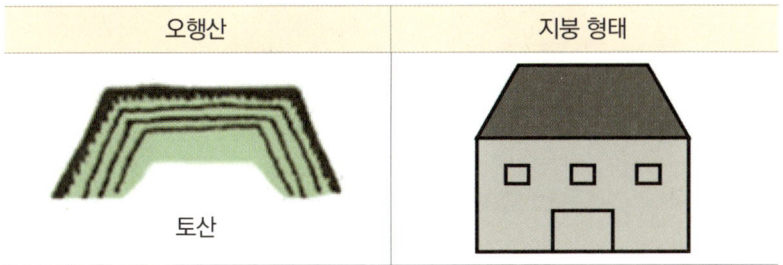

오행산	지붕 형태
토산	

지붕 면이 위로 갈수록 좁아지면서 평면이 사각형을 이룬 형태다. 지붕 중심부분에 기운이 모이는 지붕으로 복가 형태다.

(3) 세계 각국 지붕의 기운

(가) 한국식 지붕

한국 기와 지붕은 고요하고 안정적인 특징을 갖고 있으나, 지붕 중심 부분이 낮고 좌우가 높은 용마루는 기운이 좌우로 분산되는 형태다. 지붕 중심이 아래로 힘없이 처져 있는 형태의 한국 지붕 용마루는 기운이 분산되어 한옥 기와집에 사는 사람들이 분당과 분열이 심하고 단결심이 부족하다고 본다.

동양 3국 지붕 형태 비교

국 가	한국	일본	중국
지붕 형태 (용마루 모양)			
산의 형태			
산의 구분	수산·약체	목산·강체	토산·중체
산의 품격	보조격	주인격	보조격
기운의 방향	하향	상향	수평
기운의 성질	분산	단결	균형
기운의 종류	허약	강력	보통

(나) 일본식 지붕

일본 집의 평면 형태는 전체적으로 정사각형에 가깝고, 지붕은 피라미드형으로 중심 부분이 뾰족하게 올라온 모임 지붕 형태다. 집 중심점이 높아 집 기운이 중심에 모이는 목산의 강체에 해당되며, 동시에 주인격 산에 해당된다. 이러한 집 구조는 지진이 일어 났을 때 발생되는 횡력에 대항하는 데 매우 효과적이다. 중심에 기운이 집중되는 일본식 집 공간에서는 사람들이 모두 단결하며 지붕 형태가 피라미드처럼 뾰족하게 솟아 있는 형태는 진취적이며 공격적인 기운을 나타낸다. 이러한 강한 기운과 단결하는 힘은 전쟁을 일으키기도 하지만 경제력이나 문화적인 방면으로 크게 발전할 수 있다.

(다) 중국식 지붕

중국식 기와 지붕은 용마루 선이 직선으로 수평을 이루며 길게 연결된 형태로 토산의 중체에 속하며, 보조격에 해당한다. 이러한 지붕 형태는 분열하는 기운이 적고 안정된 형태를 이루며, 외국을 향해 나가는 진취적인 기상보다는 중심을 유지하려는 보수적이고, 균형을 이룬 안정적 기운을 갖는다.

(라) 영국식 지붕

뾰족한 지붕이 많은 면적을 차지한 영국의 튜더식 전통 건축 양식은 진취적이며 공격적인 기운으로 식민지를 많이 거느렸던 영국인들의 기운을 나타내고 있으며, 뾰족한 기운이 많아 평화로운 분위기를 만들지 못한다.

(마) 소련식 지붕

조선 말기에 재정 러시아 공관으로 사용할 목적으로 운현궁 안에 건축한 건물의 지붕 모양이다. 건물 구조는 정사각형 평면 위에 송이와 같은 둥그런 지붕 형태를 이루고 있다. 돔형과 같은 원형 지붕으로 중심에 집중적으로 기운이 모여 사람들을 단결시키는 강한 힘을 갖게 되는 형태로, 당시 강한 국력을 갖고 있던 러시아의 분위기를 잘 나타내고 있다.

(바) 현대식 평슬래브 지붕

건물 형태 가운데 몸체는 음에 해당하고, 지붕은 높은 곳에 있어 양에 해당한다. 평슬래브 지붕은 외형상 지붕을 이루는 공간이 없고 모두 납작하여 음양으로 보면 양에 해당되는 공간이 없는 것과 같다.

따라서 중동 지역의 평 지붕이나 평슬래브 지붕 구조는 육체는 있지만 정신, 즉 마음이 없는 것과 같은 현상으로 물질만을 추구하고, 아름다운 정신이나 따뜻한 마음은 전혀 가치를 인정하지 않는 형태의 지붕이다.

라. 건물의 높이와 창문

(1) 건물의 높이

풍수 이론으로 이상적인 건물 높이는 정육면체다. 건물 평면 길이와 비슷한 높이를 이상적으로 보는 정육면체가 타원형의 태(胎)나 알과 가장 비슷한 형태로 기운이 회전하기에 가장 용이하다.

건물 높이가 너무 낮으면 기운이 위아래로 회전하기가 어렵고 건물이 너무 높으면 위쪽으로 확산되는 기운이 많아서 회전하기가 어렵다.

건물 평면의 가로와 세로 길이가 서로 다르면 가로와 세로 중간 정도의 높이를 가장 이상적으로 본다.

정육면체의 대표적인 이탈리아 건축가 팔라디오(A. Palladio)가 지은 건물들이 있다. 훌륭한 서양 건축물들이 대부분 기운의 순환이 용이한 정육면체 공간을 이루고 있는 것도 풍수 이론과 일치하는 것이다.

(2) 창문

건물에는 출입문이나 창문이 건물 형태에 많은 영향을 준다. 최근에는 창문을 크게 하거나 벽면 전체가 유리로 된 건물도 많이 볼 수 있으나, 한 면이나 세 면을 벽면으로 하고 한 면을 창문으로 하는 것이 좋다. 유리는 채광이 좋고 보기에 단순하고 깨끗하다는 장점을 갖고 있으나 유리창이 많아지면 실내 기운이 외부로 분산되어 생기를 이루지 못한다. 창문은 면적이 작을수록 좋고, 안방 창문은 어두운 정도가 좋으며, 벽면은 두껍고 넓을수록 좋다. 창문의 형태는 수평적인 것보다 수직적인 것이 좋다. 수평적인 형태는 안정감을 주는 특징이 있으나 처지는 기운이며, 수직 창문은 서 있는 형태를 이루어 진취적이며, 기운이 위아래로 회전하는 것을 쉽게 한다.

마. 재료

건물을 지을 때 벽돌·나무·돌·흙·유리·철재 등 여러 가지 재료가 사용되며, 최근에는 철재와 유리가 많이 사용된다. 건물 재료들은 각각 고유한 기를 갖고 있으며, 그 건물의 기를 형성하는 데 중요한 요소로 작용한다. 건물의 좋은 재료는 사람에게 따뜻함을 주는 목재나 흙이다. 그러나 철재나 유리, 석재 등은 그 기운이 지나치게 차가운 만큼 바람직한 재료라고는 볼 수 없다. 최근의 조립식 건물들은 재료가 차가울 뿐 아니라 완전 접합이 되지 않고 조립된 상태로 건물에서 발생하는 소리가 좋지 않다. 또한 목재·흙·벽돌·석재·유리 등 여러 재료가 균형 있게 섞인 건물이 철재나 석재 등 한 가지 재료로 된 것보다 이상적이다.

제4장

풍수 인테리어

1. 풍수 인테리어와 방위
2. 전원주택 풍수 인테리어
3. 사무실 풍수 인테리어
4. 식당의 풍수 인테리어
5. 잠자리의 위치
6. 풍수 인테리어 십계명
7. 건물의 가상과 배치
8. 아파트의 풍수
9. 명당의 지세와 대기 압력

❶ 풍수 인테리어와 방위

가. 내부 공간의 형태(形態)와 기(氣)

농경시대에는 농사일이나 수렵 등으로 밖에서 활동하는 시간이 많았으나, 산업이 발달하면서 현대인들은 사무실, 공장, 점포 등 건물의 실내에서 활동하거나 생활하는 시간이 점점 늘어나고 있다.

실내 기운은 그곳에 거주하는 사람들에게 기운을 제공하고, 사람들은 이 기운을 받아서 활동력을 얻는다. 자연 공간에서 하늘·땅·바람의 기운이 전달되듯이, 실내에서도 하늘·땅·바람의 기운이 사람에게 전달된다. 이러한 건물 공간의 실내 기운은 자연 공간 기운의 일부다.

실내 공간은 그 기운에 따라 달라지며, 가장 이상적인 실내 공간은 생기가 가장 많이 모인 공간, 즉 활동력이 강한 기운으로 가득찬 공간이다.

집이나 사무실의 낯선 공간에 들어섰을 때, 내 집처럼 편안하고 아늑하다는 느낌을 받는 경우와 왠지 불편하고 불안해서 그 공간을 빨리 벗어나고 싶은 생각이 드는 반대의 경우도 있다.

이러한 현상은 그 공간이 사람에게 전달하는 기(氣)의 작용으로 생기며, 모든 공간은 저마다 각각 다른 기운을 만들어 낸다. 기운이 좋은 장소에서는 사람에게 좋은 기감(氣感)을 주는 공간으로 포근하고 온화한 느낌을 받게 되며, 기운이 좋지 않은 공간은 사람들이 피곤하고 가시방석에 앉은 것 같은 불안한 느낌을 받는다. 이것은 언제나 움직이고 살아 숨쉬는 기(energy)가 사람이 인위적으로 만든 여러 구조물에 의해 변화하기 때문이다. 집의 위치와 대문, 기둥·창문·굴뚝·지붕·층계·화장실·목욕탕·창고·서고·옷방·다용도실·거실·안방·주방 등의 배치와 구조, 실내의 가구 배치 등에 따라 공간의 기가 좋아질 수도 있고, 나빠질 수도 있다.

실내 기운은 공간 형태와 배치에 따라 달라진다. 생기가 가득찬 공간을 만드는 것은 사람의 몸과 마음을 건강하고 활동력 있게 만드는 일이다.

활동력이란 공기나 바람 이외에 기(energy)를 포함한다. 실내 공간의 기는 자연에서 유입되는 기와 건물의 구조, 건물을 구성한 건축 재료나 벽과 천장 등의 비례와 형태, 배치, 색깔 같은 여러 요소에 따라 달라지게 된다.

풍수에서 좋은 공간은 생기가 가득찬 공간인데, 이러한 공간은 평면 형태, 출입구와 창문, 방위 등으로 나누어 볼 수 있다.

집은 우리가 휴식과 안정을 얻어 건강한 생활을 유지하는 데 가장 중요한 기본 공간이다. 집이 생기가 가득찬 공간일 때 그 안에서 생활하는 사람들 역시 건강하고 활기찬 생활을 해 나갈 수 있다.

집에 새 가구를 들여 놓거나, 가구 배치를 변경했을 때, 또는 집의 구조를 변경하거나 개축했을 때에도 전혀 새로운 기분을 느끼게 된다.

같은 공간에서 느끼는 새로운 기분, 보이지도 잡히지도 않지만 그렇다고 설명할 수도 없는 첫 느낌으로 받는 새로운 기분이 바로 공간이 만들어 내는 기운(energy)이다. 기(氣)는 땅에서 뿐 아니라 우리가 살고 있는 집·아파트·빌딩 등 건축물에서도 사람들에게 영향을 준다. 좋은 기가 흐르는 공간에서 생활하면 삶이 즐겁고 활기가 넘치지만, 나쁜 기가 흐르는 공간에서는 왠지 피곤하고 불안하며 건강도 잃게 된다. 서구에서 인테리어 풍수를 중요시하여 실행하는 것도 바로 이런 이유다. 생활공간에 좋은 기운이 있어야 사람이 건강하고 행복해질 수 있기 때문이다.

거주하는 집을 생기가 흐르는 좋은 공간으로 만들기 위해서는 집 내부 배치와 형태가 중요하다. 대부분의 사람들이 넓은 집을 선호하지만 집의 넓이는 풍수 이론상 아무 의미가 없다. 집 안 공간을 꾸미고 정리할 때는 빈 공간이 없이 집을 최대한 활용해서 생기로 가득찬 느낌을 주도록 해야 한다. 새로운 에너지를 호흡하고 휴식과 안정을 위해서는 집이 크고 넓다고 좋은 것이 아니다. 자신이 생활하는 데 필요한 공간만 있으면 된다.

실내 공간은 기능에 따라 면적이 다르다. 거실은 사람들이 함께 모이는 공간으로 가장 큰 면적을 차지하고, 화장실이나 창고, 다용도실, 옷방 등은 면적이 작아도 되며, 침실은 거실에 비해 그 면적이 작다.

실내 공간을 배치할 때, 넓은 공간을 중심에 두고 작은 공간들을 그 둘레에 두면 그 중심에 기운이 모여서 전체적으로 좋은 기운을 이룬다. 반대로 배치하면 기운의 흐름이 좋지 못하며, 큰 실내 공간이 좌우로 나뉘는 구조로 가장 나쁜 형태다. 즉 거실은 서쪽 끝에 두고 안방은 동쪽 끝에 두면 실내의 기운이 좌우로 분산되어 좋은 기(氣)가 모일 수 없다.

내부 공간에서 중심 부분은 천장이 높고 면적이 넓어야 이상적이다. 중심 공간의 천장 높이는 정육면체를 이루는 것이 가장 이상적이다.

거실의 중심에서 좌우 길이가 6m인 경우에는 천장 높이도 6m로 하여 정육면체 모양을 만드는 것이 기의 순환이 용이한 둥근 원형 형태로 가장 이상적이다.

나. 공간 형태와 비율

풍수에서 가장 이상적인 공간의 핵심은 그 근원을 자연 형태에서 찾을 수 있다. 자연에서 흔히 보는 동물의 알은 생명체의 기운이 가장 강하게 밀집된 형태로 생기를 가장 많이 갖고 있는 형태다. 꽃봉오리와 여성의 자궁도 생기를 가장 많이 갖고 있는 둥근 타원형 모양이다.

풍수 이론에서도, 그 형태가 알처럼 둥근 원형이나 타원형 모양을 취하고 있는 것을 생기가 밀집된 혈(穴)로 보아 명당으로 보는 것도 같은 이유다.

실내 공간의 기를 형성하는 요인은 바람의 회전, 공간의 형태와 진동이 주를 이룬다. 바람은 상하 좌우로 회전이 가능한 알과 같은 둥근 형태의 공간이 생기가 밀집된 좋은 기운을 만들 수 있기 때문이다.

실내 공간은 바닥·벽·천장으로 구분되며, 가장 이상적인 방의 형태는 알의 모양으로 기운이 많이 모이고 기운의 회전이 용이한 원형·타원형·팔각형·육각형·정사각형 등이 가장 이상적인 평면 형태다.

방의 모양에 따라 공간의 기운이 다르고, 그 공간에 거주하는 사람의 길흉도 달라진다. 실내 공간의 형태가 원형이나 타원형 평면은 정사각형보다 기운이 회전하기 쉬워 생기를 많이 만드는 공간으로 기운을 강하게 집중시키는 효과가 있어 매우 좋다. 원형은 기운의 회전이 매우 원활하며, 하늘을 의미하고, 하늘에서 발생하는 기는 강한 힘을 갖고 있기 때문이다.

원형 평면에서는 내부에 칸막이가 없어야 이상적이다. 원형 공간에 칸막이가 있으면, 기의 회전이 불안정하고 사용하기에도 불편하다.

평면 비율이 정사각형에서 직사각형으로 길어질 때, 그 비율이 1:2 이상으로 늘어나면 원활한 바람의 회전이 불가능해진다. 평면 형태에서 가로 세로 비율이 1:2가 될 때부터 기운이 좌우로 분리되는 형상을 이루기 때문에 기운이 분리되는 공간은 생기가 부족하다. 공간 구성의 성격상 정사각형과 직사각형의 중간으로 3:5 정도의 비례가 무난하다고 본다.

정사각형 평면에서 기를 더 강하게 만드는 방법은 한쪽 벽 중간을 불룩 튀어 나가게 하는 것이다. 한 면이나 두 면 또는 네 면 모두 튀어 나가게 해도 좋다. 이렇게 네 면이 튀어 나가는 부분이 벽면 중심부에 위치하게 되면 바람의 회전이 용이하여 기운이 모이는 팔각형의 둥근 형태가 된다.

벽면 중심에서 튀어 나간 면은 곧바른 면보다 실내 기운을 원활하게 회전할 수 있게 하고 공간의 울림을 좋게 하여 생기가 많은 실내를 만든다. 반대로 중심 부분이 좁아지는 평면은 기운이 좌우로 분산되어 좋지 않다.

기둥의 배치는 실내 중심점에 큰 공간이 형성되고, 벽 모서리로 갈수록 기둥 간격이 좁아지는 형태가 바람직하다. 기둥의 수는 짝수가 되고, 칸 수는 홀수가 되는 것이 가장 이상적이다. 실내 중심부에 기둥이 있는 것은 좋지 않으며 중심점은 반드시 넓은 빈 공간으로 남아 있어야 한다.

공간을 세 칸이나 네 칸으로 나눈다면, 가운데 칸이 가장 넓고 좌우 칸은 약간 작은 것이 생기를 만드는 구획이다. 실내를 다섯 공간으로 나눈다면, 중심 부분에 큰 공간을 구획하고 좌우에는 작은 공간을 만들어야 한다. 실내를 네 칸이나 여섯 칸 등 짝수공간으로 구획하는 것은 좋지 않다.

땅이 비좁은 도심지에 집을 짓다 보면 삼각형 방도 생기는데 이런 방은 기의 회전이 안정되지 않아 불안한 형태다. 이런 방에서 살면 주변 사람들에게 갈등과 언쟁을 일으키는 등 자주 마찰을 빚게 된다. 방 길이가 다른 두 방을 합쳐 ㄱ자 모양으로 만든 방도 안정감이 없어 불안감에서 벗어나지 못하고 주변 사람들과 자주 다투거나 잘 어울리지 못한다.

다. 공간 배치

(1) 현관

현관은 마당이나 외부의 생기와 사람이 집 안으로 들어오게 하는 통로 역할을 한다. 따라서 현관은 생기가 많은 건물 중심에 설치하는 것이 가장 이상적이며, 건물 끝 부분이나 모서리에 설치하는 것은 바람직하지 않다.

소방법에 의하면 현관문은 밖으로 열도록 설계되어 있다. 문이 안쪽으로 열리면 현관 내부가 좁아져 불편하므로 편리성을 추구한 것이기도 하다. 그러나 실제로 주거건물이나 극장, 경기장처럼 많은 사람들이 한꺼번에 출입하는 곳에서는 화재나 만일의 사태가 일어났을 때 피난하기 쉽도록 건축법상 문을 밀어 바깥쪽으로 문을 열도록 규정되어 있다.

그러나 주거 건물이나 사무실, 현관문은 안쪽으로 여는 것이 좋다.

문이 안쪽으로 열리면, 밖에서 문을 미는 순간, 문의 압력에 의한 기압의 발생으로 들어오는 바람이 강해지면서 생기가 집 안으로 밀고 들어오지만, 문을 밖으로 열면, 그 순간 문의 압력에 의한 기압의 발생으로 밖으로 빠져 나가는 바람이 강해지면서 실내 압력이 약해지고 집 안에 있던 기운(생기)이 밖으로 끌려 나간다. 바람은 그 집의 기운과 재물에 영향을 미친다. 최근에는 은행과 각종 영업장들의 현관문이 안쪽으로 열리도록 바뀌고 있다.

(2) 안방

집의 기능 중 가장 중요한 것은 편안한 휴식을 제공하고 낮에 쌓인 피로를 풀어 주는 것이다. 충분한 수면과 휴식을 취하지 못하면 원활한 활동을 할 수 없다. 생기가 많은 공간에서 잠을 자면 숙면을 이루고, 생기가 적은 공간에서 잠을 자면 피로가 누적된다. 따라서 집에 생기가 가장 많이 모이는 공간에 침실, 곧 안방을 배치하여야 한다. 그러나 안방의 독립성을 위해 가장 구석진 곳이나 햇볕이 많이 쪼이는 남쪽 창가 한쪽 구석에 안방을 배치하는 경향이 있다. 생기는 중심에 모이기 때문에 생기가 모이지 못하는 구석진 공간은 안방으로 적당하지 않다.

안방의 조명과 채광은 집 분위기에 많은 영향을 준다. 안방이 밝으면 집도 밝아지기 때문에 안방 창문을 크게 만들어 밝게 하는 추세다. 그러나 이는 집안 식구들이 서로 격의 없이 화목하고 개방적인 분위기를 만든다는 점에서는 효과적이지만, 부를 축적하는 면에서는 긍정적이지 못하다.

풍수로 볼 때 안방이 어두워야 재물이 모인다. 재물은 음에 해당되며, 약간 어둑한 부분에서 만들어지기 때문이다. 안방이 너무 밝으면 노출되기 쉬우므로 기운이 분산되면서 재물이 모이지 않는다. 최근에는 안방의 독립성을 위해 안방 옆 구석진 곳에 별도로 침대 방을 만드는 경우가 있다. 침대 방에서 자는 동안 안방은 빈 방으로 남아 좋지 않다. 따라서 안방과 침대 방을 합해서 하나의 안방으로 구조를 바꾸어 이용하는 것이 바람직하다.

(3) 거실

한국의 전통 한옥 구조에서 대청은 가장 중심에 위치해서 마당을 정면으로 내려다보고 있다. 대청 좌우에는 안방과 건넌방이 균형을 이루고 있다. 대청 천장은 중심이 높고 좌우가 낮은 피라미드 형태를 이뤄 안정감을 주며, 집 내부 기운이 중심에 모이도록 한 매우 좋은 형태다.

그러나 대청의 평면 형태는 좌우가 긴 반면, 깊이가 좁아 가로로 긴 직사각형으로 기운이 모이지 못하고 분산되는 단점이 있다.

대청의 장점을 유지하고 단점의 보완을 위해서는 대청 평면을 정사각형으로 하여 실내기운이 원활하게 회전할 수 있게 하고 창문 면적을 줄이는 것이 좋다. 또한 대청은 중심에 두고, 피라미드 형태의 천장을 만들어 바람과 기(氣)의 회전을 자유롭게 하여 집 안 중심에 기(氣)가 모이고 기운을 집중시켜 강한 생기가 모이도록 한다.

한옥의 대청은 현대 건물로 바뀌면서 거실로 변했다. 거실은 집의 중심 공간에 있으면서 기운, 즉 생기가 가장 많이 모이는 공간이다.

거실은 집 안 중심축에 넓게 자리 잡은 공간으로, 천장도 높은 것이 이상적이다. 기운을 집중시킨 거실의 좋은 기는 그 집에 살고 있는 사람들의 건강과 사회적인 활동을 크게 촉진시켜 준다. 강한 생기가 모여 있는 중심 공간은 낮에는 거실로 사용하고 밤에는 침실로 사용하는 것이 좋다. 이부자리를 들고 이동하는 불편은 있지만, 잠자는 동안 명당에서 받는 건강과 재물의 기운은 그 불편함을 보상하고 오히려 행운을 가져다 준다.

거실이나 안방과 같은 큰 방이 집의 좌우에 분산되어 있고, 중심에는 작은 방들만 있으면 집 안 기운이 분산되어 중심을 잡지 못한 불안한 집으로 가족끼리 화합하지 못하고 건강을 잃으며 경제적으로도 손실을 본다.

(4) 주방

음식을 만드는 주방은 거실이나 안방과 함께 가장 중요한 역할을 한다. 풍수 이론에 의하면 주방의 위치에 따라 음식 맛이 다르고, 음식이 변하지 않으며 신선도가 달라진다. 위치에 따라 주방의 기운이 달라지기 때문에 음식을 맛있게 만들기 위해서는 주방의 위치나 형태가 매우 중요하다.

(5) 화장실

화장실은 오물을 물과 함께 하수구로 내보내기 때문에 위치가 집 안에 미치는 영향이 없는 것으로 생각한다. 그러나 화장실 공기 중에는 오물 냄새와 가스가 포함되어 있고 공기도 습하여 화장실 문을 열 때마다 음기인 화장실 기운이 집 안의 양기를 누른다. 화장실이 집 중심에 있으면 화장실 공기가 실내에 확산되는 힘이 크고 집 안 기운이 불결해진다.

집 중심에는 언제나 깨끗하고 따뜻한 기운이 모여 있어야 한다. 따라서 화장실은 수세식 화장실이라도 집 가장자리에 설치하고, 부득이한 경우에는 화장실의 오물 냄새와 음기가 집 안에 퍼지지 않도록 환기통을 설치한다.

(6) 층계실

집의 내부 층계는 1층과 2층을 연결하고, 다시 실외 옥상으로 연결된다. 천장이 수직으로 높이 통해 있는 층계실은 집 안 기운이 밖으로 배출되는 통로가 되므로 층계에 의한 기운의 분산을 막기 위해서는 층계실 입구에 출입문을 설치하여 기운의 손실을 최대한 막아야 한다.

(7) 천장

생기가 모이는 좋은 실내 공간은 원형, 정팔각형, 정육각형 등 실내 기운의 회전이 원활한 알 모양으로 만드는 것이 가장 이상적이다. 평면에서 가로 세로 길이와 높이가 같은 천장을 하면 정육면체가 되고, 정육면체 공간이 생기를 만드는 둥근 알의 형태에 가장 가까운 공간이다.

정육면체 공간에서는 실내 기운이 수평적으로나 수직적으로 제일 쉽게 회전할 수 있어 생기를 만들고 모이는 가장 이상적인 공간이 된다.

정육면체의 실내에서 그 기운을 상하로 구분하면, 중심점에서 아래는 음기가 모이고, 위로는 양기가 모여 전체적으로 음양이 균형을 이루며, 음양의 조화와 원활한 회전은 생기를 만드는 핵심이다. 음양 이론에 의하면 천장이 높으면 사람들에게 높은 이상을 갖게 하고 천장이 낮으면 현실적이며 물질적인 가치만을 추구하게 되며 이상은 부족하다. 그러나 지나치게 높으면 기운이 모이지 않고 분산되며 열 손실도 많다.

서울역 등 각 지방 기차 역사·버스 터미널·비행장 대합실은 중심 부분에 높은 천장을 만들어 이곳을 지나는 사람들에게 시원함을 느끼게 한다.

일반 사무실 천장 높이는 약 2.4m인데, 이는 현실적이며 물질적인 기운이 담기는 높이고, 이보다 높을 때는 이상적인 기운이 담긴다고 본다.

은행은 일반 사무실보다 높은 5m를 기준으로 하고 있어 그 안에 들어서면 기운이 가득 차 있는 것을 느낄 수 있다. 성당·교회·사찰 등은 모두 천장이 높아, 그 안에 들어서면 무한한 이상과 기운을 느낄 수 있다.

(가) 중심이 높은 천장과 낮은 천장

피라미드처럼 천장 중심이 높고 주변은 낮으면서 음양의 균형과 조화로 생기를 이루는 형태가 가장 이상적이다.

천장 중심이 높으면 중심에 기운을 모아 생기를 이루게 하며 중심이 높은 천장의 공간은 분위기가 안정되고 진취적인 기상으로 발전을 이룬다.

중심이 낮고 가장자리가 높은 천장은 기운이 중심에 모이지 않고 분산되며 이런 천장은 분열이 자주 일어나고 단결심이 부족하며 안정감이 없다. 천장의 일부는 높고 다른 한쪽이 낮아 좌우 높이가 다른 천장은 균형을 잃어 안정감이 없고 불안하며 기운이 분산되어 매우 좋지 않다.

(나) 돔형 천장과 평탄한 천장

원형의 돔형처럼 중심 부분이 둥글고 높은 천장이 생기를 이루는 이상적인 형태로 이런 천장은 생기가 모여 재물과 출세가 보장된다.

아파트 지붕처럼 평탄한 천장은 제일 흔하고 무난한 형태로 공사를 할 때 중심 부분을 약간 높여서 외관상 안정감을 갖게 하는 것이 좋다.

(8) 창문

창문은 바람과 빛을 받아들여 채광이나 실내외 공기의 순환, 경관의 조망과 자연 기운(生氣: energy)을 집 안으로 받아들이는 통로 역할을 한다.

창문은 바람을 마주하는 쪽에 만들어 실내 압력을 높여주고, 외부의 생기(energy)를 받아들일 수 있도록 설치하는 것이 가장 이상적이다.

창문은 햇빛과 바람이 들어오는 방향으로 설치하며, 벽 중심에 설치하는 것이 가장 이상적이다. 벽 중심에 설치하면 벽에서 발생하는 진동이나 바람 소리가 아름답게 울리고, 창문이 한쪽에 치우치거나 모서리 또는 두 벽면에 걸쳐 있는 코너 창문은 진동이나 바람 소리가 불안정해진다.

창문의 형태는 수직형과 수평형으로 나누는데, 수직형이 기운을 회전하는 데 유리하다. 실내에 있는 창문들은 형태가 같아야 효과적이다. 창문의 형태가 같으면 같은 종류의 소리가 나지만, 수직형과 수평형이 함께 있으면 균형이 맞지 않고 서로 어울리지 못하며 다른 종류의 소리가 나기 때문이다. 창문은 형태에 따라 기운이 달라지며 수평형이 일반적인데, 폭은 넓고 높이는 낮아서 차분하고 안정적인 기운을 준다. 오행 기운으로는 수(水)에 해당하며, 마치 물결이 굽이치는 듯한 형태로 잔잔하고 차분하여 정적인 분위기지만 진취적인 기상은 부족하다.

천장이 높은 공간의 수직형 창문은 창문 폭이 좁고 높이가 높은 수직 형태를 이룬다. 수직형 창문은 오행으로 목(木)에 해당되며, 나무는 수직 상승하는 기운을 갖고 있으므로, 나무와 같이 하늘로 올라가려는 활동적이고 생동적인 기운을 갖고 있다.

정사각형 창문은 폭과 높이가 같으며 오행으로 토(土)에 해당한다.

흙은 균형과 포용력을 갖고 있어 수직과 수평 두 기운이 서로 균형을 이룬다. 수평 창문보다는 생동감을 주고, 수직 창문보다는 안정감을 준다.

원형 창문은 오행으로 금(金)에 해당하며, 구심력과 수축력을 의미하고, 계절로는 곡식을 추수하는 가을과 같다. 둥근 형태의 원형은 음양으로 하늘을 의미하며 무한한 힘과 생명력을 갖게 한다.

삼각형 창문은 오행으로 화(火)에 해당하며, 불은 폭발해서 확산되는 기운을 갖고 있다. 삼각형 창문은 마찰, 폭발, 투쟁, 상처 등을 의미한다.

창문의 크기가 너무 넓으면 실내 기운이 밖으로 빠져 나가기 때문에 좋지 않다. 벽의 한 면에서 창문 면적이 50%를 넘으면 실내 기운이 빠져 나가는 형태다. 창문 면적은 작을수록 좋으며, 실내가 너무 밝은 것도 좋지 않다. 실내는 약간 어두운 것이 좋다. 실내가 너무 밝으면 기운이 분산되어 실내 기운이 빠지지만, 약간 어두운 곳에서는 음기가 모여서 생기를 이룬다. 창문 재질로 쓰는 유리는 좋지 않은 소리나 진동이 발생하므로 유리창이 넓을수록 실내 기운을 빼앗겨 좋지 않은 영향을 미친다. 유리는 기운을 통과시키지만, 사람에게 기를 전달하는 성질은 없다.

(9) 재료의 구성과 형태

실내는 여러 재료들로 구성되는데 나무와 흙, 종이는 따뜻한 재료이며, 유리와 석재, 철재는 찬 재료다. 따뜻한 재료를 많이 사용하는 것이 좋으며, 한 재료보다는 몇 가지 재료를 함께 사용하는 것이 좋다. 바닥은 나무, 벽면은 돌, 천장은 종이 등으로 처리하는 경우에 이러한 재료의 변화는 생기를 만들어 준다. 바닥·벽·천장을 모두 나무나 철재로 사용한다면 답답한 느낌을 주고, 벽면 전체를 유리나 석재로 하는 것도 음양오행상 좋지 못하다. 건물 실내 재료의 형태는 평면형·선형(수직형/수평형)·모자이크형·방사형 등으로 바닥·벽·천장은 이러한 여러 형태를 함께 사용하는 것이 좋다. 바닥이 평면형이면 벽면에는 수직형을, 천장에는 모자이크 모양을 골고루 가미하는 것이 바람직하다.

라. 인테리어의 방위

실내 기운은 그곳에 거주하거나 생활하는 사람에게 영향을 미친다. 이러한 실내 기운의 길흉판단은 방위 이론에 의해 분석한다.

방위이론의 핵심은 기두(방 중심 기운)와 대문(현관문) 기운의 상관관계에 따라 결정되며 방위에 따라 고유한 기운을 형성한다. 이상적인 공간은 기두와 대문이 동궁(같은 기운)으로 서로 음양오행상 조화를 이루는 경우다.

(1) 실내의 방위

실내 공간인 방, 화장실, 거실, 주방 등의 방위는 이곳에 거주하는 사람들에게 많은 영향을 준다. 규모가 같은 집에서도 방이 배치된 방향과 형태에 따라 발전에 차이가 있고, 행복과 불행, 즐거움과 슬픔도 달라진다.

실내 공간에서 기운이 가장 많이 모이는 중심점을 기두(起頭)라고 한다. 기두는 넓고 높으며, 건물의 중심 축으로 가장 중심적인 공간이다. 안방·거실·주방·현관·화장실을 집의 5주(柱)라고 한다. 5주는 마치 사람의 운명이 사주(四柱)에 의해 결정되듯이 한 집 안의 기운을 결정한다.

5주의 기운은 그 성질에 따라 4합(合) 1부(否)로 구분되며, 4합은 불을 사용하는 공간으로 따뜻한 기운을 갖고 있는 안방, 거실, 주방, 현관을 말하고, 1부는 물을 사용하는 화장실을 말한다. 5주 공간 중 4합 공간과 1부 공간은 서로 그 기운이 달라야 한다. 따라서 4합이 동기(東氣) 방위이면 1부는 서기(西氣) 방위여야 하고, 반대로 4합이 서기 방위이면 1부는 동기 방위여야 한다. 집 안의 기두와 4합이 동기나 서기로 같으면 평화로운 공간을 이루지만, 1부인 화장실과 기두가 같은 방위이면 좋지 않다.

(2) 이귀문

집의 구조에서 반드시 피해야 할 방위가 이귀문(裏鬼門) 방위다.

이귀문 방위는 귀신이 출입한다는 흉한 방위로, 동북과 남서를 연결하는 대각선 방위다. 이는 패철상 계축(癸丑)의 중심과 정미(丁未)의 중심을 연결하는 방위선상이다. 방위상으로 계(癸)와 축(丑)은 동기와 서기의 한계선이다. 임자계(壬子癸)는 동기의 동사택 방위고, 축간인(丑艮寅)은 서기의 서사택 방위다. 또한 정미(丁未) 방위도 정(丁) 방위는 병오정(丙午丁) 동기의 동사택 마지막 방위고, 미(未) 방위부터는 서기의 서사택 방위다. 동사택의 동기와 서사택의 서기는 서로 화합하지 못하는 기운으로, 흉한 방위가 된다.

이귀문 방위는 서로 상극 관계를 이룬다. 계(癸) 방위는 오행상 수(水) 방위고, 축(丑) 방위는 오행상 토(土) 방위로 토극수의 오행 상극이다. 이처럼 두 방위의 상극이 혼합된 공간에서는 불행한 일이 일어날 수밖에 없다.

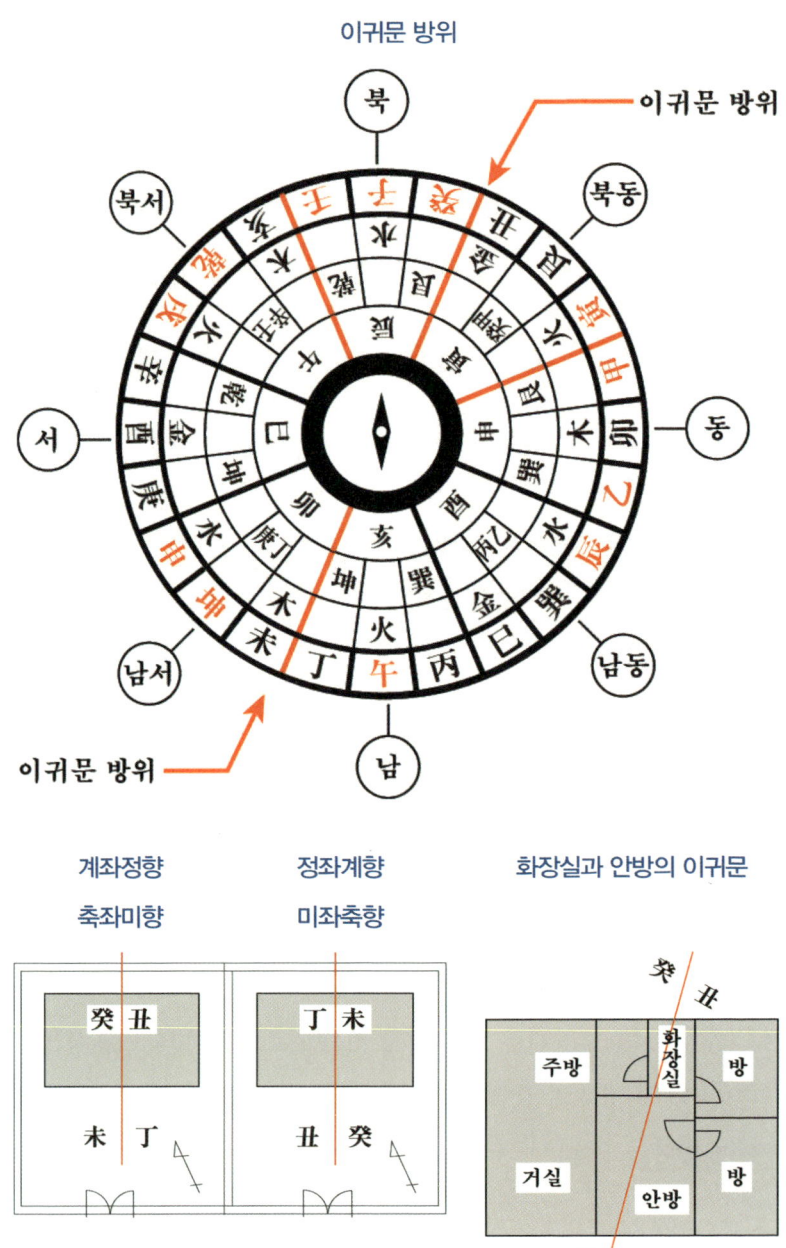

계축(癸丑)과 정미(丁未)를 연결하는 이귀문 방위와 이 방위에 인접한 축좌미향(丑坐未向)·계좌정향(癸坐丁向), 미좌축향(未坐丑向)·정좌계향(丁坐癸向)도 위험하므로 건물 기두는 이귀문 방위의 향도 피하는 것이 좋다. 동기와 서기의 한계선인 해임(亥壬)과 인갑(寅甲)도 좋지 않다. 특히 집이나 건물의 중심축(기두)을 이귀문 방위에 두지 말아야 하며, 안방과 화장실은 이귀문의 직선 위에 두지 말아야 한다.

❷ 전원주택 풍수 인테리어

전원주택지의 입지선정 과정에서 높은 산 계곡, 큰 강가, 바닷가, 폭포, 호수, 험한 높은 산 가까이는 며칠 쉬어가는 휴양지는 좋지만 생활하는 전원주택 입지로는 결코 좋지 않다. 산과 물이 둥글게 둘러 감싸준 국세의 보국 안에 산맥의 끝자락 산진처의 평탄한 터가 제일 좋은 명당이다.

집터가 선정되면 건물을 어느 방향으로 어떻게 배치하는 것이 가장 좋은 방법인지를 생각한다. 땅이 모두 남쪽으로만 경사질 수는 없고, 북쪽으로 경사지거나 동이나 서로 경사진 땅도 많다. 대지에 연결된 도로도 남쪽으로만 있지 않고 동이나 서쪽, 남이나 북쪽 등 여러 방면으로 있다.

집이나 건물을 지을 때 가장 중요한 것은 건물이 자연의 기운을 많이 받아들이도록 배치해야 한다. 자연의 기운, 즉 생기를 많이 받아들이면 건물 안에 좋은 기운이 모여 그 안에서 생활하는 사람이 건강해지고 사업도 발전한다. 그러나 건물 배치를 잘못하면 좋은 기운을 받아들이지 못하여 그곳에 사는 사람은 건강이 나빠지거나 불행한 일을 당하기도 한다.

건물을 배치하는 방법은 지세에 따라 남향이나 배산임수 등 방위와 도로, 마당, 주변 건물, 지맥과의 관계 등을 고려해서 건물을 배치한다.

가. 남향 배치

남향 건물은 태양 빛을 가장 많이 받을 수 있어서 많이 선호한다. 그러나 남향 배치는 평탄하거나 남쪽으로 경사진 지역에 가장 적합하며 남쪽에 건물이 없어야 한다. 남쪽에 산이나 건물이 있으면 태양 빛을 충분히 받아들일 수 없어 오히려 불리하다. 이런 때는 생기를 받는 배치가 좋다.

나. 배산임수 배치

풍수 이론으로는 남향 배치보다 더 좋은 배치가 배산임수(背山臨水) 배치다. 배산임수 배치란 산을 등지고 물이 있는 쪽을 향한 건물 배치다. 생기는 강물과 육지가 음과 양으로 조화를 이루는 낮은 지역에서 생겨 바람을 타고 지상으로 옮겨진다. 생기 있는 바람을 받아들이기 위해서는 물이 있는 낮은 쪽에서 불어오는 바람을 집 안에 받아들이도록 바람이 불어오는 쪽으로 건물을 배치하는 것이다. 바람은 낮에는 대류 현상에 따라 저지대의 물가에서 시작하여 지대가 높은 산 쪽으로 불고 밤에는 산에서 낮은 곳으로 내려온다. 사람에게 필요한 바람은 물가에서 올라오는 바람이다. 배산임수 배치는 집의 전망이 넓게 보이고, 물이 있는 쪽은 전망이 트여 있는 곳이다. 물을 등지고 산이 있는 쪽을 향한 역 배산임수 배치는 산이 앞을 가로막는 형상이 되어 집이 뒤로 자빠지는 형상이며, 건물 정면을 높은 산이 가로막고 있어 중압감을 느끼고 산이 하늘을 가로막아 넓은 하늘을 바라볼 수 없으므로 전망이 넓어질 수 없다. 배산임수 배치는, 저지대의 물가에서 불어오는 바람이 실내 공기 압력을 높이는 바람으로 집 안으로 불어오는 쪽에 배치하면, 집 안 기압이 바람으로 인해 높아지며 그 안에 사는 사람도 기운을 받아 건강해진다. 반대로 남쪽 지면은 높고 북쪽 지면이 낮은 대지 위에 집을 건축할 때는 지면이 높은 남쪽을 건물 뒷면으로 하고, 지면이 낮은 북쪽이 건물 앞면이 되는 북향 배치가 배산임수에 따른 배치로 북쪽에서 불어오는 자연의 기운, 즉 생기를 받아들일 수 있다. 북향집이라도 햇빛은 반사되어 들어오지만 인체에 직접 영향을 주는 생기는 다른 방법으로 대치할 수 없으므로 바람이 잘 통하는 배산임수 배치가 햇빛을 많이 받는 남향 배치보다 더 좋은 방법이다.

　서울 청계천을 사이로 청계천 이북의 종로통과 안국동, 가회동 등 북촌은 청계천을 향하여 남향 배치가 좋다. 그러나 청계천 이남의 을지로와 퇴계로, 남산 자락의 필동은 청계천을 향한 북향 배치로 하는 것이 좋다.

다. 대문

　대문은 많은 사람들과 생기가 출입하는 공간으로 평탄해야 하며, 밖으로 경사진 지역에 설치하면 좋지 않다. 대문은 좌우가 밝고 안정된 곳에 있어야 하고, 건물 한쪽 모서리 또는 처마 밑을 통과하는 지역에 위치하면 대문을 통과하는 사람에게 불행한 일이 생길 수도 있다. 대문은 건물이나 담장 중심의 좌우 균형을 유지하는 안정된 장소에 설치하는 것이 이상적이며, 생기가 많이 모여 있는 장소에 설치해서 출입하는 사람에게 생기를 주고, 동시에 외부 생기가 집 안으로 들어올 수 있도록 해야 한다.

　대문은 내부로 밀거나 밖에서 당겨 여는 두 가지 형태가 있다. 대문이 열리는 쪽으로 바람이 흐르며, 대문이 안쪽으로 열리면 건물 안쪽으로 바람이 따라 들어오고, 밖으로 열리면 집 안 바람이 바깥으로 빠져 나가게 된다. 바람은 기운이며 생기로 건강과 재물을 만드는 기본이다. 대문이 안으로 열리는 집에서는, 대문을 미는 압력에 의해 외부 바람이 집 안으로 밀고 들어와 생기가 모여 건강과 재물을 얻게 되는 반면, 대문이 밖으로 열리는 집은, 집 안에 있던 생기가 대문을 당기는 압력에 의해 내부 바람이 빠져 나가면서 생기가 밖으로 끌려 나가 건강과 재물이 빠져 나간다.

　대문의 크기는 건물 크기와 어울리는 것이 좋다. 특히 전착후관(前窄後寬)으로 출구가 적고 정원이 안정되어야 한다. 건물에 비해 대문이 너무 크고 넓거나 너무 작은 것도 좋지 않다. 대문 자체도 좌우 균형을 이룬 안정된 형태가 좋다. 대문은 외부 바람을 막아 주고 생기가 출입하는 역할도 하기 때문에 파이프나 투시형으로 만든 대문은 기운이 외부로 빠져 나가므로 좋지 않으며 바람이 통하지 않는 막힘형 대문이 좋다.

대문은 한 개나 두 개를 같은 사택방위(동궁)에 설치하는 것이 좋다. 그러나 한 개만 설치해서 바람의 방향을 일정하게 하는 것이 안정적이다.

대문의 설치 방위는 건물의 방위만큼이나 중요하므로, 동·서사택의 방위이론에 따라 건물의 기두와 같은 사택의 동궁방위에 설치하여야 한다.

라. 마당(정원)

집은 내부와 외부 공간으로 나누어지며 외부 공간인 마당은 잔디를 심어 시야를 편안하게 하지만 더욱 중요한 것은 사람에게 필요한 생기를 공급하는 데 있다. 마당의 생기가 집 내부에 그대로 전달되기 때문이다.

마당은 물이 어디로 흐르는지 모르게 수평을 유지하고 물길은 마당 끝에 설치한다. 마당이 경사가 되면 물이 마당 밖으로 빠져나가면서 집 안의 재물도 함께 빠져나가고 사업도 부진하며 부인의 건강도 좋지 않다. 특히 대문으로 마당의 물이 빠지면 재물이 모이지 않고 항상 곤궁하다.

건물의 기운은 양 기운으로 이상을 추구하는 정신적 기운이며, 마당의 기운은 건강·재물·부인의 음 기운이다. 건물과 마당이 서로 마주

보는 위치에 있으면 마당의 기운이 건물 안에 흡수되어 생기를 이루므로 건물은 마당보다 약간 높게 짓는 것이 좋다. 마당이 건물의 뒤나 옆에 있거나 건물과 마당이 마주보더라도 건물의 출입문이 뒤나 옆에 있으면 마당의 기운이 건물의 기운과 결합할 수 없어 건물 안에 생기가 부족하게 된다.

마당은 정사각형이 공기의 회전이 자유로워 이상적이며 생기가 많이 발생한다. 마당에 기운이 모이면 집 안에 전달되어 재산이 늘고 건강하다.

마당이 삼각형이면 뾰족한 기운으로 교통사고 같은 불의의 사고를 당하거나, 이웃 사이에 분쟁이 일어나는 경우가 많으며 재물이 모이지 않는다. 따라서 조경 공사를 통해 뾰족한 부분을 부드럽게 바꾸도록 한다.

직사각형 마당은 기운이 제대로 순환되지 않아 부인이 질병을 얻을 수 있다. 마당과 건물이 모두 직사각형이면 기운이 분산되어 재산이 줄어든다.

건물은 남성에 해당하고, 마당은 여성에 해당하여 마당의 기운은 부인에게 많이 작용한다. 건물에 기운이 뭉쳐 있으면 그 집 주인이 강한 기운을 갖게 되고, 마당에 기운이 뭉쳐 있으면 부인의 기운이 왕성하다. 건물과 마당이 모두 강한 기운이면 남성과 여성 모두 왕성한 생명력을 갖게 된다. 건물과 마당이 음과 양으로 마주 보고 있으면 여성과 남성이 건강하고 안락한 생활로 원만한 관계를 유지하는 가장 이상적인 형태다.

건물 뒤에 마당이 있거나, 앞마당과 뒷마당이 있는 경우에는 이 집 남성에게 두 여성이 생기는 현상이다. 뒷마당은 집에 가려져 남들 눈에 잘 띄지 않는 것처럼 본처가 아닌 다른 여성은 남들 눈에 띄지 않는다. 그러나 뒷마당이 집 앞쪽에서도 보이면 여성과의 관계가 공개적이다. 이처럼 마당 수는 그 집 남자의 여성 수와 비례하는 경향이 있다. 그러나 뒷마당이 아주 작은 마당이거나 출입 통로일 때는 별도의 여성으로 보지 않는다.

마당 면적은 집 면적에 비례하는 것이 좋다. 집 앞에 있는 마당은 집 연면적의 2배를 가장 이상적이라고 본다. 3배를 초과하면 너무 넓어 생기가 분산되는 허한 상이다. 마당이 넓으면 건물 2배 정도만 안마당으로 하고, 내부 울타리를 설치해서 생기가 흩어지지 않도록 하는 것이 좋다.

복지회관 건물이 들어선 고 박정희 대통령을 시해한 김재규가 살던 서울 중구 신당동 집은 300여 평 대지가 전체적으로 삼각형을 이루고 있다. 마당은 삼각형 대지의 가운데에 있어서 앞과 뒤, 옆으로 분산된 형태가 모두 뾰족한 삼각형을 이루고 있다. 김 씨가 대통령을 시해한 칼이나 총 같은 예리한 물체는 삼각형 마당에 의한 불행한 사고임을 단적으로 보여 주는 것이다. 현재 신축된 신당종합사회복지관 복지회관 건물도 대지 형태에 맞춘 삼각형으로 안정감이 부족하여 불의의 사고나 분쟁 같은 불행한 기운을 갖고 있다.

마. 담장

담장은 외부의 침입을 막기 위한 것이지만, 더 큰 기능은 바람을 막는 것이다. 지세에서 사신사가 바람막이, 반사경, 볼록렌즈 기능의 역할을 하듯이 담장도 마당의 생기 보존과 바람막이 역할이 크다. 집 안으로 강한 바람이 불어오면 건강을 잃게 될 것이다. 담장 위치는 건물과 일정한 간격을 유지하는 것이 좋다. 담장이 건물에서 지나치게 멀리 떨어져 있으면 바람막이 역할을 할 수 없으며, 담장이 너무 높으면 새로운 바람이 들어오지 못하고 너무 낮으면 바람막이 기능을 하지 못한다.

❸ 사무실 풍수 인테리어

실내의 기운을 분석하는 것은 방위상 기(氣) 이론에 의하며, 방위에 따라 실내 공간의 기운이 다르다. 방위에 의한 기와 기능적인 기를 결합한 위치에서 생기가 발생한다. 실내 공간은 양성 공간과 음성 공간으로 구분된다. 양성 공간은 여러 사람이 만나는 공간으로 사장실, 사무실, 카운터, 회의실, 작업 테이블, 출입문 등을 말하고, 음성 공간은 양성 공간을 보조하는 공간으로 화장실, 창고, 서고, 다용도실 등을 말한다. 좋은 위치에서 생기를 받으면 실내 작업이 원활하게 진행되어 능률이 오른다.

실내 공간을 구획할 때, 동사택 기운인 곳에서는 양성 공간은 동사택 방위로, 음성을 서사택 방위로 하여 양성 공간을 생기가 많이 모이는 곳에 두고 음성 공간은 생기가 상대적으로 부족한 곳에 두어야 한다.

남향 사무실인 경우 동사택 건물이므로 사장실, 사무실, 카운터, 출입문 등은 동쪽이나 북쪽, 동남이나 남쪽에 두고 화장실, 창고, 서고, 다용도실 등 음성 공간은 서쪽이나 서북쪽, 동북이나 서남쪽에 두는 것이 좋다.

동향 건물은 서사택 건물로 사장실, 사무실, 카운터, 중심홀 등은 서쪽이나 서남쪽의 서사택 방위에 두고, 출입문은 동북이나 서북쪽의 서사택 방위에 있어야 한다. 화장실, 창고, 서고, 다용도실 등은 남쪽이나 북쪽, 동쪽이나 동남쪽의 동사택 방위에 두어야 한다.

사무실 책상의 위치

사무실 책상은 출입문 방위에 따라 출입문이 서사택이면 서사택 방위에 배치하고, 출입문이 동사택이면 동사택 방위에 배치한다. 창문이나 출입구에서 먼 자리에 벽면을 의지하고, 창문을 바라보며, 책상에 앉았을 때 바라보는 앞면을 넓고 길게 배치하여야 한다. 사무실 책임자 위치는 제일 좋은 방위에 설치한다. 좋은 기운을 받아 능률적으로 일할 수 있게 하여야 사무실 전체를 이끌어 갈 수 있으며, 사무실 업무 능률도 좋아질 수 있다.

❹ 식당의 풍수 인테리어

식당은 주방과 홀로 구분되며, 주방과 계산대가 제일 중요한 기능을 담당한다. 주방과 계산대는 식당의 출입문과 같은 사택에 배치한다. 식당의 기두와 출입문이 동사택 방위를 이루고 있으면 계산대와 주방도 동사택 방위로 배치하며, 이때 화장실, 창고, 다용도실은 서사택 방위에 배치한다. 식당의 기두와 출입문이 서사택이면 계산대와 주방도 서사택 방위로 배치한다. 만약 기두와 출입문이 다를 경우 주방과 계산대를 출입문과 같은 사택의 방위로 배치한다. 사람들이 식사하는 홀은 정사각형이 좋다.

남향 건물 식당이라면 동사택 건물로 출입문은 남쪽이나 동남쪽 방위에 배치하고 주방은 북쪽이나 동쪽의 동사택 방위에 배치한다. 화장실은 서쪽이나 서남쪽의 서사택 방위에 배치하는 것이 좋고, 계산대는 동남쪽이나 남쪽의 동사택 방위가 좋다. 동향집 식당에서는 출입문을 서북쪽이나 서남쪽의 서사택 방위에 배치하고 주방과 계산대는 동북쪽이나 서쪽의 서사택 방위가 좋으며, 화장실은 북쪽이나 동남쪽의 동사택 방위가 좋다.

❺ 잠자리의 위치

잠자리는 창문이나 출입구 쪽은 피하고, 벽 쪽으로 머리가 오도록 한다. 창문이 마주 뚫린 중간에서 잠을 자는 것이 가장 나쁘다. 창문은 바람이 통과하는 공간으로 창문이 닫혀 있더라도 그 가까이에 잠자리가 있는 것은 좋지 않고 멀리 떨어져 있어야 한다. 잠자리에서 머리를 어느 쪽에 두는지도 중요하다. 머리가 창문 밑에 오는 것은 매우 좋지 않다. 창문으로 바람이 통과하고 여러 가지 좋지 않은 소리들이 들리기 때문에 창문은 멀리 할수록 좋다. 머리를 두는 방향은 방의 형태에 따라 다르지만, 머리는 북쪽에 두지 말라는 말은 근거가 없는 말이다. 몸을 일으켰을 때 창문이나 문을 바라볼 수 있게 하는 것이 기본이다. 기운이 들어오는 쪽을 마주보고 자는 것이다. 침실 창문은 작은 것이 좋으며, 너무 넓으면 좋지 않다. 창문이 넓으면 안정감이 부족해서 불안하고, 유리창으로 좋지 않은 소리가 들어오기 때문이다. 안방이 너무 밝으면 기운이 흩어져 좋지 않다. 안방은 약간 어두운 감이 있어야 안정감이 있고 재산이 모인다.

❻ 풍수 인테리어 십계명

가. 사무실은 형태가 중요하다

원형 팔각형 육각형 사각형 안으로 긴 직사각형은 길(吉)하고 도로 쪽으로 넓은 가로로 긴 직사각형과 삼각형은 좋지 않다. 삼각형은 기(氣)의 흐름이 원활하지 못하여 다툼이 많고 성격이 모나며 화를 잘 내는데, 실내의 기(氣)가 잘 회전하지 못하기 때문이다. 반면 원형(圓形)은 하는 일이 원만하게 이루어진다. 직사각형은 안으로(세로로) 긴 직사각형이 좋다. 안이 깊으면 아늑하고 편안하여 오래 머물고 싶지만, 도로변으로 넓은(가로로 긴) 직사각형은 기의 흐름이 가운데로 모이지 않고 옆으로 흘러 기의 흐름도 나쁘고 분산되며, 쇼윈도로 지나는 행인이나 차량에 시선을 빼앗기고 산만하며 차량들이 통과할 때 진동이 발생하므로 사람들의 심리를 불안하게 만들어 오래 머물고 싶지 않게 된다. 미국에 있는 맥도널드 회사가 전 세계에 있는 맥도널드 회사의 형태별 매출을 분석해 보았는데 도로변으로 넓은 직사각형 매장은 수익이 적고, 안으로 깊은 직사각형 형태는 수익이 높아 전 매장을 안으로 깊은 직사각형으로 바꿨다. 기의 흐름이 적용되지는 않았지만 통계로 형태를 바로잡은 것이다.

나. 사무실 공간 구성은 최대 안정공간을 만들어야 한다

묘지나 집에서 명당은 세 면은 산이고 한 면은 물이다. 세 개의 산은 후현무, 좌청룡, 우백호가 되고, 한 면은 집이나 묘지 앞에 흐르는 물이 된다. 사무실 명당은 삼면이 벽이고 창이 하나일 때 최대 안정 공간이 된다. 삼면의 벽은 바람을 막아주고 좌우로 치우치지 않게 균형 있는 공간을 만들어 안정감을 준다. 물은 재물(財物)을 관리함으로 재물이 안정적으로 들어오게 하는 공간구성이다.

다. 책상과 의자는 벽(壁)을 등지고 창을 바라보게 배치한다

책상과 의자는 산을 등지고 물을 바라보는 배산임수(背山臨水)의 배치를 원칙으로 하며 바라보는 향의 앞면을 넓고 길게(세로로 긴) 배치한다.

실내에서 산(山)은 벽이 되고 창이 물이 된다. 창을 등지고 벽을 바라보고 앉게 되면 고집불통에 대화가 안 되는 무뚝뚝한 벽창호가 되며, 사람이 뒤로 자빠지는 형상으로 아랫사람으로부터 공격을 받게 되는 하극상(下剋上)의 역리 현상이 일어나게 된다. 벽을 등지고 창을 바라보면, 벽이 산이므로 배치가 안정되고 물을 바라보는 편안한 상태로 아랫사람이 순수하게 복종하는 순리(順理)의 현상이 일어나게 된다.

라. 사무실 공간에서 기압이 높은 곳에 대표자가 앉아야 한다

지대가 높은 고기압에 사는 사람들이 부자로 장수한다. 사무실에서 출입문으로 바람이 들어오므로 출입문과 창 쪽이 저기압이 되며 안쪽 벽이 고기압이 된다. 고기압 쪽이 건강하고 능률이 오르며 재물이 모이는 자리다.

마. 사무실에서 뒷문이 열려 있으면 돈이 빠져 나간다

사무실 출입문으로 생기열(生氣熱)이 들어온다. 생기열(animation energy)이란 남자와 여자가 결합하여 아이를 낳아 발복(發福)이 있듯이 태양빛과 땅 기운이 합하여 얻어지는 생기(生氣)의 더운 수증기로, 땅 위에 살아 있는 모든 생명체는 이 생기열을 마시고 진화(進化)해왔다. 생기열은 낮에는 낮은 곳에서 높은 곳으로 이동하는데, 사람이 출입문으로 들어올 때 함께 들어와 사무실 기압을 높이게 된다. 그러나 뒷문이 있어 문을 열어 놓으면 내부의 공기, 즉 생기열이 빠지면서 재물도 함께 빠져 나간다.

바. 사무실 출입문은 안으로 밀고 들어가야 한다

사무실로 유입된 생기열은 건강과 재물이다. 밖에서 출입문을 당기면 생기열은 밖으로 끌려 나오게 되어 건강과 재물을 잃게 된다. 그러나 밖에서 안으로 밀고 들어가면 생기열과 함께 밖의 공기가 안으로 밀고 들어와 생기열(energy)이 쌓이면서 건강과 재물을 얻게 된다.

사. 대표자는 사무실 내부 중심점을 바라보아야 한다

사무실 내부 중심부는 실내 기운이 원활하게 회전하여 중심에 생기를 집중시키는 곳으로 생기가 밀집된 가장 이상적인 공간이다. 계란 노른자처럼 생기의 핵심 창조 공간이다. 따라서 대표자가 중심점을 바라보면 좋은 생각과 창조적 아이디어를 떠올리게 되어 많은 발전이 있게 된다.

아. 앞 사람의 뒤통수를 보게 하는 배치는 삼가해야 한다

앞 사람의 뒤통수를 보게 되면 앞에 앉은 사람은 심리적으로 늘 불안하고 뒤통수가 근질근질하여 책상에 앉아 있기를 꺼리며 안정이 안 된다. 따라서 옆으로 나란히 배치하거나 ㄱ자형이나 ㄴ자 형태로 직원 모두가 사무실 중심점을 바라보게 하여 좋은 아이디어를 떠올리게 해야 한다.

자. 전등은 원형(圓形)이나 사각형(四角形)이 길(吉)하다

원형 전등이나 사각형은 단결과 화합을 상징하며 원만한 성격과 진취적 생각을 갖게 하나 ╋자형이나 X자형은 서로 다투며 흩어지는 형상으로 분열하여 안 된다는 부정적인 생각과 불안감을 갖게 된다.

차. 사무실 색상은 편안한 색이 나와 고객 모두 편하다

천장은 밝고 환한 흰색이 무난하고, 벽은 아이보리색이나 연한 노란색이 좋다. 사무실이 북향인 경우 햇볕이 적게 들어 어두워 보이고 추워 보이므로 연한 핑크색으로 보완하여 따뜻한 느낌을 주는 것도 좋다. 바닥은 나무색이 무난하다. 사무실의 씽크대는 자연이 그려져 있는 롤스크린을 내려놓는 것이 좋고 사무실의 냉장고 냉·온수기 등은 한 곳으로 모으는 게 좋다. 주택도 내성적인 아이 방은 연한 핑크색으로 도배를 하여 진취적이고 활동적 사고를 갖게 만들어주고, 지나치게 활동적이고 공격적이면 그린 톤의 색상으로 아이의 마음을 가라앉히고 차분하게 만들어 준다.

❼ 건물의 가상과 배치

가. 건물의 가상(家相)

우주만물에는 각각 상이 있으며 고유의 이(理) 기(氣) 상(象)을 갖고 있다. 주택이나 건물의 외형 형태를 가상이라고 하며, 물상의 외형에는 그 형상에 상응한 기상과 기운이 들어 있다. 가상은 우리 인간이 사는 집과 건물의 길흉을 연구하는 분야다. 우리는 일생의 반을 집에서 보내고 그 기간 동안 집의 영향을 받는다. 그 영향은 유형적인 면과 무형적인 면이 있으며, 유형적인 면은 우리의 육체, 즉 건강상에 작용하는 것이며, 무형적인 면은 우리의 정신위생에 작용하여 두뇌활동에 작용하는 것이다.

집은 그 터(주거입지)에 따라 영향을 받으며 길흉이 결정된다. 도시의 경우 대지(垈地)의 규제와 경제적 제약으로 위치나 방위 등의 선택이 제한을 받고 있으나 지방의 주택이나 경제적 여유가 있는 주택은 위치와 방위(direction)의 선정에서 풍수 이론을 대체로 고려하고 있다. 풍수 이론은 인간과 자연이 조화와 균형의 환경관을 바탕으로 잘 융화할 수 있는가를 경험적으로 체득한 것으로, 지기(地氣)를 보전하여 생물을 기르고 보존한다는 현실적 요구로부터 지세를 살핀 경험을 체계화하여 얻은 지혜의 결실이다. 사람이 살아가는 주거는 식물이 싹트고 자라는 그 자리와 같은 이치를 갖고 있다. 오늘날의 합리적이고 과학적인 방법으로 상당 부문이 타당성이 있음을 알 수 있다.

양택은 주산(主山)과 보국(保局)을 위주로 하고, 그 형태와 범위에 따라 국도와 도시, 촌락 등으로 구분된다.

도시에는 수많은 인구가 모여 살도록 그 주위환경이 형성되어 있다. 촌락도 대부분 그런 분위기를 갖고 있으며, 그 지역의 개개의 집들은 대개 좋은 조건 아래 있다고 볼 수 있다. 그러나 그 집이 위치한 터와 위치한 곳의 집의 구조와 가상의 형태에 따라 개개의 집들은 차등을 갖는다. 집의 가상은 한 가지도 같은 것이 없고 다양하다. 교외의 전원주택이나 별장, 도시의 아파트나 연립주택, 단독주택들은 엄밀한 의미에서 똑같은 것은 하나도 없다. 그러므로 그 집에 살고 있는 사람들도 각각의 생활에 차등을 갖는 법칙이 풍수지리다. 풍수의 방위 이론에 의하면 귀문(鬼門) 방위에 측간(廁間)을 두지 말라, 귀방(鬼方) 부엌은 언짢다 하는 것들이 바로 동북 방위의 귀문방을 꺼린다는 말들로 풍수의 가장 통속적인 표현이다.

가상의 형태

건물의 형태는 각양각색으로 같은 형태는 없다. 건물의 가상은 위엄과 서기가 있으며, 중심이 왕하고 안정된 형태의 가상이 좋다. 가상은 그 집의 중심이 한 곳에 뭉쳐 있어야 하고, 정원도 흩어지지 않고 안정되어야 집 안에 훈훈한 기운이 감돈다. 외부는 화려하나 내부가 허전하여도 좋지 않다. 즉 안정된 가상과 정원, 방위 이론에 의한 구조와 배치는 음양이 배합하고 기운, 즉 생기가 모이는 이상적인 배치다. 주택이 갖고 있는 분위기는 주인과 같이 살고 있는 가족들에게 많은 영향을 준다. 건물의 형태가 그곳에 사는 사람의 마음에 작용하여 안정된 건물에는 안정된 마음, 불안정한 건물에는 불안정한 마음이 생기게 된다.

(가) 빈상과 부상

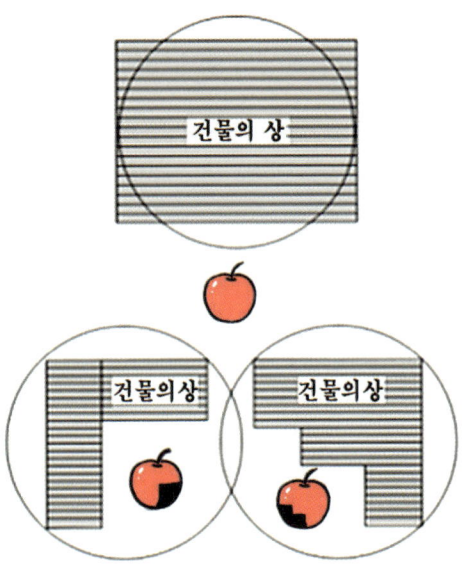

부상(富相)과 빈상(貧相)의 비유

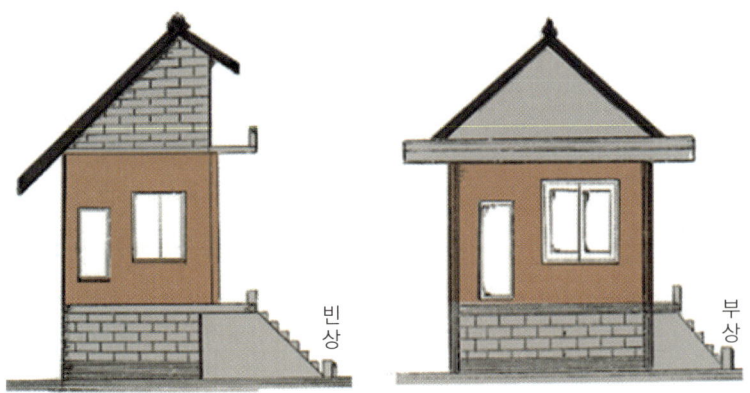

옆으로 본 부상과 빈상

(나) 불안정한 건물

(다) 쌍기두

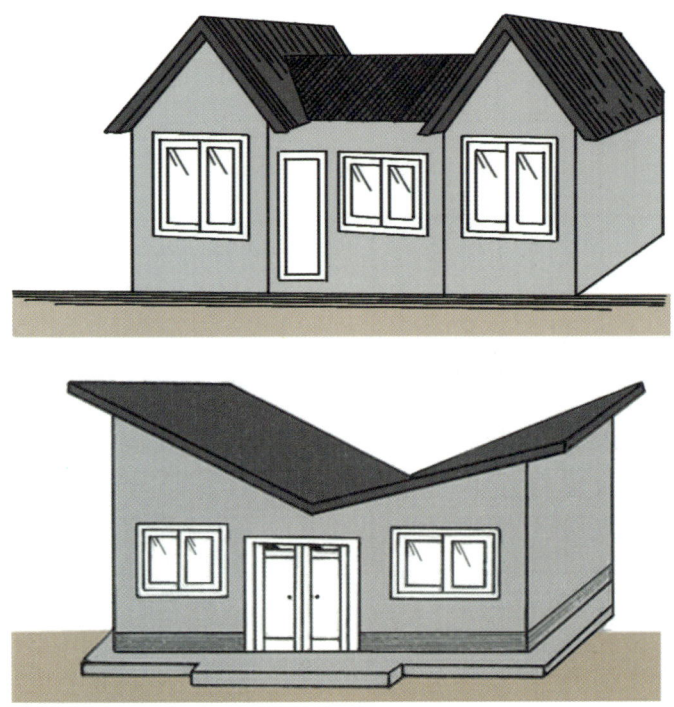

　주택은 중심이 높아야 길하고, 반대로 중심이 낮고 좌우가 높으면 서로 상충하여 좌우가 대립하여 싸우는 형태로 흉하다.

나. 건물의 배치

　한 대지 안에 주택의 배치는 여러 가지 방법이 있다. 그 배치된 상태에 따라 방향이 다르며, 바람과 주위의 응기가 다르고, 길흉이 좌우된다.

주택의 배치는 한 가정의 길흉을 좌우하며 옆집까지 그 영향이 미친다. 건물의 배치는 남향보다 배산임수가 우선이며 평지에서는 "남향에 앞마당이 좋다." 집 앞으로 마당(정원)이 있어야 공기의 순환이 좋아서 집 내부에 마당의 생기가 전달되며, 겨울에 햇빛을 많이 받을 수 있다.

(1) 길한 배치도

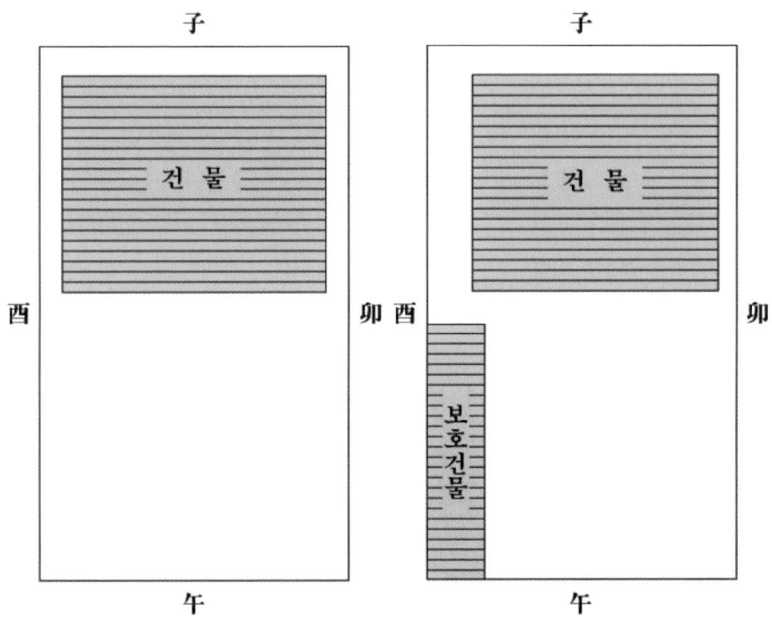

건물의 폭을 좁게 또는 길게 세우거나, 건물의 폭은 넓고 길이가 좁은 것, 건물을 별채로 나누어 세우는 방법 등이 있다. 또 마당(정원)이 건물 앞이나 옆으로, 또는 뒤로도 있을 수 있다. 그러나 집이나 마당(정원)이 좁고, 길고, 모지고, 기운 것, 마당(정원)이 건물 옆이나 뒤에 있거나 건물의 양쪽에 있는 것 등은 모두 흉한 배치다.

주택의 중심은 높아야 길하고 집을 별채로 앉힐 때에 별채는 원채보다 작아야 한다. 별채가 원채보다 높은 것도 흉하다. 큰 대지에 작은 건물, 큰 집에 작은 식구도 좋지 않다. 정원은 건물의 3배를 넘으면 흉하고 2배가 이상적이다.

(2) 흉한 배치도

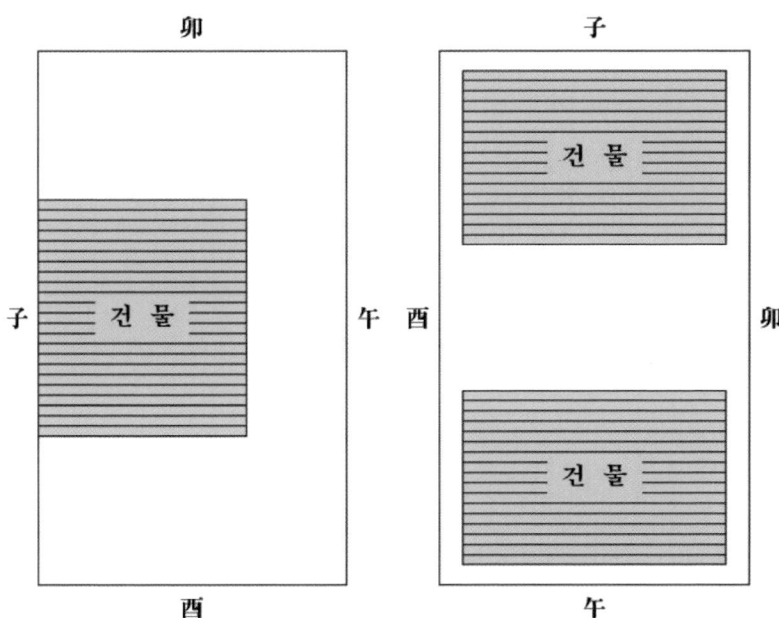

정원이 3방향으로 있어 재물이 흩어지고 여자 관계가 산란하며 첩을 두는 배치다. 본 부인의 건강도 좋지 못한 배치다.

건물이 전후 두 동으로 정원이 좁고 원채와 별채의 구분이 안 되는 배치다.
건물의 기운이 서로 비등하여도 흉한 배치다.
별채나 부속건물은 본채보다 낮고 작아야 한다.

(3) 흉한 배치도

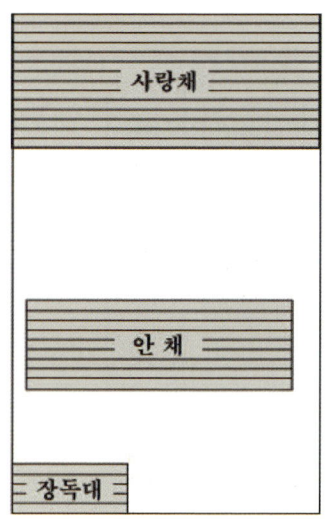

(4) 상충하는 가상 배치

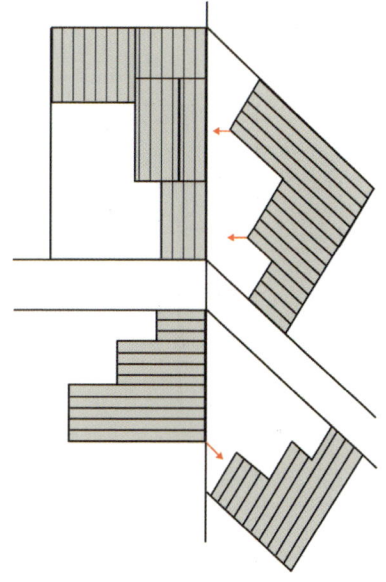

주객이 전도된 형상이다.
주 건물 안채보다 부수 건물 사랑채가 크기 때문에 주인이 객에게 눌리는 흉상이다.
주 건물인 안채는 크고 높아야 하고 사랑채는 안채보다 작고 낮아야 한다.

주택의 위치가 주변 건물들의 모서리 쪽에 있으면 그 건물의 양면에 부딪친 모서리 바람이 바로 주택으로 불어 주택을 충하는 흉한 바람이다.
충하는 바람은 관송(官訟)이나 분쟁을 일으키는 불길한 바람이다.
건물이나 모든 다른 물체라도 모서리에 부딪친 바람은 흉하고 바른 곳에 부딪친 바람은 길하다.

(5) 복가의 배치 형태

(가) 좋은 가상의 기본

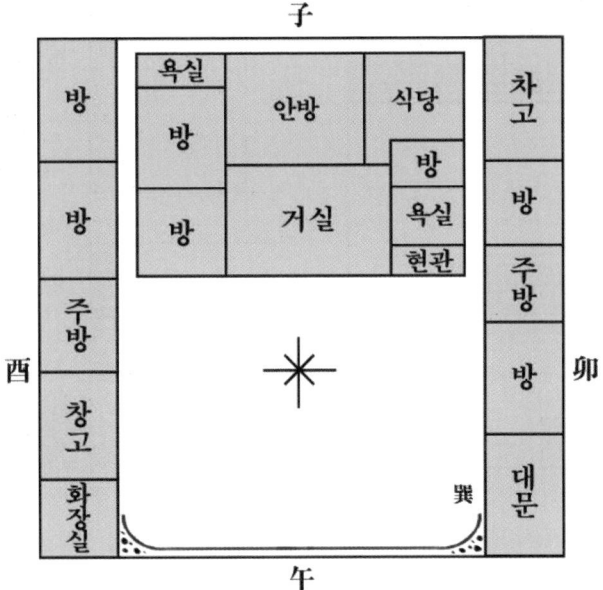

자(子)좌 오(午)향의 가장 이상적인 복가다. 대지의 상은 네 변이 바르고 건물의 상도 주 건물은 앞과 뒤가 분명하고 모든 힘이 중앙으로 모이는 좋은 상이며, 부수 건물은 가로는 좁고 세로는 길어서 빈상이지만 주 건물의 바람막이로 주 건물을 보호하는 울타리 역할을 하게 된다.

정원의 상은 바르고 알차며, 건물과 정원의 크기가 비슷하므로 건물의 정면 중심에 패철을 위치 고정시키고 건물의 중심점인 기두는 주 건물의 중심점 앞 자(子)방위며, 대문의 위치는 손(巽)방위로, 자(子:중남수)기두(동사택궁) 손(巽:장녀목)문(동사택궁)의 동궁(같은 사택)으로 중남과 장녀(남여)의 음양이 배합하고 수생목 수목이 상생하며 마당의 생기가 집 내부에 전달될 수 있는 동궁(同宮)배합 상생의 동사택 복가다.

(나) 묘(卯)좌 유(酉)향(복가)

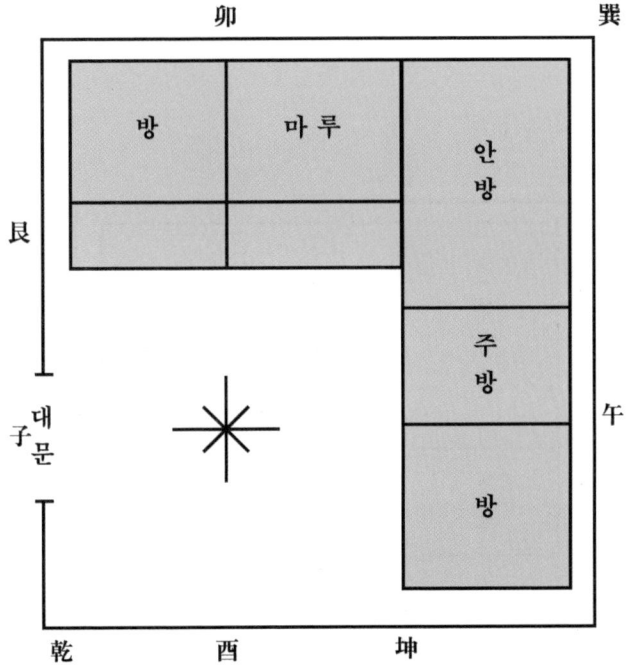

묘좌유향(卯坐酉向)의 동궁(同宮) 배합 상생의 동사택 복가다. 첫째 대지가 바르고, 동사택이나 서사택을 임의로 배합된 건물을 앉힐 수 있는 대지다. 둘째 건물의 배치는 기역자형으로 건물 전체가 동사택 방위에 배치되었으며, 건물의 중심점인 기두(起頭)는 손(巽)방위가 되고 정원과 건물이 바르므로 바람이 안정되는 길한 배치다. 건물의 상은 세로와 가로가 알맞게 조화된 길상으로 보이나 기역자형으로 빈상이며 정원은 바르고 반듯한 길상이다. 패철 위치는 정원의 안쪽 안방 앞이 되며 건물의 기두 손방 장녀목(동사택궁)과 대문 자방 중남수(동사택궁)의 동궁(같은 동사택)이다. 기두 손방 장녀목은 문의 자방 중남수와 (수생목) 오행상생하며, 장녀와 중남(남녀)의 음양 배합의 동사택 복가다. (기역자형 가상이 가장 좋은 것은 아니지만 두 번째는 될 수 있는 길상이다.)

(다) 건(乾)좌 손(巽)향 (복가)

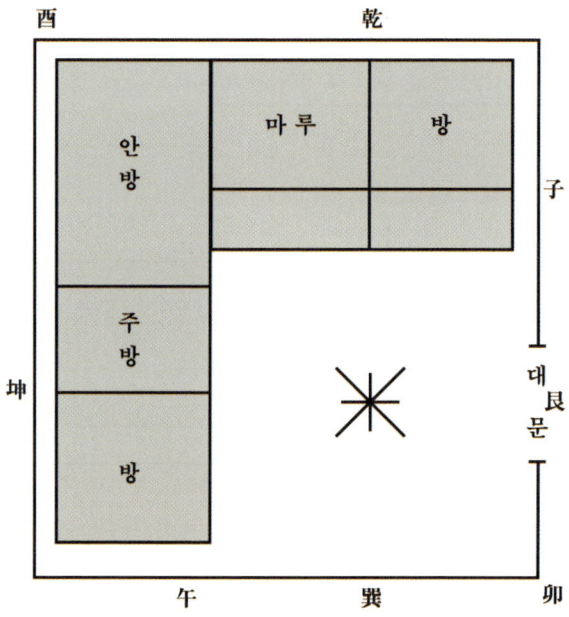

건좌손향(乾坐巽向)의 동궁(同宮) 배합 상생의 서사택 복가다. 건물의 배치는 기역자형으로 건물 전체가 서사택 방위에 배치되었으며, 건물의 중심점인 기두(起頭)는 유(酉)방위가 되고 정원은 바르고 반듯한 길상으로 바람이 안정되는 배치다. 건물의 상은 세로와 가로가 알맞게 조화된 길상으로 보이나 기역자형으로 빈상이다. 패철 위치는 정원의 안쪽 안방 앞이 되며 건물의 기두는 유방(酉: 서사택궁) 대문은 간방(艮: 서사택궁)의 동궁(같은 서사택)이다. 기두 유방 소녀금은 문의 간방 소남토와 토생금 오행상생이며, 소녀와 소년(남여)의 음양배합이다. 건물의 상은 기역자형으로 빈상이나 동궁 배합 상생의 서사택 복가다.

(라) 자(子)좌 오(午)향 (복가)

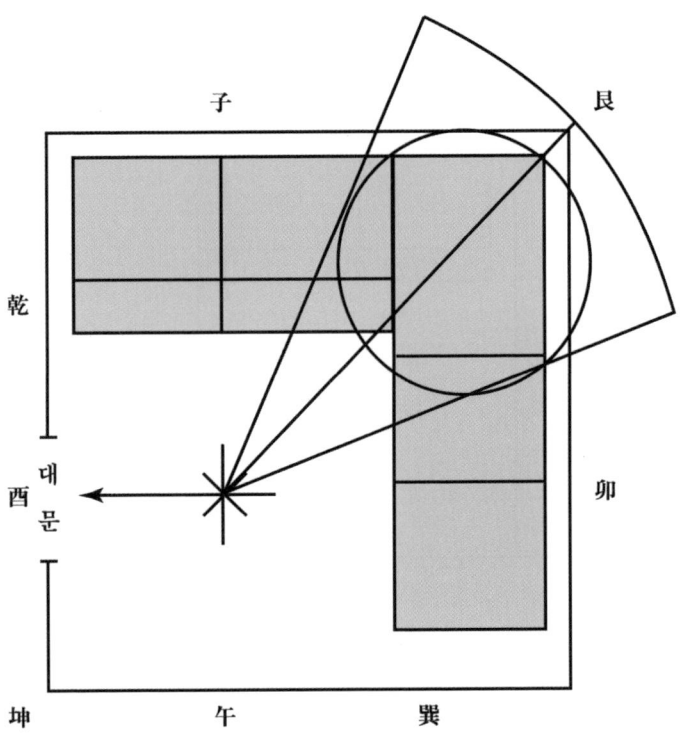

자방(子方) 간방(艮方) 묘방(卯方)에 걸쳐서 배치된 건물로 동·서사택 방위가 혼합된 불배합 흉가로 잘못 판단하기 쉬우나 모든 힘이 간방으로 모여 있는 간(艮:소남토)기두 유(酉:소녀금)문의 동궁(同宮) 배합 상생

의 서사택 복가다. 건물의 상은 기역자형으로 빈상이다. 패철 위치는 정원의 안쪽 안방 앞이 되며 건물의 기두 간방 소남토(서사택궁)와 대문 유방 소녀금(서사택궁)의 동궁이다. 기두 간방 소남토는 문의 유방 소녀금과 토생금 오행상생하며, 소남과 소녀(남여)의 음양배합 서사택의 복가다.

대지가 바르고 정원이 넓고 반듯한 길상으로 바람의 순환이 원활하여 마당의 기운이 집 내부에 전달될 수 있는 길한 배치다

(마) 묘(卯)좌 유(酉)향 (복가)

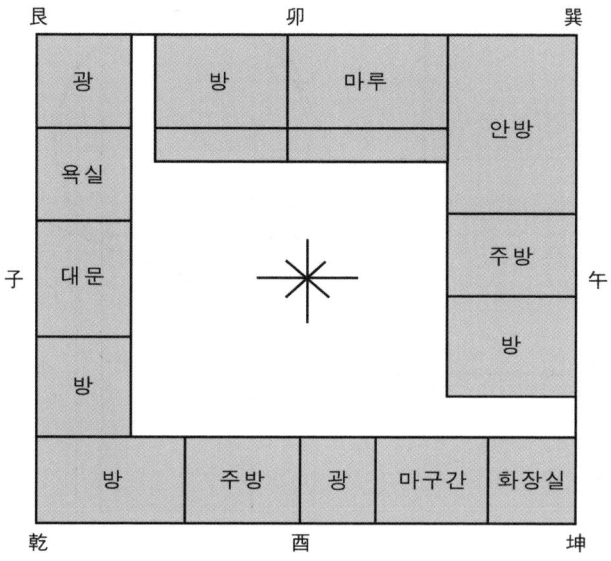

묘좌유향(卯坐酉向)의 손(巽:장녀목)기두 자(子:중남수)문 동궁(同宮)배합 상생의 동사택 복가다. 대지의 상은 길상이며, 건물의 배치는 정원을 중심으로 8방위에 전부 건물을 배치하고 힘은 안방이 있는 손방으로 놓여 있으나 왕한 기두방위는 될 수 없으며 건물의 상은 기역자형

으로 빈상이다. 정원의 상이 바르므로 바람이 집 안을 빙빙 돌면서 빠져나갈 곳이 없는 길상이다. 화복은 손기두(동사택궁) 자문(동사택궁)의 동궁(같은 동사택)이다. 기두 손(巽)방 장녀목은 문의 자(子)방 중남수와 수생목 오행상생하며, 장녀와 중남(남녀) 음양배합 동사택 복가다. 갑묘(甲卯) 방위로부터 시계방향으로 목생화(木生火), 화생토(火生土), 토생금(土生金), 금생수(金生水)로 상생이며, 갑묘을(甲卯乙) 진손사(辰巽巳) 병오정(丙午丁)의 동사택 방위에 안방과 거실 주방과 2개의 방을 배치하고, 미곤신(未坤申) 서사택 방위에는 마구간과 광을 만들고, 축간인(丑艮寅) 서사택방 위에는 화장실과 욕실을 둠으로써 가장 길한 배치가 되어 동궁 배합 상생의 동사택 복가다.

(바) 을(乙)좌 신(辛)향 (복가)

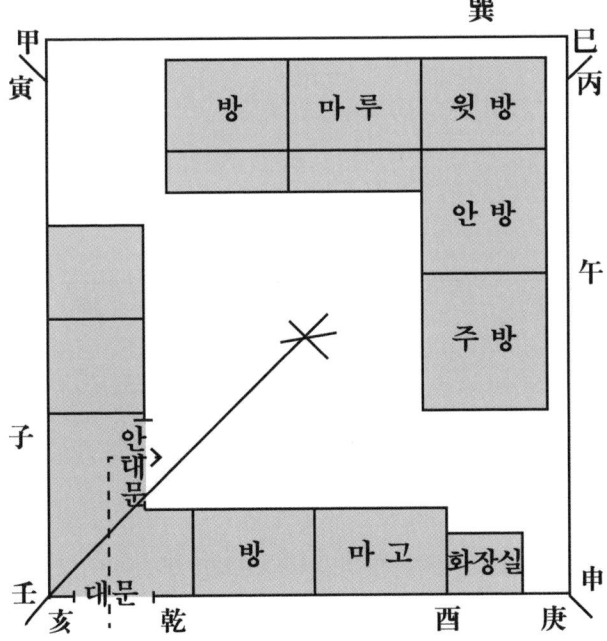

주 건물이 갑(甲)에서 시작하여 정(丁)방까지의 동사택이며 중심점은 손(巽)기두다. 문의 위치는 밖에 대문은 건(乾)방이나 안의 대문은 자(子)방으로 이 경우에는 정원이 끝나는 자(子)방 안대문을 점고한다. 이 건물은 손(巽)기두 건(乾)문 이궁(異宮)이 아니고, 손(巽)기두 자(子)문의 동궁(同宮) 오행상생 음양배합 동사택 복가로 보는 것이다.

(사) 묘(卯)좌 유(酉)향 (복가)

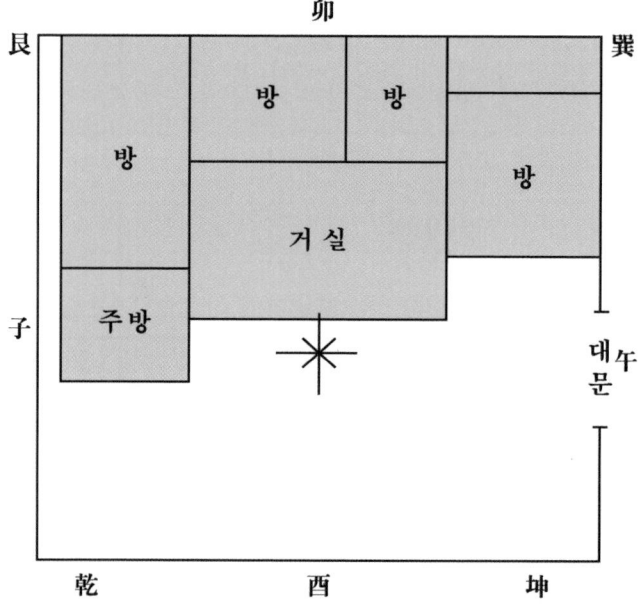

간(艮)기두 오(午)문으로 불배합 흉가로 보기 쉬우나 이 건물의 힘은 간(艮)방이 아닌 묘(卯)방에 뭉쳐 있으므로 묘(卯)기두 오(午)문이 되는 것이다. 기두 판별에 신중을 기하여야 한다.

묘(卯:장남목)기두 오문(午:중녀화) 같은 동사택으로 목생화 오행상생하고, 장남과 중녀 음양배합 동사택 복가다.

(6) 흉가의 배치 형태

(가) 대지의 불안정

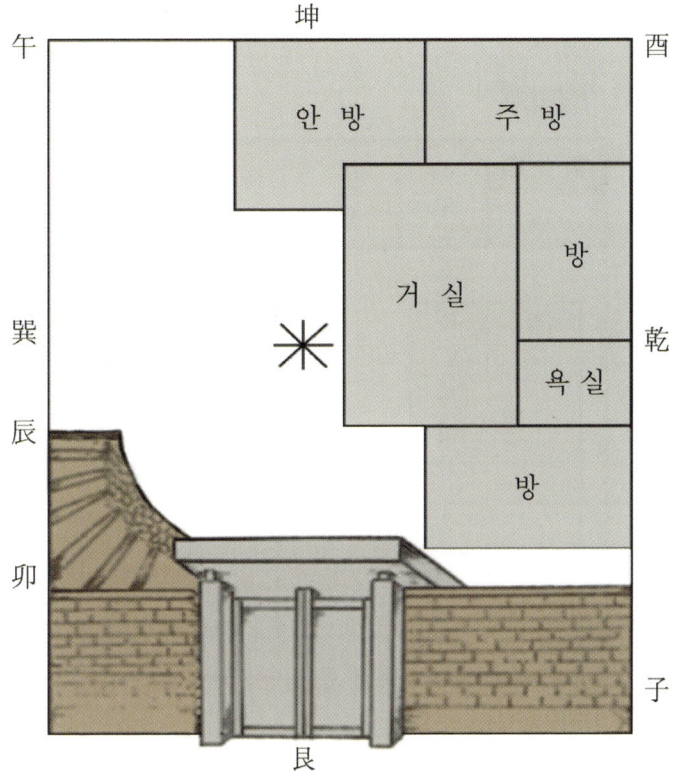

　건좌손향(乾坐巽向)의 유(酉:소녀금)기두 진(辰:장녀목)문, 이궁(異宮) 불배합 상극의 서사택 흉가다. 대지의 상은 간(艮)방에 축대를 쌓아올린 매달려 있는 불안정한 흉상이며 정원의 상도 크게 흉하다. "대문이 정원보다 낮을 때에는 대문을 통하여 정원에 올라서는 곳이 곧 대문의 방위가 된다." 건물의 기두는 유(酉)방, 대문은 간(艮)방에 있어 배합 서사택으로 보기 쉬우나, "이 집은 계단의 위쪽 진(辰)방이 대문이다." 유

㈌기두 진(辰)문으로 이궁으로 기두 유방 소녀금은 문의 진방 장녀목과 금극목 오행상극하며 소녀와 장녀(여여)의 음양 불배합으로 이 집에 인연을 맺기 8개월이나 3년 만에 장녀가 죽게 되는 대흉가다.

(나) 흉한 가상의 배치

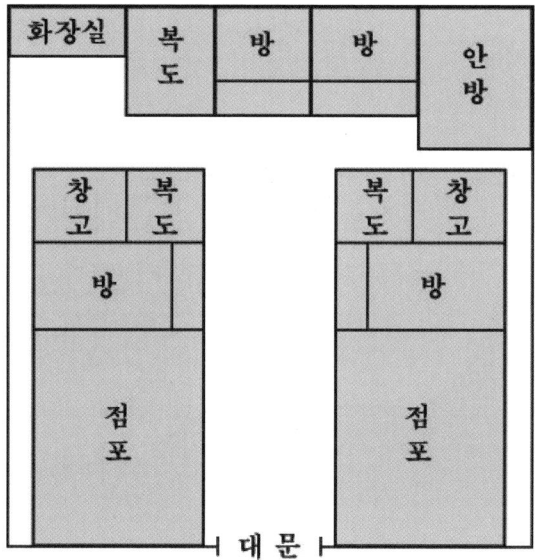

이 건물은 좌우에 있는 부수 건물이 대립하여 싸우고 있는 형상이며, 주 건물인 안채보다 부수 건물이 크기 때문에 주인이 객에게 짓눌리는 상이다. 안채는 좌우 부수 건물 사이로 불어오는 화살과 같은 바람으로 인하여 건강이 악화되어 사망에 이르거나 사업이 하루아침에 부도나 파산을 하게 되는 흉가다.

(다) 손(巽)좌 건(乾)향 (흉가)

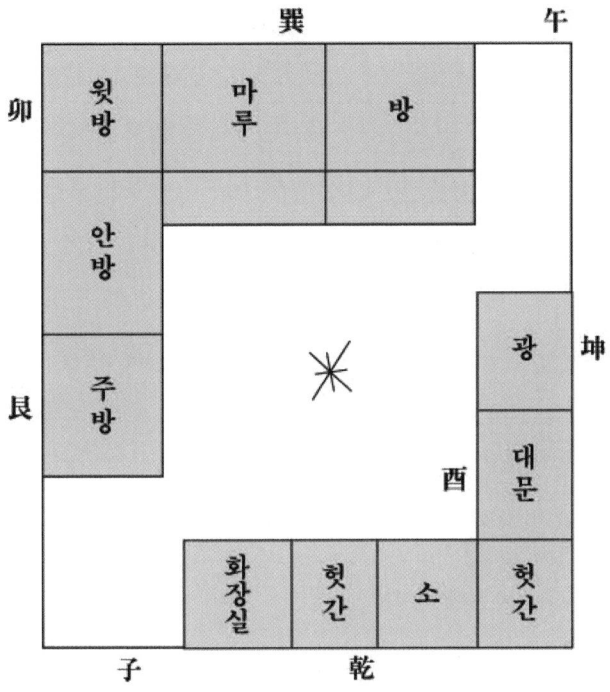

안채는 기역자형으로 빈상이며 행랑채도 기역자형으로 작고 나지막하게 정원을 감싸고 있다. 정원은 네모반듯한 좋은 상이다. 그러나 기두 묘방(卯:장남목)은, 대문 유방(酉:소녀금)과 서로 다른 사택의 이궁(異宮)이며 배합 상극의 동사택 흉가다. 기두 묘방 목은 간방 토와 오행 상극하고 묘방 목은 오방 화로 설기 당해 허약한 묘방 목을 유방의 금이 극하니, 장남이 3년 8개월 만인 해묘미 연월일시에 불행한 일이 닥친다.

(라) 쌍두가상(双頭家相) (흉상)

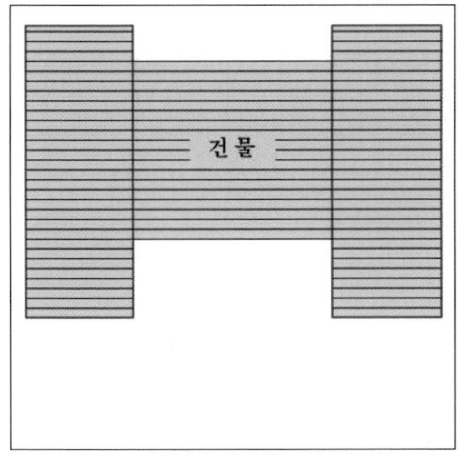

도토마리형의 쌍기두 건물로, 중심이 낮고 좌우가 높으면서 서로 상충하고 기운이 분산되는 건물이다.

중앙이 전혀 힘이 없어 급히 파산하는 흉가다. 쌍기두 대립으로 가정이 불화하고 관재구설을 면치 못한다. 주택은 중심이 높고 모든 기운이 중앙으로 모여야 복가다.

(마) 오(午)좌 자(子)향 (흉가)

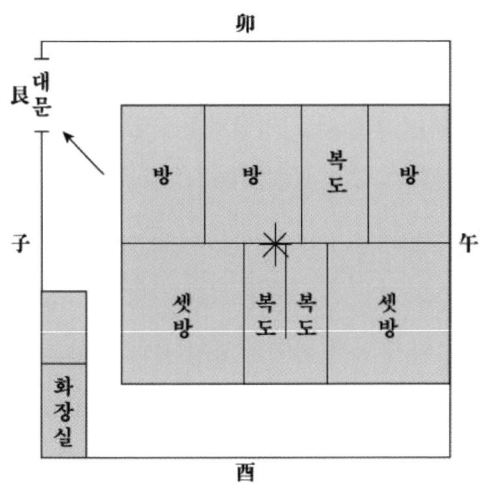

주인과 객이 양분된 상이다. 정원의 상은 3방향으로 나누어졌고, 좁고 길어서 안정성이 없다. 이 집에 사는 주인은 가족이 분산되고 궁색할 것이며 여자들은 건강이 좋지 못할 것이다. 패철의 위치는 건물의 중심이며 오(午:중녀화)기두 간(艮:소남토)문의 이궁(異宮) 배합 상생의 동사택 흉가다.

(바) 자(子)좌 오(午)향 (흉가)

대지의 상은 안정되었으나 건물의 기두와 대문이 이궁으로 흉하다.

건물의 기두는 건(乾:노부금)방 서사택궁, 대문이 묘(卯:장남목)방 동사택궁으로 서로 다른 이궁(異宮) 불배합 상극의

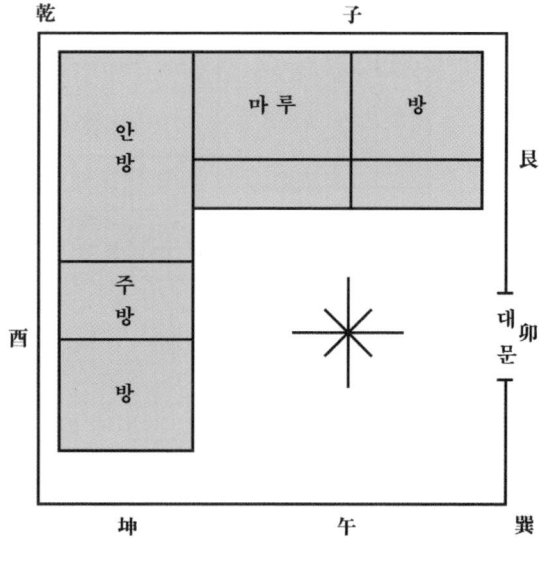

서사택 흉가다. 기두 건방(노부)금은 문의 묘방(장남) 목과 (금극목) 오행상극하며, 노부와 장남(남남)의 음양 불배합 서사택 흉가다. 화복은

첫째, 묘(卯)방의 대문이 장남목이고 그 반대편인 유(酉)방이 소녀금이며 기두인 건(乾)방이 또한 노부금이므로 양금(兩金)의 극을 받는 장남은 8개월이나 3년 만에 죽게 되며,

둘째, 집의 중심인 건(乾)방 노부(老父)가 대문 묘(卯)방과 상극으로 할아버지나 아버지가 입주한 지 4년 9개월 만에 병을 앓게 될 것이다.

셋째, 간(艮)방 소남토는 대문 묘(卯)방 목의 극을 받게 되므로 작은아들이 병사하게 된다. 그러나 자(子)방의 중남은 대문 방위와 수생목 상생이 되므로 별 탈이 없으나, 가족 모두가 불행한 서사택 흉가다.

(7) 연립점포 배치의 패철도

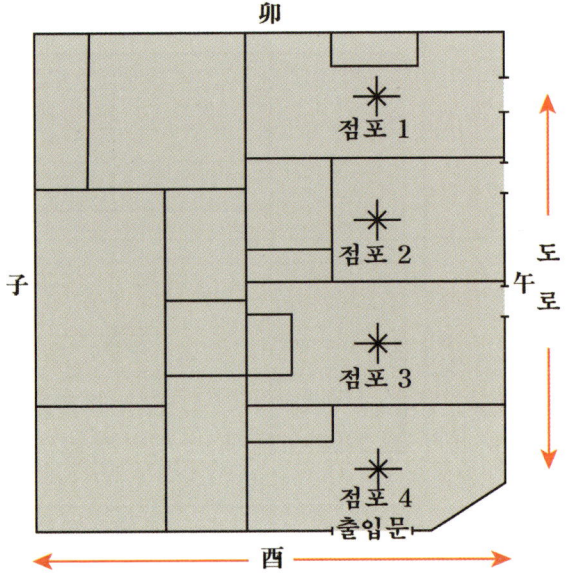

자좌오향(子坐午向)의 남향 동사택 건물이다. 큰 길가에 네 개의 점포가 있다. 점포1은 주 위치 묘(卯:장남목), 출입문 오(午:중녀화)로서 동궁으로 장남과 중녀가 음양배합하고 목생화 오행상생하는 길한 점포며, 점포2는 주 위치 자(子:중남수), 출입문 손(巽:장녀목)의 동궁으로 중남과 장녀가 음양배합하고 수생목 오행상생하는 길한 점포임을 알 수있다. 점포3은 점포2와 같은 조건이며, 점포4는 오방(午方)과 곤방(坤方) 가도면에 진열장을 만들었기 때문에 출입문을 유방(酉方)으로 내고 주 위치는 간(艮)방으로 동궁이며, 소남과 소녀가 음양배합하고, 토생금 오행상생하는 서사택의 길한 점포다. 전체 건물이 동사택일지라도 점포 자체만은 서사택 배합으로 점포1,2,3만은 못하지만 복가다. 총 건물의 중심이 자방(子方)이므로 자방을 중심으로 서쪽 가게는 서쪽으로 건물이 왕하였기 때문에 기두로 보아 자연 서사택인 것이다. 서사택에는 서사택 방위의 출입문이 길한 것이다. 다행히 점포4는 오방에 진열장이 있어 유(酉)방에 출입문, 간(艮)방이 주 위치다.

(8) 배치의 길흉

(가) 건(乾)좌 손(巽)향

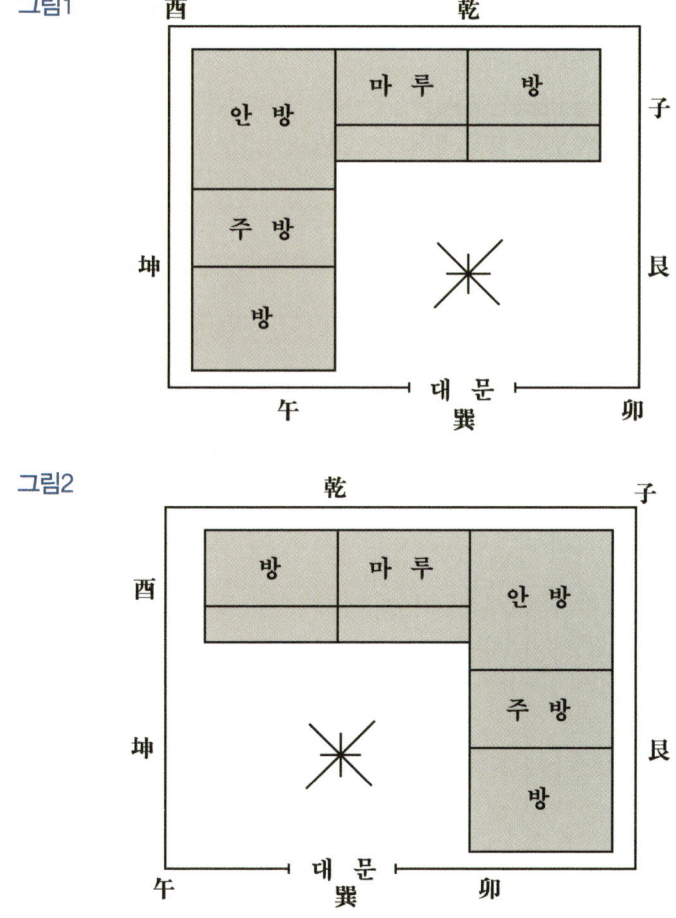

두 건물을 좌(坐)로 볼 때 다 같은 건좌손향(乾坐巽向) 서사택으로 보기 쉬우나 그림1의 기두는 유(酉:소녀금)기두 손(巽:장녀목)문으로 이궁(異宮) 금극목 오행상극이며 소녀와 장녀(여여)의 음양 불배합 서사택 흉가이고, 그림2의 기두는 자(子:중남수)기두 손(巽:장녀목)문으로 동궁(同宮) 수생목 오행상생이며 중남과 장녀(남녀)의 음양배합 동사택 복가인 것이다.

(나) 자(子)좌 오(午)향 (복가)

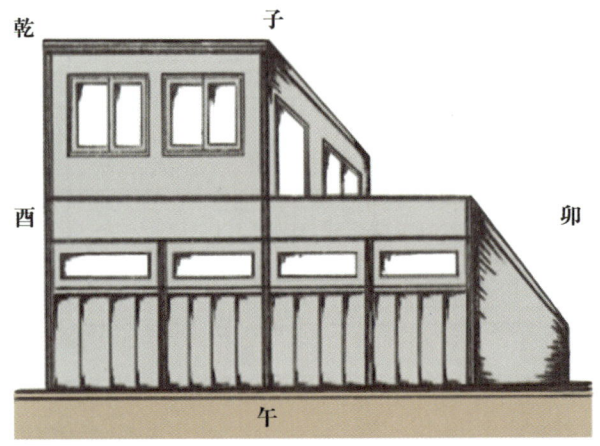

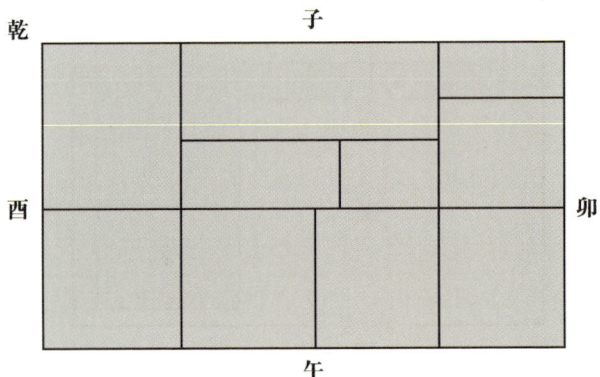

평면으로 보면 집의 중심이 자(子)방위로 자(子)기두로 판별하기 쉬우나 입체적으로 보면 중심점은 2층이 올려 있는 건(乾)방위가 된다. 이 집은 서사택으로 건물에 높고 낮은 곳이 있을 때에는 높은 곳이 기두가 되며, 건(乾)기두의 서사택으로 대문과 현관을 서사택 방위에 설치하여야 한다.

(다) 배치의 길흉

그림1

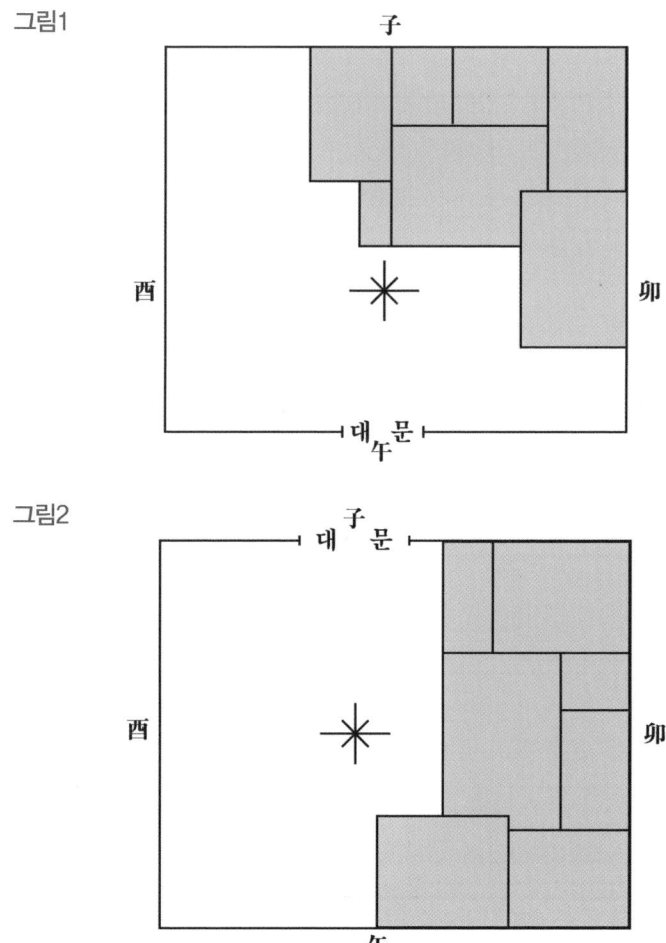

그림2

그림1과 같이 건물을 배치하면 정원이 흉상이 되고 간(艮:소남토)기 두 서사택궁, 오(午:중녀화)문 동사택궁으로 이궁(異宮) 배합 상생의 흉가가 되지만, 그림2와 같이 묘(卯)좌 유(酉)향으로 집을 짓고 자(子)방위에 문을 내면 정원의 상도 좋아지고 묘(卯:장남목)기두 동사택궁, 자(子:중남수)문 동사택궁으로 동궁(同宮) 음양 불배합 오행상생의 동사택 복가가 되는 것이다.

(라) 배치의 길흉

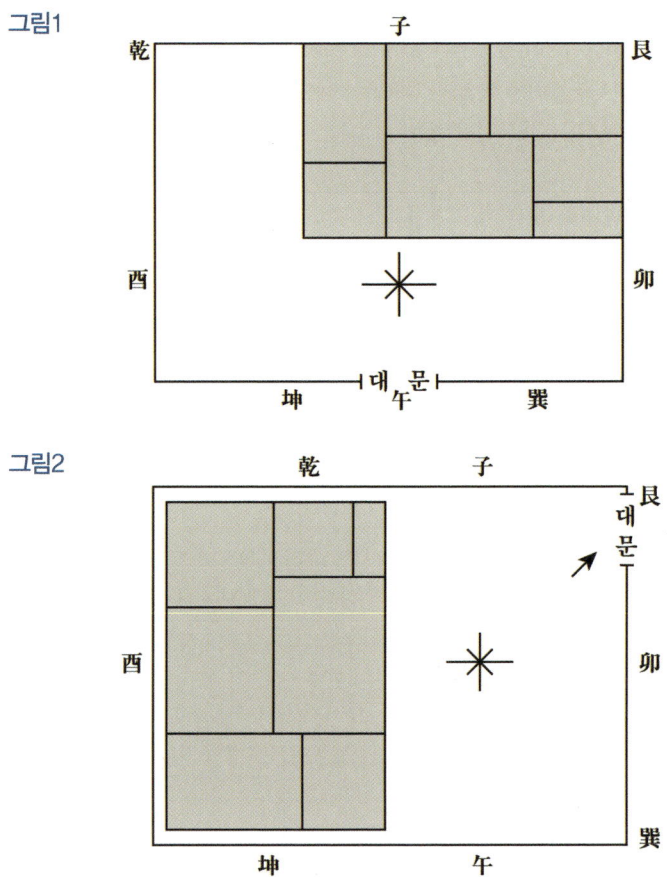

그림과 같은 건물 배치는 정원이 둘이 되어 흉상이며 건물 또한 간(艮: 소남토)기두 오(午: 중녀화)문으로 이궁(異宮) 음양배합 오행상생의 흉가다. 그림2와 같이 배치한다면 정원도 길상이며 건물도 유(酉: 소녀금)기두 간(艮: 소남토)문으로 동궁 음양배합 오행상생 서사택 복가다. 같은 건물의 상이라도 배치 여하에 따라 복가도 되고 흉가도 되는 것이다.

(9) 흉가의 개수법

정원의 불안정(길한 가상으로 개수)

집을 증·개축을 할 필요가 있을 때 흉가를 복가로 고치거나 길상(吉相)으로 고쳐서 집안이 더욱 화목하고 행복해질 수 있다면 좋을 것이다.

주 건물과 부수 건물로 구성되어 있으며 정원이 앞뒤로 나누어진 흉상이다. 점선 부위를 따라 담장을 만들면 정원이 바르고 반듯한 길상으로 변하게 된다.

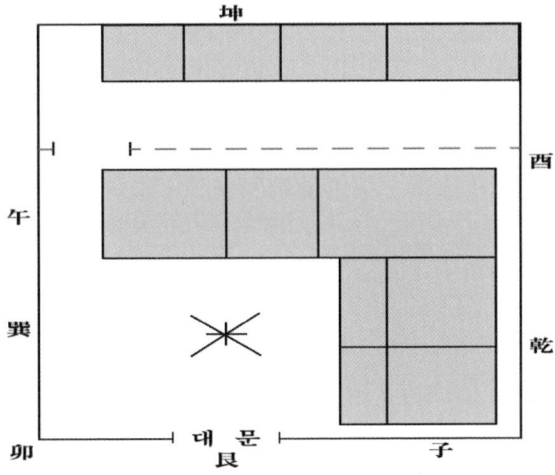

(가) 개수의 예

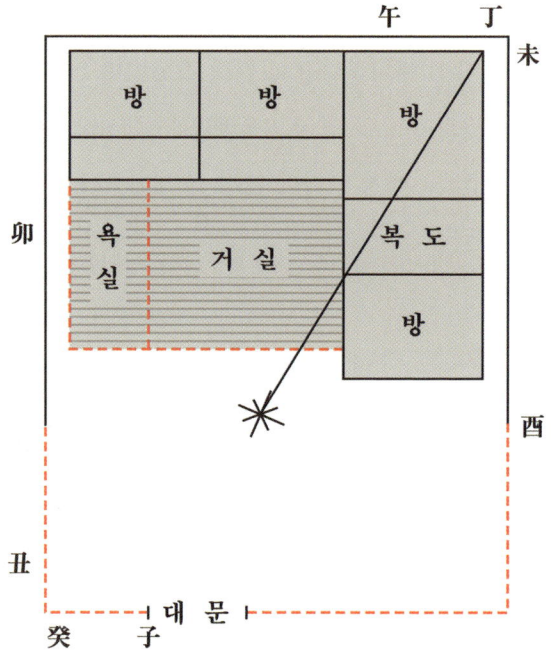

 이 건물은 길상이나 건물의 중심점인 기두가 정미(丁未)로 이귀문 방위의 불배합된 빈상 흉가다. 이 집을 점선 부분을 증축한다면 집의 중심점은 손(巽)방으로 옮겨지므로 손(巽:장녀목)기두 동사택궁, 자(子:중남수) 문 동사택궁의 동궁 남여 음양배합 수생목 오행상생의 동사택 복가다. 귀문선 방위의 기두는 좋지 않다.

(나) 개수의 예

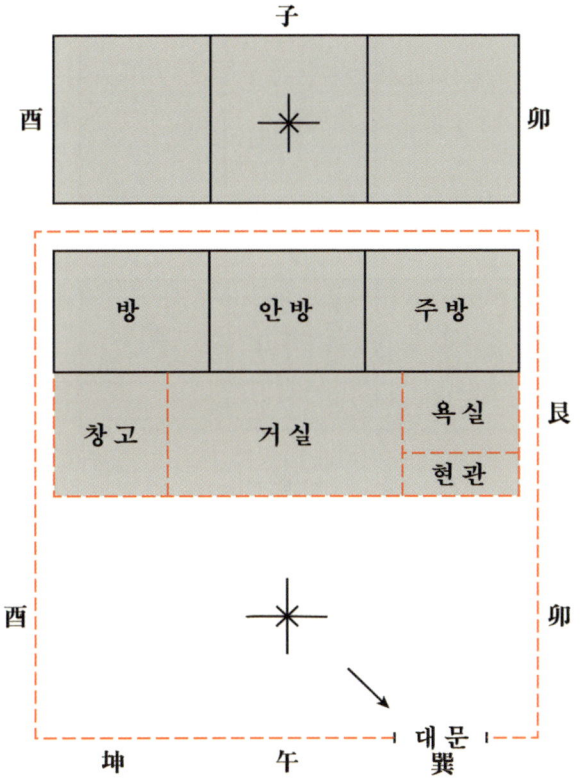

　　마당과 담장이 없는 앞뒤가 분명치 못한 3칸 집으로 불편하여 주방과 화장실을 증축하고 현관을 고치기로 하였다. 이 집은 자(子)좌 오(午)향의 동사택이다. 동사택으로 증축할 경우 담장을 만들어 대지를 안정되게 하고 내부구조는 동사택에 맞도록 동쪽 묘(卯)방에 현관을 내고 북쪽 자(子)방에 거실, 서사택 방위인 건(乾)방에 창고, 간(艮)방에 욕실과 화장실을 만들며 손(巽)방위에 대문을 내면 자(子: 중남수)기두 손(巽: 장녀목)문으로 동궁(同宮) 오행상생 음양배합 동사택의 복가가 된다.

(다) 개수의 예

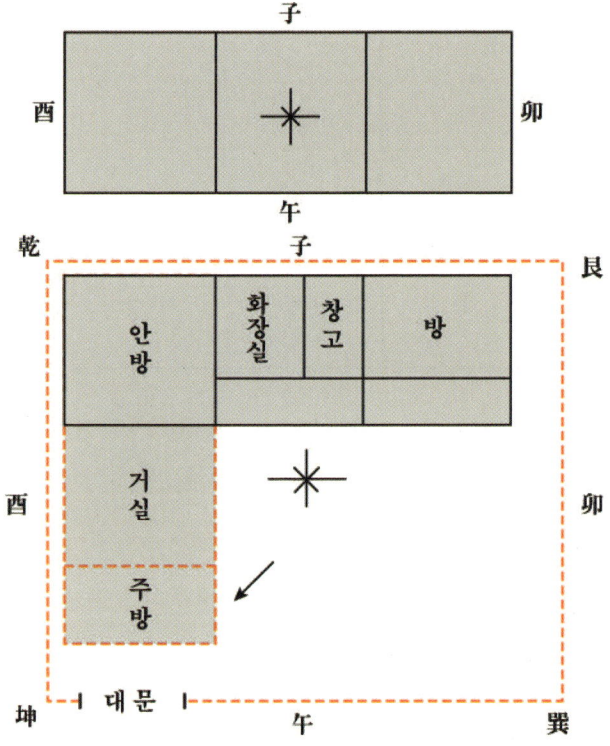

3칸 집을 서사택으로 증축할 여건이라면 담장을 만들고 유(酉)방에 거실과 주방을 증축하여 건물의 중심점이 건(乾)방에 오도록 하고 화장실, 창고는 동사택 방위인 자(子)방에 내고 대문을 곤(坤)방에 낸다면 건(乾: 노부금)기두 서사택궁, 곤(坤: 노모토)문 서사택궁의 동궁(同宮)이다. 기두와 문(남여) 음양배합이며, 토생금 오행상생 서사택 복가다.

건노부(乾老父) 곤노모(坤老母)로 음양은 배합이나 노부 노모가 자손을 낳을 수 없다. 신혼부부는 출산이 어려우나 반면에 노부모의 재산과 덕망은 높다. 가상은 기역자형 빈상으로 어딘가 모르게 부족하다.

(라) 개수의 예

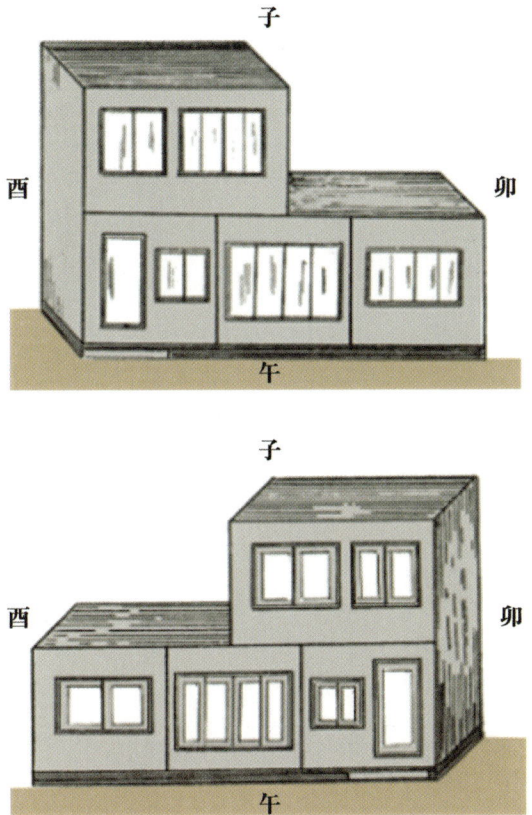

앞의 3칸 일자집에 2층을 올리려고 한다. 2층을 아래층의 중심선을 따라서 절반만 증축할 계획이다. 이때에는 집을 향하여 좌측으로 2층을 올리면 서사택 건물로 대문과 현관 방위를 서사택 방위에 두어야 하고, 우측 반분에 올리면 동사택이 되어 대문과 현관을 동사택 방위에 두면 배합 동사택이 되는 것이다. 건물의 높은 곳이 기두가 된다.

(마) 분금 먹은 불배합 사택 개수의 예

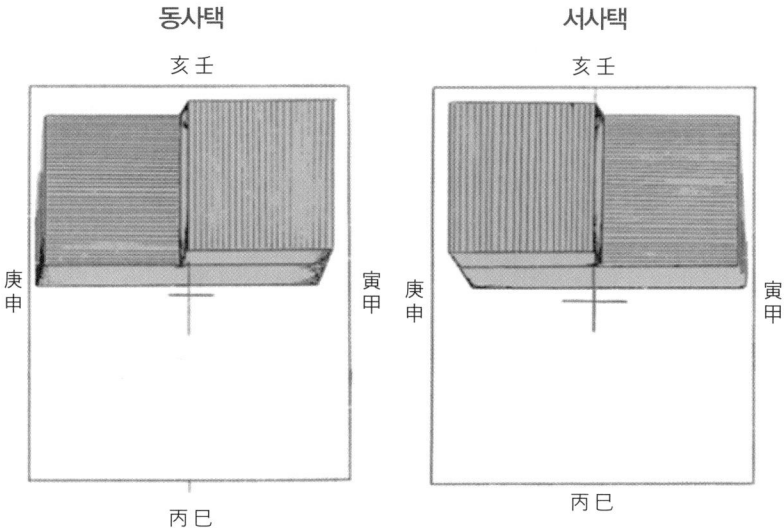

(10) 귀문선(鬼門線)의 불배합 사택 건물

귀문선 불배합 사택의 건물

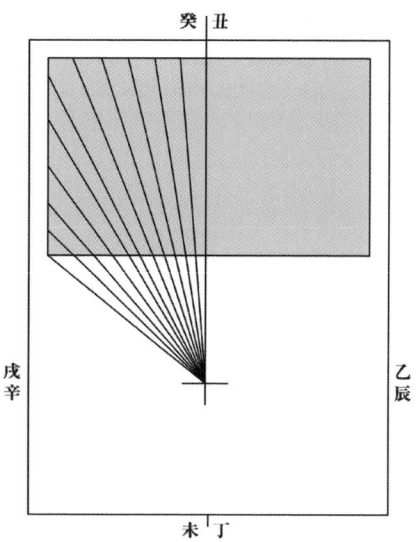

대지, 건물, 정원의 상이 모두 길상인데 패철로 중심점을 측정하면 계축(癸丑)으로 귀문선 불배합 사택의 흉가다. 이 집을 길상으로 고치려면 서쪽 반분에 이층을 올리면 자좌오향으로 동사택이 되고, 동쪽 반분에 이층을 올리면 간좌곤향으로 서사택이 된다. 이 방법은 건물의 중심점 곧 기두를 배합이 되도록 고치는 것이다. 물론 대문의 방위는 동·서사택을 고려하여야 한다.

오(午)좌 자(子)향 (흉가)

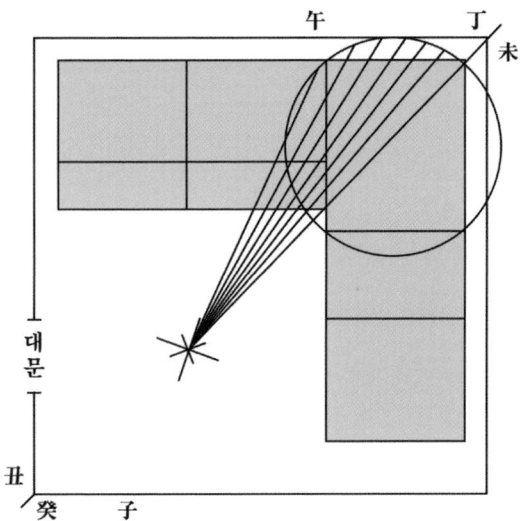

이 건물은 정원의 상도 좋고 건물의 배치도 좋은 길상인 듯하나 건물의 기두가 정미로 갈라져 동서혼합 귀문선 사택이 되었다. 패철로 측정하면 정(丁)방위는 병오정의 동기가 흐르는 동사택 마지막 방위고, 미(未)방위부터는 서기가 흐르는 서사택 방위로 동기와 서기가 서로 화합하지 못하는 분금을 먹은 흉한 방위다.

(11) 흉상의 집과 대지

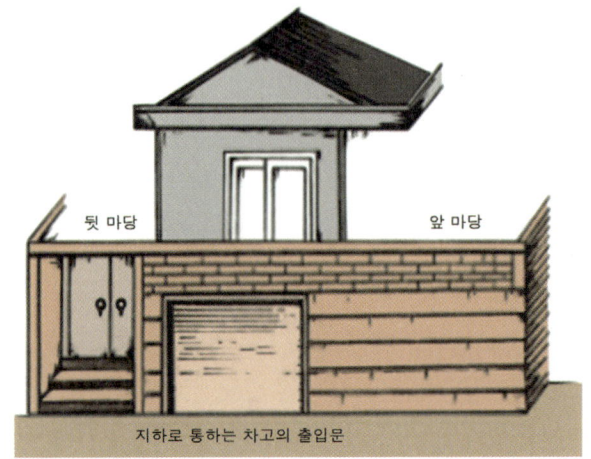

　대지, 정원, 가상, 지형, 건물의 배치 등 모든 상이 불안정한 흉상이다.

　첫째, 정원이 앞과 뒤로 나누어져 있으며 출입구 쪽 뒷마당은 좁고 앞마당은 넓다. 정원은 재물이요, 또한 여자를 보는 법인데 이 집의 주인은 첩을 두거나 여자관계가 산만하고, 재물 또한 흩어지는 흉상이다.

　둘째, 출입문이 뒷마당으로 되었다. 이 집의 주인은 뒤에 숨은 여자를 먼저 만난 다음에 본부인에게로 가는 상이 되었고, 뒤에 숨은 여자는 재물에만 마음이 있고 재물도 탕진하는 상이며 또한 뒷문으로 출입하게 되니 돈을 버는 법이나 사업도 정당하지 못한 뒷거래가 될 것이다.

　셋째, 처마가 뒤는 짧고 앞이 길다. 마치 집 전체가 앞으로 머리를 숙인 듯한 상으로 이 집 주인도 남에게 머리를 숙이는 일이 많이 있게

되며,

 넷째, 한 길쯤 축대를 쌓고 축대가 있는 허한 방위에 지하실로 통하는 차고를 만들었다. 모든 것이 아래쪽으로 쏟아지는 밑 빠진 독과 같은 상이므로 재물이 한꺼번에 쏟아져 나가는 매우 흉한 일이 생긴다.

❽ 아파트의 풍수

가. 아파트 공간 형태와 평수

 대도시와 수도권의 인구 집중, 높은 땅 값, 편리한 내부 시설, 관리의 편리성, 도난방지 등 여러 요인으로 아파트에 대한 선호도가 높아지면서 심지어는 중소도시뿐만 아니라 농촌에까지 아파트가 들어서고 있다.

 공간에서 발생하는 기운은 그곳에 사는 사람에게 정신적·육체적으로 영향을 미친다. 아파트 공간이 사람에게 충분한 기운을 제공하고 있는지 면밀히 분석하여 편안하고 안정된 공간을 만들도록 해야 한다.

 서구의 공간 개념은 그 가치를 물질적인 측면에서만 찾는 경우가 많다. 집은 사람이 거주함으로써 기를 만나 생명을 갖게 되고, 사람은 집의 기를 통해 생명력을 얻어 생활하게 된다. 따라서 사람이 숭고한 생명체이듯 아파트도 거대한 생명체로 생명력이 있는 좋은 공간으로 만들어야 한다.

 현대 건축에서 중요한 기준은 공간의 기능성, 구조의 안정성, 형태의 아름다움이다. 아파트 공간 내부는 기능 면에서는 많은 성과를 얻었다. 그러나 현재 우리가 살고 있는 아파트는 이러한 모든 기능들을 모두 갖추고 있는가. 그러나 대부분의 아파트는 단위 세대의 내적인 기능을 향상하며, 가급적 많은 가구를 배치하는 데 주안점을 두고 만들어진다. 그러다 보니 많은 사람들을 채워 넣기 위한 '닭장식' 아파트가 대부분이다. 따라서 아파트 공간 형태가 사람에게 미치는 영향이나 자연과의 조화는 전혀 고려되지 않고 수익성을 고려한 상업적 목적으로만 이루어지고 있다.

아파트의 평수는 대부분의 많은 사람들이 아파트를 구입할 때 제일 먼저 고려한다. 많은 사람들은 넓은 평수의 아파트를 선호한다. 넓은 평수의 아파트는 거실과 안방, 주방 외에 방이 많고, 베란다나 다용도실 같은 서비스 면적도 넓어서 편리하기 때문이다. 그러다 보니 물질주의로 인해 아파트 평수를 곧 그 사람의 품격으로 판단하는 경우도 있다. 그러나 가족 수에 비해 공간이 넓고 큰 아파트는 좋지 않다.

아파트의 이상적인 평수는 거주자 한 사람당 전용 면적 $19.8㎡$(6평)이다. 사람이 거주하지 않는 방은 냉기가 흐르며 경제적으로도 바람직하지 않다. 빈 방이 생길 경우는, 옷방이나 아이들 놀이방을 만들어 사람이 자주 드나드는 공간으로 만들거나, 문을 열어 놓아 사람의 기가 서로 통할 수 있게 하는 것이 바람직하다.

초기 아파트 건설 당시에는 넓은 면적의 아파트가 주종을 이뤘다. 아파트 단지에서 $79.3㎡$(24평)는 매우 소형으로 서민주택으로 취급됐고, $99㎡$(30평)이상 $132㎡$(40평) 또는 $165㎡$(50평), 심지어는 $264.5㎡$(80평)형 대규모 아파트를 건설했다. 많은 사람들이 주거 공간으로만 사용하는 아파트를 너무 크게 지었으니 풍수나 경제적으로도 바람직하지 않다.

IMF 이후에도 330.6㎡(100평) 규모에 값비싼 외국 제품을 사용한 인테리어로 아파트가 인기리에 분양된다는 신문 보도가 있었다. 아파트 한 채가 20~30억 원이 훨씬 넘었다. 다행히 금융위기 이후 대형 아파트의 인기가 떨어지고 건축법이 개정되면서 2010년부터는 도시형 생활주택 붐이 일고 있다. 그러나 이제는 50억 원이 넘는 아파트 거래가 불붙듯 급증하고 있으며 풍수적으로 명당으로 일컬어지는 한남동 일대에는 250억 원을 호가하는 아파트도 있다. 주거공간으로서의 기능보다 셀럽과 고소득 전문가들로 구성된 상류층의 특정된 영역으로 보아야 한다. 아파트는 여전히 정치적, 사회적, 경제적 많은 문제점을 여실히 드러내고 있다.

(1) 아파트의 방위

집은 지형지세와 방위에 의해 제일 좋은 방향이 결정되기 때문에 지형에 따라서는 동향집이나 서향집, 심지어는 북향집이 제일 좋은 집일 수도 있다. 예로부터 자좌오향 손문의 남향집에 살려면 3대가 적선해야 한다는 속담이 있어 전통적으로 남향집이 길한 집으로 여겨졌다. 남향집은 햇빛을 가장 오래 받으며 겨울에 따뜻하고 여름에 시원한 좋은 집이다. 그러나 풍수 이론으로는 남향집이 제일 좋은 것은 아니다. 그렇다고 모든 집이 다 남향일 수도 없고, 몇십 세대가 연결된 경우에 모두 남향으로 지을 수 없는데도 대부분의 아파트들이 남향으로 지어지고 있다. 그러다 보니 아파트는 병풍을 펼쳐 놓은 듯한 직선 형태의 판상형이 되고, 한 층에 열 세대 정도를 직선으로 연결한 구조를 갖고 있으며, 아파트 한 세대의 평면 형태는 거의 정사각형으로 앞면 길이와 깊이가 거의 1:1 비율을 이루는 부상의 명당형 복가다. 그러나 아파트 전체 평면 형태는 가로 세로 비율이 1:10으로 직사각형을 이루는 빈상의 흉가 형태다. 아파트 평면은 복도식과 계단식 평면으로 전용 면적 99㎡(30평)형 내외의 아파트 한 세대 평면 길이는 가로 12m, 세로 12m로 부상의 명당형이다. 그러나 아파트 전체는 한 층이 10세대인 경우 평면 폭이 12m, 길이 120m로 빈상의 흉가다.

 제한된 땅을 효과적으로 사용한다는 점에서는 아파트를 높은 직선형으로 지어 많은 사람을 수용하는 것이 좋다. 그러나 직선 형태의 판상형 아파트는 빈상으로, 보기에도 아름답지 못하고 주변의 산 형태와 비교하면 매우 좋지 않으며 자연과 전혀 조화를 이루지 못한 평면 형태다. 현재는 대도시나 수도권에서 직선 형태의 판상형 아파트의 허가가 제한되고 있다.

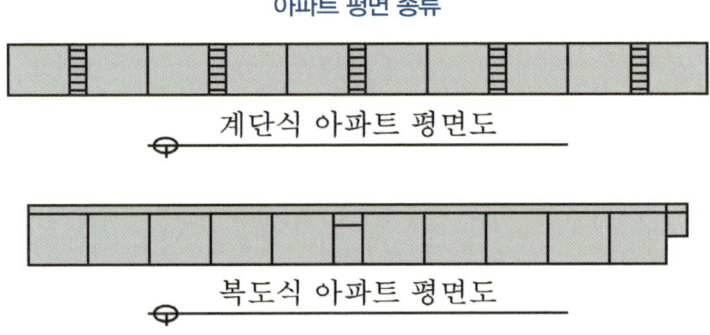

아파트 평면 종류

계단식 아파트 평면도

복도식 아파트 평면도

아파트의 지붕은 평슬래브 지붕 형태로 전체적으로 수평선을 이루면서 중간 중간에 엘리베이터 실이 돌출되어 중심점을 이루지 못하고 산 형태로 보면 수산에 속한다. 수산은 중심에 기운이 모이지 않고 좌우로 분산되는 형태다. 기존 아파트는 좌우 길이는 길고 폭은 좁은, 1:10의 직선 형태를 이룬 병풍형 아파트로 산에 비유할 때 품격으로는 보조격이 되며, 체형으로는 약체에 속하여 중심 부분에 기운이 모이는 공간이 부족한 형태다.

따라서 이러한 보조격의 약체 기운이 아파트에 살고 있는 사람들에게 그대로 전달되어, 중심을 향해 결집하는 단결된 마음이 부족하고 독자적으로 행동하여 개인주의와 배타적 성격이 많으며 이웃과 교류가 잘 안 되고, 의견 일치를 이루기가 어렵다. 또한 약체와 보조격 산에서는 약한 인물이 나오고 의타심이 발생한다. 아파트는 앞면이 길고 깊이가 짧은 빈상으로 외풍에 대항하는 힘이 약하고, 기운도 부족한 상태로 외풍을 막아낼 힘이 없어 자연히 종속적인 사대주의가 발생한다

아파트와 산

아파트는 전 층이 같은 구조로 외부에서는 벽만 보인다.

건물 형태를 음과 양으로 구분하면, 벽은 음이고 지붕은 양이다. 음은 물질과 육체를 상징하고, 양은 마음과 정신을 상징한다. 아파트 형태가 벽면으로만 이루어진 구조로 음으로만 구성되어, 사람들이 물질을 더 중요시하고 마음이나 정신의 중요성에 대해서는 소홀해진다.

또한 병풍 모양의 빈상 아파트는 외부 힘을 쉽게 받아들이며 대항하는 힘이 부족하고 쉽게 순종하는 이른바 '냄비문화'를 이루게 한다.

아파트 평면 기운과 수산의 형태

수산의 형태

수산의 등고선

아파트
평면 기운

(2) 아파트의 높이

아파트를 선택할 때 평수와 함께 층수를 중요하게 생각한다. 많은 사람들이 선호하는 층수를 '로열층'이라고 하는데, 예전에는 로열층이 7, 8, 9층의 중상부이던 것이 최근에는 30층인 경우 27, 28, 29층이라고 한다. 이처럼 높은 층수를 선호하는 것은 전망이 트여 조망권이 좋고 소음이 적으며, 모기나 쥐가 없고, 채광이 좋다는 등 여러 가지 이

유 때문이다. 그러나 지나는 외풍과 강풍이 충돌한 창문의 진동과 흉한 바람소리 그리고 외기의 유입과 아래를 내려다보면 고공 공포증의 유발로 현기증이 나고 공포감이 오는 것은 그 위치가 좋지 않다는 경고의 의미다. 풍수가 바람을 감추고 물을 얻을 수 있는 장풍득수(藏風得水)의 말을 해석하면 풍(風)은 바로 공기를 뜻하는데, 공기 중 우리에게 많은 영향을 주는 것이 산소로, 위로 높이 올라갈수록 희석된다.

풍수로 볼 때 가장 이상적인 아파트 층수는 지자기와 자장, 지전류의 균형과 조화를 이루어 안정감을 주는 상하좌우 중간층이 로열층 명당이다. 고층으로 올라갈수록 좋지 않은 이유는 땅과 사람이 사는 집의 기운이 서로 순환해야 하기 때문이다. 사람은 하늘의 기운과 땅의 기운을 동시에 받고 살아간다. 고층으로 올라갈수록 지표면과 멀어지게 되면서 땅에서 받는 생기는 적어진다.

판상형(직선 형태의 성냥갑형) 아파트

초고층 아파트의 상위층들은 땅의 정기(精氣)가 약하게 미치는 문제가 있다. 땅의 지기가 지상(地上)인 경우 0.5가우스인데, 4층 이상을 올라가면 0.25가우스로 반감된다.

지표면에서 가장 높이 살아 있는 생명체는 나무와 새들이다. 하늘 높이 나는 새들은 잠을 잘 때 낮은 물가나 나무 위를 찾는다. 나무 높이는 생명체가 머물 수 있는 가장 좋은 환경이다. 따라서 나무보다 높은 곳이나 새들이 나는 높이보다 높은 곳은 생명체의 거주지로 적당하지 않다.

나무는 종류나 지역에 따라 높이가 다소 차이가 있지만, 대개 20~30m 정도로 본다. 아파트 한 층 높이는 2.6~2.7m로 15층 정도를 나무 높이로 본다. 지역에 따라 고지대와 저지대의 차이는 있겠으나 아파트 15층까지를 생기가 있는 공간으로, 그 이상은 생기가 약한 공간으로 본다.

높은 아파트는 자라나는 어린이의 성장에도 영향을 미친다. 어린아이들은 어머니의 품속에서 정신적·육체적 안정감을 얻을 때 정상적으로 성장할 수 있다. 땅은 만물의 어머니다. 어린아이들은 땅에 발을 딛고 흙장난을 하면서 땅의 기운을 받고 자라야 한다. 그런데 고층 아파트에서는 땅과의 만남이 적다. 또한 고층 아파트에 사는 임산부의 유산율이 높다는 의학적 보고(「자연 유산과 자연 도태」, 〈샘터〉 1996.4)도 있다.

(3) 아파트의 마당

마당은 집 안에 생기를 공급하고 자연과 만나는 공간이며, 하늘과 바람과 땅이 만나는 공간이다. 이 공간에서 사람은 자연의 일부로 돌아갈 수 있다. 그러나 아파트의 마당은 놀이터나 쉼터 등 조경 공간은 있지만 마당은 없으며 언제나 강한 바람이 분다. 병풍식 고층 아파트 사이의 공지에서는 평탄한 지역보다 바람이 더 강하게 불기 때문이다.

나. 이상적인 아파트 형태

(1) 아파트 형태

이상적인 아파트의 형태는 직선 형태의 판상형 아파트에서 중심 형태의 탑상형 아파트로 바뀌어야 한다. 중심형 아파트는 형태면에서 평면에 중심 공간이 있고, 지붕에 정점을 갖고 있으며, 원형이나 팔각형, 정사각형 평면을 이루고 있다. 산에 비교하면, 주인격의 강체로 생기가 가장 많이 모이는 목산의 형태다.

아름다운 아파트는 자연과 닮은 형태다. 나무는 뿌리, 줄기, 가지, 잎 등 구조적으로 서로 다른 형태의 네 요소로 구성되어 있다.

뿌리는 나무를 받쳐 주고, 줄기는 힘차게 솟아오르며, 가지는 줄기에서 여러 개의 작은 형태로 변화하고, 잎은 위에서 가지를 덮고 있다. 나무는 수직으로 4단계 변화를 거쳐 아름다운 형태를 이루고 있는 것이다. 산의 명당도 주산, 내룡, 입수, 혈판 등 4단계의 변화 과정을 거쳐 혈을 이룬다.

현재 아파트 구조는 철근 콘크리트를 사용해 저층에서 지붕까지 같은 크기의 벽체가 변화 없이 수직으로 올라간 매우 불안한 형태다. 이상적인 아파트의 지붕 형태는 생기가 모이며 주변 산과 어울리는 형태다. 좋은 산의 형태는 주인격인 목산과 금산의 형태로, 기운을 중심에 모이게 한다.

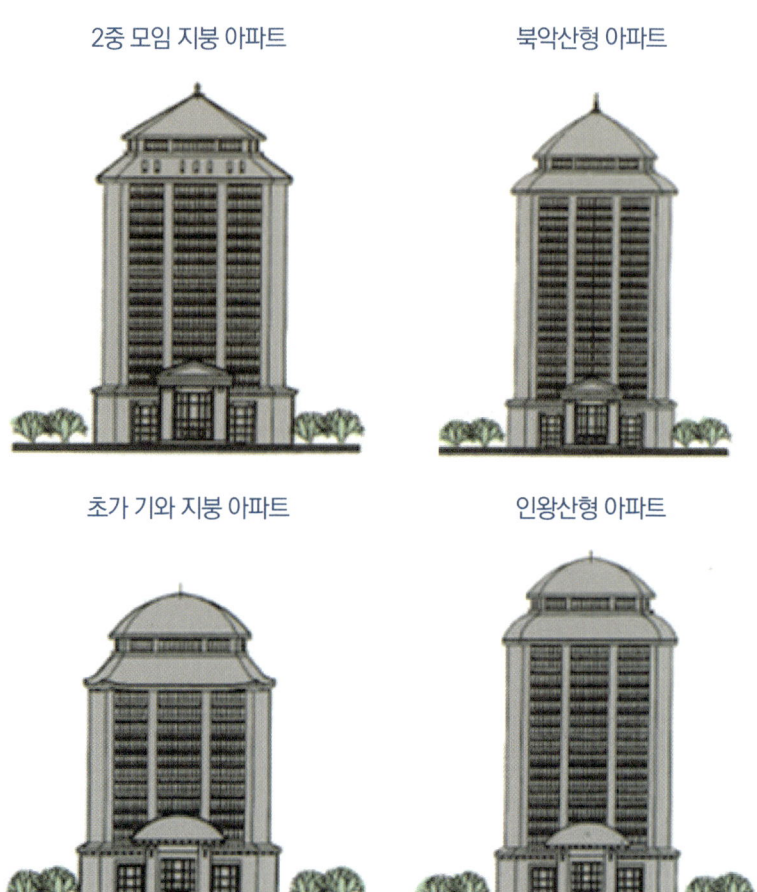

아파트의 지붕 형태도 목산의 강체형인 피라미드와 같은 모임 지붕이나, 금산의 강체형인 초가 지붕(돔형) 형태가 이상적이다. 따라서 기존 아파트의 슬래브 지붕에 돌출된 엘리베이터 기계실이나 물탱크실은 지붕 구조 내부에 설치하여 외부에서 보이지 않도록 해야 한다.

중심형 아파트를 만들기 위해서는 기존의 남향 위주에서 벗어나 동서남북 각 방향으로 배치해야 한다. 남향으로만 배치하면 병풍형 아파트가 될 수밖에 없다. 주택이나 산소에서 이상적인 배치는 남향 배치가 아니고 배산임수 배치로, 산을 등지고 물이 있는 낮은 쪽을 향해 주택이나 산소를 배치하는 것이다. 물과 하늘은 모든 기운의 원천으로, 물과 하늘의 기운을 많이 받는 집이 바로 좋은 터 명당이다. 따라서 남향보다는 물과 함께 넓은 하늘과 북두칠성을 바라볼 수 있는 집을 짓는 것이 곧 명당 배치다.

(2) 아파트의 위치와 배치

(가) 아파트의 위치

골목 바람은 살풍(殺風)이라 하여 건강한 사람에게는 잠시 동안은 영향이 없을지 모르지만 어린아이와 노인(老人)에게는 건강에 지대한 영향을 미친다. 건강한 청년은 달리는 버스에서 창문을 열면 시원하고 상쾌하지만 노인은 감기가 든다는 사실은 소홀히 넘길 일이 아니다. 또한 미약한 선풍기나 에어컨 바람도 잠자리에서는 아주 나쁘다. 그러므로 살풍에 오래 노출되는 것은 좋지 않다. 더구나 아파트의 동과 동 사이의 바람은 두 대칭 건물 사이로 불어오는 화살과 같은 살풍이다. 즉 건물과 건물 사이의 바람, 산골짜기의 바람은 살풍으로 건강을 잃으며 사업도 부도로 파산한다. 직선으로 흐르는 큰 강가나 바닷가도 좋지 않다.

아파트가 주변 건물들의 모서리 쪽에 있으면 그 건물들의 양면에 부딪친 바람이 아파트를 향해 충하는 살풍이 되어 이웃과 다툼이 많고 우환과 소송이 겹치며 건강과 재산을 잃는 등 불길하고 흉하게 된다.

(나) 아파트의 배치

　양택삼요결에서 대문을 제일 중요시하는 이유는 사람이 출입하며 집 안의 공기를 대량으로 환기시켜주는 것이 바로 대문이기 때문이다. 풍수지리의 양택 화복론에 의하면 같은 남향집이면서도 대문이 동남쪽에 있는 것은 생기택(生氣宅)으로 부부가 해로(偕老)하고, 길사가 많으며, 대대로 영화를 누릴 복가(福家)로 풀이한다. 그러나 같은 남향집이라도 대문을 동북쪽으로 내면 오귀택(五鬼宅)이 되어 관재, 구설, 도난, 화재, 불화, 불효로 인한 흉가(凶家)로 본다. 집을 살 때는 제일 먼저 대문을 고칠 수 있는가를 살펴보고, 그것이 가능하면 흉가라 해도 두려워할 필요가 없다. 아파트는 출입문이 대문의 역할을 한다. 아파트는 건물 내부의 중심점(起頭)에서 패철을 고정하고 출입문이 동사택 방위에 있으면 거실, 안방, 주방을 같은 동사택 방위에 배치하고, 출입문이 서사택 방위에 있으면 거실, 안방, 주방을 같은 서사택 방위에 배치한다. 단 화장실, 목욕탕, 창고, 서고, 옷방, 다용도실 등은 다른 사택 즉 흉한 방위에 배치한다. 아파트를 선택할 때는 출입문과 거실, 안방, 주방 중 2개 방위 이상 출입문과 같은 사택이면 복가로 좋지만 두 방위나 세 방위가 출입문과 다른 사택이면 흉가로 판정되므로 거주해서는 안 된다. 아파트 주변에 강한 바람이나 고압선 등 강한 전류가 흐르는 곳을 피하고 아파트의 위치, 안산(案山), 큰 길, 큰 강이나 바닷가의 물줄기 등이 어떻게 보이는가도 중요한 판가름이 된다.

❾ 명당의 지세와 대기 압력

가. 명당은 고기압권, 흉가는 저기압권

명당의 지리적인 조건은 대기의 압력, 지기(地氣), 지자기(地磁氣), 바람(風)과 물(水)의 흐름, 토지의 지형(地形), 지세(地勢), 방위(方位) 등이다.

풍수지리 이론은 인간생활에 유익한 바람(風)과 물(水)의 취득 이론으로부터 출발하였다. 최근 풍수지리가 구미나 유럽의 선진국에서 생활화되고 있다는 사실은 그 이론이 과학적으로 증명되었기 때문이다.

사람의 건강은 기압과 밀접한 관계가 있다. 비가 오거나 날씨가 흐린 저기압의 날씨에 관절염, 류머티즘이 신경통 등 기후성 질환을 앓는 환자가 많은 것은 저기압이 사람의 건강에 좋지 못한 것을 잘 나타내고 있다. 대기가 고기압일 때 쾌청한 날씨가 유지되며, 기압이 높은 곳에서는 사람들의 건강도 좋아진다. 대기의 압력은 사람의 건강과 직결되는 중요한 요소다. 명당의 지세를 분석할 때 좌청룡(左靑龍), 우백호(右白虎), 전주작(前朱雀), 후현무(後玄武) 등의 사신사를 중요시하는 것은 사신사가 바람을 막아주는 동시에, 기압을 높여주고, 생기가 멈추고 모이게 하는 역할을 하기 때문이다. 유체역학에서 바람의 속도와 대기 압력은 반비례한다.

명당에서는 바람이 약해 대기 압력이 높은 고기압권을 이룬다. 반면 바람이 많이 부는 곳은 대기 압력이 낮은 저기압지역으로 흉지다.

명당은 바람과 물이 장풍(藏風)과 득수(得水)에 의해 조화를 이룬 곳이다. 장풍은 바람이 잔잔하고 공기 압력이 높은 고기압권을 이룬 곳으로 사람에게 건강한 활동력을 증진시켜 주는 곳이다. 명당에서는 사람이 건강하고 발전과 번영으로 명예와 재물의 발복도 뒤따르게 된다.

미국에서 대통령이 제일 많이 배출된 곳은 버지니아주(8명), 오하이오주(7명), 메사츄세츠주(5명)로 모두가 동부지역의 고기압권에 자리 잡고 있다. 미국의 부시 대통령, 케네디 대통령, 토마스 제퍼슨 대통령 등 미국 대통령들의 생가는 모두 좌청룡, 우백호, 전주작, 후현무 등이 야산의 형태로 갖추어진 명당에 자리 잡고 있다. 미국에서도 일반인들은 평탄한 지역에 살고 있으나 특출한 인물들은 사신사가 있는 언덕이나 강가의 장풍국과 득수국의 명당에서 배출된다는 사실을 확인할 수 있다.

미국 동부지역 공동묘지에서 명당을 찾아 한국인들의 부모나 조상들을 장사 또는 이장한다면 한국인의 후손들이 미국에서 발복하여 미국의 대통령이 되거나 록펠러와 같은 세계적인 재벌이 태어날 것이다.

나. 생기의 한계

(1) 고층일수록 '저기압권' 공간

새들이 나는 높이가 '생기'의 한계

사람들이 편안한 수면과 휴식을 위해서는 생기 있는 포근한 집이 필요하다. 우리 조상들이 잠자 온 공간은 땅속인데, 땅은 어머니의 품과 같은 따뜻하고 편안한 잠자리를 제공했다. 그러나 오늘날 도시의 제한된 땅과 높은 인구밀도는 고층 아파트를 만들어냈다. 그러다보니 사람의 잠자리가 땅속으로 들어가는 것이 아니라, 반대로 엘리베이터를 타고 하늘 높이 올라가고 있다. 고층아파트는 결코 사람에게 편안한 잠자리의 공간이 아니다.

지표에 가까운 낮은 지역에는 마찰에 의해 바람이 잔잔하고, 지상으로 갈수록 바람이 많이 불고 풍속도 빨라지며 대기의 압력을 낮춘다.

바람이 없는 낮은 지역은 고기압권을 이루고, 바람이 빠른 초고층 건물에서는 공기의 압력이 낮아 저기압권을 이룬다. 초고층 건물 벽면의 유리창은 나무나 돌 등의 재료에 비해 열의 전도율이 높아 바람을 막기에는 부족하다. 또 고층 건물의 철골구조에서 발생하는 지자기는 모래와 자갈을 재료로 한 콘크리트 건물에 비해 강한 편이다. 따라서 초고층 건물이 사무실 용도가 아닌 사람이 매일 잠을 자고 생활하는 주거용도일 때에는, 높은 층이 로얄층이라고 하여 일조 관계나 조망권이 좋은 점도 있지만, 이런 환경에서 장기간 생활하면 인체의 신진대사에도 좋지 않은 영향을 미치게 된다. 또한 초고층의 경우 바람으로 인한 자체의 진동과 고공 공포증이 수반되므로 결코 최적의 주거 조건이라고 할 수 없으며, 지자기로 인한 인체의 영향도 높이와 조망권의 관계에서 다시 한 번 고려해 볼 사항이다.

인구가 밀집한 도시에 대형 건축물이나 고층 아파트 건축은 도시 발전상 불가피하지만 초고층 주거용 건축물을 지을 때는 초고층 건물 주변의 저기압, 철골과 유리 등 건축 재료에서 발생하는 기운, 실내공기의 순환 문제 등 기술적인 요인을 비롯해 해결해야 할 문제점이 많다.

(2) 고지대 살면 자살할 위험성이 높다

국제학술지 미국정신과 학회지에 의하면 고도(高度)가 높은 곳에 거주할수록 자살 위험도가 높다는 연구 결과가 나왔다.

서울아산병원 영상의학과 김남국 교수와 미국 유타대 뇌연구소 렌쇼(Renshaw) 교수 공동 연구팀은 미국의 자살자 59만 2000여 명(1979~1998년)과 한국의 자살자 4만 7000여 명(2005~2008년)을 대상으로 조사한 결과 이런 경향이 뚜렷하게 나타났다고 하였다. 연구에 따르면, 해발 고도 1000m 이상에 사는 사람이 그 미만에 사는 사람에 비해 자살 위험도가 미국은 34%, 한국은 63%씩 높았다. 한국엔 평균 고도가 1000m 이상인 시·군·구가 없지만, 고도에 따른 자살률 증가 폭을 한국의 자살 현황에 대입시켰을 때 이 같은 결과가 나왔다고 김 교수는 설명했다.

연구팀은 고도가 자살 위험도를 높이는 이유로 '저(低)산소증'을 꼽았다. 해발 0m에서 공기 중 산소 비율은 약 21%인 반면, 해발 1000m에서는 18%로 떨어진다. 이런 가벼운 저산소증 상태에 오랜 기간 거주하면 미세한 뇌손상이 일어나고, 이로 인해 우울증이 유발될 가능성이 커진다는 것이다.

김 교수는 "이탈리아에서도 북부 산악지대 주민의 자살률이 남부 해안지대보다 높게 나온다"며 "주거 고도가 자살 위험을 높일 수 있는 요인이라는 게 처음 입증된 것"이라고 말했다.

한편 국내 대표적인 장수 마을로 꼽히는 전남 구례, 곡성, 전북 순창 등은 해발 300~400m의 중고지대에 위치하고 있다.

다. 상업지의 명당 조건

(1) 바람 잔잔한 곳이 명당(장풍국)

서울의 명동은 우리나라에서 땅값이 가장 비싸고, 거액의 현금을 굴리는 '큰손'들이 활동하는 곳으로도 유명하다. 명동은 또 세계 관광객들이 붐비는 유행의 1번지로 의류를 비롯한 각종 고가 제품들이 거래되는 곳이기도 하다. 명동은 이렇듯 큰 상권의 중심지이지만 이곳의 도로 폭은 12~15m로 비교적 좁은 편이다. 서울 강남구 압구정동의 로데오 거리 역시 너비 12m 안팎의 좁은 이면도로이며, 명동과 로데오 두 거리의 공통점은 버스가 다니지 않는다는 점이다. 지방의 중소도시에서도 역시 버스가 통행하지 못하는 좁은 도로에 큰 상권이 발달한 것을 쉽게 볼 수 있다.

도심지에서 버스가 통행하지 못하는 너비 12m 안팎의 골목길에 큰 상권이 들어서는 이유는 바로 거리의 생기(生氣), 즉 바람의 기운이다.

도심지 대로에는 평상시에도 강한 바람이 불며, 더욱이 버스와 같은 대형 차량이 통과할 때는 더욱 큰 바람이 발생한다. 차량의 통행이 많을수록 도로변 점포에도 강한 바람이 불게 된다. 강한 바람이 부는 곳에선 사람의 마음이 불안해지며, 이런 상태에서는 대체로 구매 의욕을 잃게 된다.

따라서 도로가 넓고 차량의 통행이 많은 도로변일수록 영업 실적은 부진하게 된다. 반면 폭 12m 안팎의 좁은 도로에는 바람이 잔잔하며 큰 자동차들의 통행도 없어 사람들의 마음이 편안해진다. 이런 골목길 분위기에서는 구매 의욕이 발동되고 상거래가 늘어나면서 상권이 크게 발달하게 된다. 그러므로 강한 바람이 부는 대로변보다는 바람이 잔잔한 중소도로변의 점포가 실속 있는 점포이며, 이러한 곳이 효과적인 투자 대상이 된다.

대로에 접한 점포들은 사람들이 통행하는 도로변에 쇼윈도를 크게 만드는 것이 일반적이다. 그러나 도로변에 큰 쇼윈도를 갖춘 점포는 도로에서 발생한 강한 바람 탓에 점포 내부의 공기 압력, 즉 생기(生氣)가 쇼윈도를 통해 빠져나가기 때문에 좋은 구조가 아니다.

실내의 기운이 빠져나가는 곳에서는 실내 분위기가 불안해지므로 영업이 잘 될 수 없다. 이런 건물은 쇼윈도를 작게 하고 벽은 두껍게 해 실내 기운이 밖으로 빠져나가지 않도록 배려하는 것이 바람직하다.

(2) 두 면이 도로에 접한 코너 점포

2개의 도로가 서로 교차하거나 평행선일 때 교차점이나 도로 사이에 있는 점포는 양쪽 도로에서 간판이나 물품의 전시효과가 다른 점포보다 훨씬 잘 보이고 유리해 지나가던 손님이 많이 들어오게 된다.

두 면이 도로와 접한 코너 점포는 도로에서 눈에 잘 띄며 쇼윈도나 창문으로 밖에서 쉽게 보이는 장점을 지니고 있으나 점포 내부 분위기는 썰렁한 경우가 많다. 이것은 점포 전면의 2개 도로를 통과하는 바람이 실내의 기운을 빼앗아 가기 때문이다. 도로에 접한 점포의 쇼윈도 폭이 넓을수록 실내의 썰렁한 기운은 더욱 커진다. 일반적으로 백화점과 대형마트 건물에는 각 매장에 쇼윈도나 창문이 전혀 없는 것이 특징이다. 쇼윈도나 창문이 없는 점포 안에서는 손님들이 여러 종류의 상품을 잇달아 구경할 수 있어 시간 가는 줄 모르게 되며, 평소에 필요하지 않던 물건도 실내 분위기에 이끌려 즉석에서 구입하게 되는 일이 많아진다. 쇼윈도나 창문이 없는 백화점에서 이런 구매 충동력은 일반 점포보다 커지게 된다.

반면, 시장을 비롯한 2개의 면이 도로에 접한 점포에는 쇼윈도와 창문이 있다. 이런 점포에서는 손님들이 상품을 구경하다가도 창밖을 지나가는 사람과 차량들로 인해 산만해지기 때문에 구매 충동이 잘 일어나지 않게 된다. 또한 쇼윈도나 창문이 큰 점포는 버스나 차량들이 통과할 때 주변에 진동이 발생해 사람들의 심리를 불안하게 만든다. 차량의 통행은 창문을 통해 점포 내부의 기운도 끌려가게 한다. 점포 안의 실내 압력은 도로 밖의 차량 통행에 의해 떨어지게 되고, 이러한 공간에서는 손님들이 불안감을 느낀다. 큰 쇼윈도나 창문이 있는 점포의 영업 실적이 떨어지는 것은 이러한 산만하고 불안해진 심리작용으로 구매 의욕을 잃기 때문이다.

자동차 보급률이 낮고 보행자가 많던 시절에는 두 면 도로변의 점포에 단골손님도 많았다. 그러나 오늘날 자동차의 통행이 많은 대로변에 대형 쇼윈도를 설치한 점포에서는 영업실적이 그리 좋지 못한 사례가 많다. 다만 두 면이 도로에 접했더라도 쇼윈도나 유리창 등 개구부의 면적이 작고 실내쪽으로 길게 배치된 점포는 단골고객이 많은 편이다. 이는 도로의 간섭을 줄여 실내 공간을 아늑하게 만들었기 때문이다.

(3) 서울은 역수명당(장풍득수국)

서울은 북악산에서 좌청룡으로 낙산, 우백호로 인왕산, 남주작으로 남산, 북현무로 북악산이 동서남북에서 감싸고 있다. 네 면이 산으로 둘러싸인 장풍국의 명당 지세에는 반드시 중심부에 둘러싸인 물이 있어야 명당이 되는데, 청계천이 바로 명당수를 이루고 있다.

청계천은 본래 서울의 주산인 북악산과 인왕산에서 각각 흘러내려온 물이 경복궁 앞에서 합류해 서울 4대문 안의 종로와 을지로 사이를 흐르는 개천으로 왕십리의 한양대학교 앞에서 한강의 큰 강줄기와 합류해 마포를 거쳐 서해바다로 흘러간다. 청계천 7가에는 종로와 을지로 사이를 통과한 물이 왕십리로 빠져나가는 수구문이 있었다.

청계천은 물의 흐름이 서북쪽에서 출발해 동쪽으로 흘러가는데, 한강이 흘러가는 방향과는 반대가 된다. 한강은 동쪽으로부터 서쪽 서해바다로 흘러들어가기 때문이다. 청계천의 흐름과 같이 큰 강물이 흐르는 방향과 반대로 흐르는 강 또는 개천을 '역수'라고 한다. 풍수에서 명당이 되기 위해서는 반드시 역수가 있어야 한다. 역수가 형성된 곳은 물이 천천히 흐르며 바람도 잔잔해 평화로운 분위기를 만들어주기 때문이다. 반면, 물살이 빠른 곳은 바람이 강하게 불기 때문에 명당이 되지 못한다.

산과 물을 음양으로 구분하면 풍수에서는 산(山)은 음이며 물(水流)은 양이다. 서울시내 주변의 산은 음기이며, 음기에는 양기가 있어야 음양의 변합래수(變合來受)를 이루어 균형을 이룰 수 있다. 청계천에서 발생하는 양기는 주변의 산에서 발생하는 음기와 결합해 음래양수(陰來陽受) 음양 양기가 합하는 양변음합(陽變陰合)을 이루어 서울을 더욱 생기 있는 도시로 거듭나게 한다.

(4) 강변 시장터가 명당(득수국)

유행의 도시 프랑스 파리의 가장 오래된 시장은 센 강의 시테 섬에 있었다. 많은 사람들이 시테 섬 시장터에 모이자 13세기 무렵 이곳에 노트르담 대성당이 들어섰다. 노트르담 대성당은 건물의 아름다운 외관과 함께 〈노트르담의 꼽추〉라는 소설과 영화로 더욱 잘 알려져 있는 곳이기도 하다.

근세에 들어 시테 섬 상인들은 터가 좁아지자 강 건너편 도심지 쪽으로 이전하게 되었고, 시장 규모가 커지면서 이곳이 시테 섬보다 더욱 발전했다. 이곳 시장은 주변국가에서 많은 사람들이 모이는 국제적인 중심지가 되었고, 프랑스는 파리의 중심인 이곳에 시청 건물을 건립해 오늘날에 이르렀다. 센 강변의 저지대인 시테 섬이 파리의 발상지였던 것이다. 오늘날 세계 제일의 금융도시인 미국 뉴욕의 월스트리트는 허드슨 강 하류인 뉴욕 만 일대 맨해튼에 자리 잡고 있는데, 이곳은 옛날 아메리칸 인디언들의 전통 어촌이었다. 개척시대를 거치면서 이곳은 선착장과 부둣가로 발전했고, 부둣가 시장은 미국 최초의 수도가 되었다. 미국 초대 대통령 조지 워싱턴은 이곳에서 취임식을 열었다. 이곳은 오늘날 세계적인 상업중심지로 성장했고 세계 최대의 주식 시장이 들어섰다. 월스트리트에 있는 미국연방은행에는 지구상 가장 많은 금이 보관돼 있다. 풍수이론에 의하면 파리의 시테 섬 주변은 초승달 모양의 명당이며, 뉴욕 맨해튼의 월스트리트는 남성 생식기 형태의 명당이다. 세계적인 두 도시의 상권과 국가 행정의 수도는 강변의 저지대 시장터 명당에서 출발했다는 것이 공통점이다. 큰 시장은 동서고금을 막론하고 명당 중의 명당이라는 사실이 확인되는 것이다.

사업목적으로 부동산을 구입해야 할 경우 땅값이 비싸더라도 외곽보다는 도심지 시장 주변에 투자를 하여야 한다. 물이 모여드는 저지대 시장 주변에 재물이 모여드는 것이 땅의 이치다.

(5) 역세권 명당

도시의 큰 상권은 강이나 개천가 명당에 자리 잡은 재래시장으로부터 발전했다. 서울의 종로와 동대문 등 전통적인 상권이 여기에 해당한다. 그러나 오늘날에는 도심지 내부의 교통이 편리한 역세권 신흥 상권도 크게 번성하고 있다. 예컨대 청량리역 주변과 영등포역 주변, 서울역 주변의 시장들은 기차역을 중심으로 발달한 대표적인 역세권 상권들이다.

최근 지하철역을 이용하는 인구가 늘면서 지하철역 부근은 안정적이면서도 투자가치가 높은 상권으로 떠올랐다. 지하철은 이동이 편리하고 교통망의 연계 수단이 되어 주기 때문에 청량리나 영등포만 보더라도 지하철역을 이용하는 유동인구가 기차역의 유동인구보다도 훨씬 많다. 이런 현상은 기차역과 지하철역의 차이점에서도 비롯된다. 기차역은 대개 출입문이 1개인데 비해 지하철역은 역마다 출입구가 4개 또는 8개로 많기 때문이다.

지하철역 주변 역세권에 투자나 영업을 하거나 건물을 임대하려는 사람들에게 투자의 명당은 유동인구가 많은 곳이 된다. 지하철의 여러 개 출입구 가운데 사람의 통행이 가장 많은 출입구를 찾는 것이 효과적이다.

대부분의 경우 시장으로 연결되는 지하철 출입구는 통행량이 가장 많은 곳이다. 지하철 출입구 앞과 시장으로 연결된 도로가 전체적으로 같은 상권으로 발달하는 것은 시간문제인 만큼 시장과 지하철 출입구를 연결하는 도로 주변은 확실한 역세권 투자의 후보지가 된다. 지하철역 출입구에서 백화점이나 대형 상가 건물로 연결되는 도로도 마찬가지다.

아파트 단지와 연결되는 지하철 출입구 역시 통행량이 많다. 아파트 단지에는 경제적으로 안정된 사람들이 많이 거주하므로 단지와 지하철 출구를 연결하는 도로 쪽의 상권 발달이 상대적으로 빠르기 마련이다.

지하철 출입구의 주변 상황이 비슷한 경우에는 각각의 출입구 높이를 살펴볼 필요가 있다. 지하철 출입구가 경사진 도로 위에서 높은 지점과 낮은 지점에 각각 분산되어 있는 경우, 낮은 도로에 있는 출입구가 높은 도로에 위치한 출입구보다 통행인이 많아지게 된다. 이는 지대가 낮은 지역이 사람의 마음을 편안하게 해주는 경향이 있기 때문이다.

라. 수맥

지표면 하부에는 일정한 방향성을 가진 지속적으로 흐르는 물의 수맥이 존재하며, 이 수맥은 인체의 혈관처럼 땅속을 흐르는 물줄기로서, 지하 10~40m에 가장 많이 분포되어 있고 평균 13~14℃를 유지하고 있다.

"수맥은 순환작용을 위하여 지표로부터 일정한 양의 물을 받아들이

기 위해서 자체적인 힘을 내고 있는데 흙과 흙 틈새로 수분을 공급받으려는 힘이 방해하려는 물체를 파괴하는, 물을 공급받기 위한 자괴(自壞) 현상이다." 수맥의 위치나 크기, 깊이 등은 일정하지 않으며 전파가 강하게 발생하고, 수압이 높은 물이 흐른다. 수맥은 중력에 의해서 움직이므로 지상의 지표 높이와는 상관없이 계속적으로 흐른다. 수맥은 산 정상에도 있을 수 있으며 바다 가운데에도 있을 수 있다. 지구 내부의 마그마활동(고온 핵반응), 단층 균열, 지구 격자(Global Grid) 등에서 중성자가 발생되고, 이는 수맥 자체 주변에 형성되는 전자기계(극성과 자성을 지님)를 지나면서 인체 및 모든 생물체에 치명적인 파장(감마선 이상: 선진국에서는 수맥파를 마이크로파에 가까운 것으로 해석)을 보낸다. 수맥 특유의 극성 때문에 적혈구에 있는 철 성분이 수맥에 의하여 대전 및 자화되고 DNA의 손상 및 치환, 변형으로 세포가 불안정하게 된다. 이에 적혈구(산소운반) 및 백혈구(살균) 기능이 현저히 저하되어, 각종 질병을 유발하며, 수맥 유해파는 2000m 상공의 비행기, 자동차, 선박에서도 포착될 만큼 강력하여 단층 주택이나 수십층 아파트도 마찬가지다. 서양에서는 수맥파를 종파나 횡파로 밝혀지지 않은 제3의 파장으로 규정하여 유해 방사선 또는 유해 전자파로 해로운 방사선(Harmful Radiation)이라 표현하고 있다. 건축물도 수맥파에 노출되면 지속적인 수맥파의 영향으로 틈이 발생하여 건축물의 수명이 단축되고, 단단한 철근 구조물을 금이 가게 하거나, 아스팔트 도로도 쩍쩍 갈라지게 한다. 전자제품에도 컴퓨터 등 정밀기계나 전자기계장비 등에 명확한 이유 없이 원인 모를 고장을 일으킨다. 이러한 영향은 수맥파에 지속적으로 노출되었을 때 수직파인 저주파로서 진행속도가 늦기 때문에 서서히 나타나는 것이다. 이러한 수맥은 동식물의 생육 상태와 인간의 건강에도 중풍과 질병을 앓는 등 막대한 영향을 끼치며, 수맥에 의해 발생된 질병은 현대의학으로도 규명이 어렵고, 잠자리를 바꿔야 치료가 가능하다.

프랑스의 리디에스테지(Radiesthesie), 영·미인들의 다우징 로드(Dowsing Rod) 같은 기술도 지하 수맥의 위치, 깊이, 흐름의 방향, 수량 등을 알아내는 학문이다.

수맥에 의해 생기는 피해를 사전에 막기 위해서는 수맥을 찾아 그 자리를 피하는 것이 가장 좋다. 수맥은 현대 과학으로는 차단할 수가 없다.

수맥을 찾는 방법에는 금속 엘로드로 찾는 방법이 있으며, 가장 손쉬운 방법은 살아 있는 버드나무 가지 중 끝 부분이 Y자 모양으로 벌어진 것을 꺾어, 잘려진 부분을 앞쪽으로 해서 양손으로 수평선이 되게 쥐고 걸으면, 수맥이 흐르는 부분에 이르러 버드나무 끝 부분이 갑자기 땅 쪽으로 휘어져 내려가는 증상을 보인다. 버드나무는 물을 많이 흡수하는 식물로, 잘려진 부분이 물이 있는 곳을 향하려는 성질이 있기 때문이다.

제5장

풍수지리의 이론구조

1. 용
2. 혈
3. 사·사신사
4. 물

❶ 용(龍)

가. 용(龍)의 형태

용(龍)이란 풍수에서는 산(山) 정상에서 내려오는 능선(稜線)을 말한다. 용은 산맥(山脈)의 표면 형태이고, 기운(氣運)은 맥(脈) 속에 흐르는 힘이다. 지세를 분석하는 것은 용을 통해 흐르는 기운의 성질을 분석하는 것이다.

용을 정확하게 분석하면 혈(穴)을 찾을 수 있고, 지세(地勢)의 기운도 정확하게 분석할 수 있다. 산 정상에서 출발한 용이 혈에 이르는 형태는 직선 형태(直線形態)와 곡선 형태(曲線形態)의 두 가지가 있다.

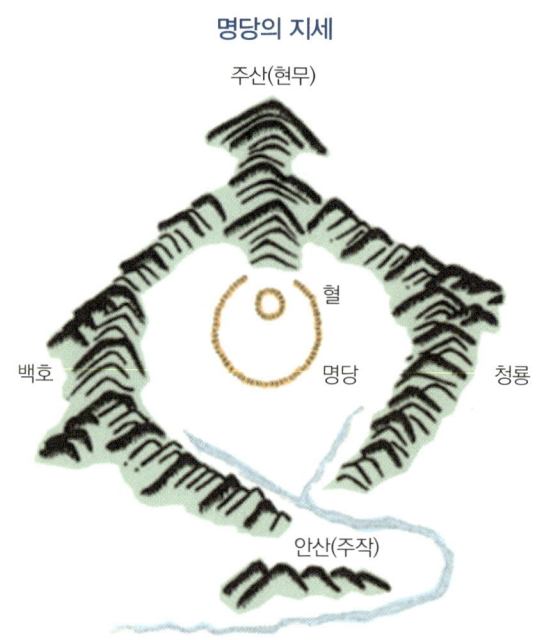

좌우 어느 쪽으로도 기운이 기울지 않으며 앞으로 진행하는 직선 형태의 용을 '중심룡'이라고 한다. 곡선 형태에 따라 좌선룡(左旋龍)·우선룡(右旋龍)·혼합곡선룡(混合曲線龍) 등으로 구분된다.

(1) 용의 앞과 뒤

용의 앞면은 지면이 균일하고 안정적이어서 아름답고 밝은 빛을 띤다. 그러나 용의 뒷면은 험한 바위가 튀어나와 있어 지면이 안정되지 못하고, 땅의 색도 어둡고 음산(陰散)하다. 지세의 기운을 분석할 때는 용의 앞뒤를 구분하는 것이 매우 중요하다. 용의 앞면은 생기가 있어서 명당을 이룬다. 따라서 집터를 선정할 때는 용의 앞면에서 찾아야 한다. 용의 뒷면은 흉가로 오래가지 못한다.

좌선룡의 경우에는 용에서 내려다봤을 때 오른쪽이 앞면이고, 왼쪽이 뒷면이다. 반대로 우선룡의 경우에는 오른쪽이 뒷면이고 왼쪽이 앞면이다.

"명당은 용의 앞면에서만 이루어진다."

(2) 용의 형태와 기운

용의 형태와 기운은 3품격과 4체형으로 구분된다. 먼저 품격으로 구분하면 주인격·보조격·배반격으로 산의 품격을 구분한 것과 같다.

주인격 용은 주인격 산과 같이 기운이 왕성하고, 용의 변화가 아름다워 혈을 이루는 용을 말한다. 주인격 용이 있는 지세에서는 명당이 형성되므로 정치적·경제적으로 성공하는 인물이 배출된다.

보조격 용은 기운이 부족해 혈을 이루지는 못하지만 주변에 있는 주인격 용에 혈이 이루어지도록 도와주는 역할을 한다. 청룡, 백호, 안산이 보조격 용이다.

배반격 용은 용의 뒷면, 곧 등을 보이고 있는 용으로 자기 기운은 명당 쪽으로 보내지 않으면서 오히려 명당의 기운을 빼앗아 간다. 이런 지세에서는 이웃을 배반하는 사람들이 많아서 인심이 좋지 않다. 큰 인물도 배출되지 않는다.

용의 체형에는 강체·중체·약체·병체 네 가지로 구분한다. 산의 4체형 구분과 같다.

강체는 좌우 균형이 알맞고 적당하게 탄력을 이룬 능선을 말한다.

힘 있고 강하며 여유 있는 기운이 통과해서 혈과 명당을 이룬다.

중체는 좌우 균형을 이루고 있으나 직선으로 되어 있어서 강체보다는 힘이 여유롭지 못한 편이다. 중간 정도의 힘 있고 강한 기운이 흘러 혈과 명당을 이룬다.

용(龍)의 여러 모양

좌우 진행형　　　　　상하 진행형

십자맥　　　　　개장과 천심

박환과 과협　　　　　지각(후장)

약체는 단면은 삼각형을 이루고 있으나, 좌우 경사면에 근육이 부족해서 뾰족한 형태를 이루고 있다. 기운이 강체나 중체에 비해 약하다.

병체는 단면이 좌우 중심을 이루지 못하고 불균형한 형태를 이루며, 정상적인 변화가 부족해 탁하고 흉한 기운이 흐른다.

주산과 혈 사이에 있는 주룡은 개장(開帳)과 천심(穿心), 박환(剝換)과 과협(過峽)의 변화를 이루게 된다. **개장**은 장막(帳幕)을 병풍(屛風)처럼 넓게 펼친다는 뜻으로, 주산을 중심으로 산이 좌우로 넓게 펼쳐진 형태다. 개장된 산의 형태가 마치 독수리가 날개를 좌우로 넓게 펼치고 있는 모습과 같다. **천심**은 주산의 기운이 혈에 이르기까지 맥이 통하는 과정으로 개장을 한 용의 가운데서 맥이 나아가는 것을 말한다. 주산의 기운이 혈까지 전달되기 위해서는 주산의 기운이 강하며, 변화하는 생룡이어야 한다. 용의 변화에 따라 '박환'과 '과협'으로 구분하기도 한다. **박환**이란 강하고 험한 용이 부드러운 형태로 변화하는 과정이며, **과협**은 용으로 관통하는 기운이 혈을 이루기 위해서 통과하는 목과 같이 가늘고 좁은 강한 용을 말한다. 과협은 강한 기운이 통과하면서 마치 끈으로 묶인 것 같은 형태를 이루고 있어 '속기(束氣)'라고도 한다. 용의 형태가 바뀌면 강한 기운이 생기로 변화된다. 용은 산봉우리를 뒤로 하고 낮은 지역을 향해 내려가는 성질을 갖고 있는데, 마디 뒤에서 받쳐주는 힘의 진동에 의해 앞으로 진행하게 된다. 이때 뒤에서 받쳐주는 용을 **지각**(枝脚) 또는 **후장**(後杖)이라고 하며 지각의 크기에 따라 용의 힘이 결정된다.

나. 용(龍)의 종류와 용세

(1) 용의 종류

(가) 생룡(生龍)과 사룡(死龍)

생룡과 사룡은 용의 형태로 구분하며, 갈지(之)자, 새을(乙)자, 검을 현(玄)자 형태나, 상하운동하는 상하고저의 변화를 이루고 있으면 생룡으로 보고, 변화가 없이 펑퍼짐하게 퍼져 있으면 사룡으로 본다. 생룡의 흙은 밝고 생기가 있으며, 사룡은 푸석푸석하고 탄력이 없는 죽은 색을 갖고 있다. 명당은 생룡에서만 이루어진다.

(나) 정룡(正龍)과 방룡(旁龍)

용이 산봉우리와 강하게 연결되면서 변화를 이룬 것을 정룡 또는 주룡(主龍)이라고 한다. 정룡은 혈(穴)을 이루는 용으로, '내룡(來龍)'이라고도 한다. 주룡이 앞으로 진행하기 위해서는 절점에서 왼쪽과 오른쪽에 작은 용을 만들며 진행해야 한다. 방룡은 주룡의 주변에서 마치 주룡을 보호하듯이 둘러싸거나 붙어 있는 용으로 종룡(從龍)이라고도 한다.

(다) 간룡(幹龍)과 지룡(枝龍)

주산의 가장 큰 줄기를 원룡(元龍)이라 하고 그 원룡에서 분지(分枝)된 용을 지룡(枝龍)이라고 한다. 나무에 줄기와 가지가 있는 것처럼 용에도 간룡, 지룡, 작은 가지룡이 있다. 간룡은 백두산, 태백산과 같이 거대한 산맥에 의한 용으로, 크고 과격한 용을 말하며 '원룡'이라고도 한다. 지룡은 간룡으로부터 뻗어 나온 용을 말하며, 작은 가지룡은 지룡에서 출발한 것을 말한다. 식물에 비유하면 주산은 나무의 뿌리라고 할 수 있고, 원룡은 나무의 줄기라고 할 수 있으며, 지룡은 나무의 가지라고 할 수 있다.

전선 굵기에 따라 전류의 흐르는 양이 다르듯, 용의 단면적에 따라 지기(地氣)의 양(量)도 비례한다. 간룡은 큰 물이 있는 쪽으로 흘러 내려가며, 지룡이나 작은 가지룡은 이와 반대로 강물을 등지고 평탄한 들판을 향해 내려간다. 또 꽃이 줄기에 피지 않고 가지에 피듯, 명당도 바다나 강을 향해 내려가는 간룡에는 이루어지지 않고 들판을 향해 내려가는 지룡이나 작은 가지룡에 이루어진다.

(라) 순룡(順龍)과 역룡(逆龍)

산의 높은 봉우리에서 시작해서 조금씩 낮은 곳으로 내려가는 형태의 용을 순룡이라 하고, 역룡은 높은 곳에서 조금씩 낮아지면서 다시 높이 솟아올라 역봉(逆峰)을 이루는 형태를 말한다. 순룡이 있는 지세에서는 사람들이 국가에 충성하고 부모에게 효도하는 인물이 배출되는 반면 역룡이 있는 지역에서는 불효자나 하극상(下剋上)이 자주 일어난다.

순룡(順龍)과 역룡(逆龍)

순룡　　　　　　　역룡

(마) 병룡(病龍)과 상룡(傷龍)

용의 형태가 좌우 균형(均衡)을 이루지 못했거나, 좌우 상하 변화가 부족한 것을 병룡이라고 한다. 상룡은 용이 앞으로 나아가는 중간에 자연 또는 인공적으로 훼손되거나 상처를 입은 용을 말하며 이런 지세에서는 병룡처럼 병자나 불구자가 발생한다.

(2) 용의 성국(成局)과 결혈(結穴)

풍수는 생기를 얻는 것인데, 산세를 분석하여 그 세력이 멈추는 곳, 생기가 모이는 곳을 찾는 것이 풍수의 목적이다. 풍수에서는 생기가 모이는 곳을 혈(穴), 세(勢)가 멈추는 곳을 국(局)이라 하고, 용이 멈추는 곳을 성국, 기가 모이는 곳을 결혈이라 한다. 따라서 성국의 위치가 결혈이며, 결혈이 있는 곳이 성국이 되는 것이다.

풍수에서 생기를 얻기 위해서는 그 세(勢)가 멈추는 곳, 그 기가 멈추는 곳을 찾는다. 그 이유는 꽃피고 열매를 맺는 것은 나무의 뿌리나 줄기가 아니라 가지의 끝이며, 생물의 생식(生殖)은 그 형체가 미치는 곳에서 이루어진다. 생기의 작용과 활동은 그 유체(流體)가 머무르는 곳으로 땅속을 흐르는 생기 역시 용세(龍勢)가 끝나는 곳에서 그 활동이 왕성해진다.

(3) 용세(龍勢)의 12격

용의 기운은 매우 다양한데, 그중 대표적인 열두 기운을 '용세의 12격'이라고 한다. 이 12격 가운데 왕룡, 반룡, 은룡, 독룡, 비룡, 회룡은 생룡이고, 쇠룡, 광룡, 천룡, 편룡, 기룡, 직룡은 사룡이다.

❷ 혈(穴)

만물 중 가장 귀한 것이 내 몸이요, 산의 제일이 혈(穴)이다. 이 세상에 내 몸이 있어야 부모를 섬기고 조상을 받들고 자손도 낳을 수 있을 것이다.

나뭇가지에 꽃이 피듯이 거대한 산에도 꽃이 피는데, 이것이 산의 꽃, 바로 혈(穴)이다. 혈은 곧 생기(生氣)를 만들어 내는 공간이다. 나무는 뿌리나 줄기에 꽃이 피지 않고 가지의 중간이나 끝 부분에 꽃송이와 열매가 달리는데 그 부분이 혈이다.

가. 주산의 기운과 그 화복

주산의 기운과 그 영향

혈의 기운은 주산의 기운이 용을 통해 모여서 전달되어 이루어진다. 주산이 힘차면 혈에도 강한 기운이 모인다. 주산의 형태나 그 기운은 혈의 기운을 가늠하는 중요한 기준이 된다. 주산의 산봉우리는 갓 피어나는 꽃봉오리처럼 원형이고 탐스러운 형태가 가장 좋다. 산에 골짜기가 많으면 늙은 호박처럼 골이 많이 있어서 생기가 부족한 산으로 본다.

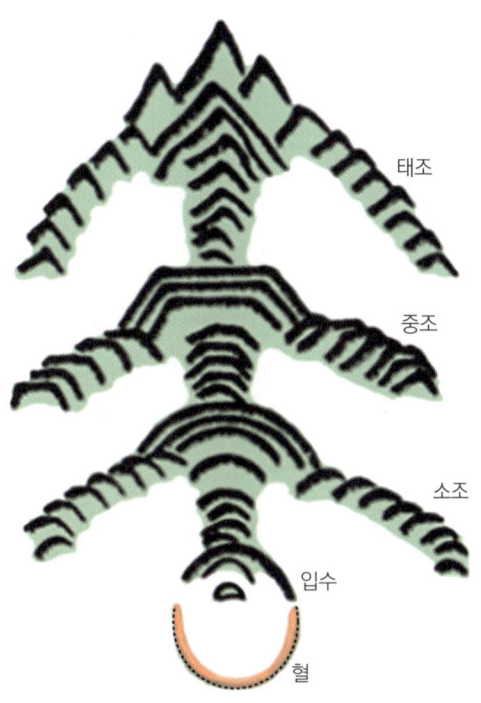

용(龍)의 5단계 변화 과정

나. 혈(穴)의 구조와 형태

혈은 용의 끝 부분, 경사진 면이나 평탄한 지면 위에 형성된다. 혈의 생기는 지표면에 가까울수록 많으며, 지하로 깊이 내려갈수록 밀도가 낮아진다.

(1) 혈판(穴坂)

혈의 바탕이 되는 것으로 당판(當坂)이라고도 하며, 꽃의 씨방과 같은 혈심으로 한가운데 혈이 이루어진다. 혈판은 중심에 혈(穴)을 두고 상부에는 입수, 하부에는 전순, 왼쪽과 오른쪽에는 선익으로 혈을 중심으로 상하 좌우에서 둘러싸고 있는 하나의 덩어리를 말한다. 혈판 상부에는 입수가 주룡에 연결되어 있으며, 혈의 왼쪽과 오른쪽에는 선익(蟬翼)이 위치하고, 양쪽의 선익 아래에는 전순(前脣)이 있어서 혈과 혈판을 만들어 준다. 혈은 용맥(龍脈) 중에서 가장 생기(生氣)가 많이 멈추고 뭉친 곳으로 가장 핵심적인 곳이며, 침구학상(鍼灸學上) 인체의 침(鍼)을 놓는 혈과 동일한 관념에서 나온 것이다. 혈은 혈판에서 상하 좌우로 둘러싸인 중상(中上)에 자리 잡고 있다.

(2) 입수(入首)

내룡(來龍)이 혈(穴) 속으로 들어가려고 하는 곳, 즉 용(龍)머리가 들어갈 곳을 입수(入首)라 하며, 산봉우리에서 용을 통해 내려온 지기(地氣)는 혈을 이루기 위한 준비 단계로 먼저 혈판의 상부에 꽃의 꼭지와 같은 입수를 만든다. 입수는 용(龍)에 흐르는 기운을 끌어당겨 그 기운으로 혈과 선익, 전순을 만드는데, 입수는 용의 하단에 혈의 상부에 위치한다. 입수의 기운이 크면 혈의 기운이 크고, 입수의 기운이 약하면 혈의 기운이 약하다

- 입수 부분이 평탄하면, 마음이 너그럽고 여러 사람과 교제를 잘하는 큰 인물이나 재벌이 태어날 수도 있다.
- 입수가 넓으면 우처취처(又妻取妻)로 많은 여자를 거느린다.
- 입수가 기울면(입수의 좌우 높낮이가 다르면) 상처(喪妻), 즉 부인을 잃는다.

- 입수의 기운이 두 줄기로 들어오는 쌍입수(雙入首)는 쌍둥이를 출생한다.
- 입수에 기운이 없는 무입수(無入首)는 남자 자손이 태어나지 않는다.
- 입수가 편입수(偏入首)로 한쪽만 있고 한쪽이 없으면 정상적인 부부 관계를 유지하지 못하고 홀로 살게 된다.
- 입수는 중심에서 취기(약간 두둑한 것)하며 좌우로 균형을 이룬 것이 좋다.

힘찬 입수도

입수가 취기하고 정돌하면 큰 벼슬이 난다.

힘이 없는 입수도

입수가 넓으면 기운이 흩어져서 천하고 희미한 자손을 낳는다.

힘이 백호 쪽으로 왕한 입수도   **맥이 통하지 않는 입수도**

입수 기운이 오른편 꽃받침으로 가는 힘이 혈심으로 통하는 힘보다 왕하면 서자가 득세한다.

입수 기운이 전부 오른편으로 가버리고 혈심으로 통하지 않으면 절손이 된다.

(3) 선익(蟬翼)

선익은 꽃의 꽃받침과 같은 것으로 혈판(穴板)의 혈(穴)을 중심으로 왼쪽과 오른쪽에 있는 부분을 말한다. 선익은 입수(入首)에 모인 기운(氣運) 가운데 일부가 좌우로 나뉘어 뻗어 나가 이뤄진 것으로, 지기(地氣)가 혈에 모이도록 돕는다. 사람 몸에 비유하면 좌우 갈비뼈가 내장을 보호하는 작용과 같다. 선익은 바위와 같은 단단한 토질로 지반을 이루고, 좌우에 평탄하면서도 두둑하게 둘러져 있다.

선익이란 매미의 날개를 뜻하는 말로, 매미 날개는 투명해서 눈에 잘 띄지 않으므로 날개가 있는지 없는지를 판단하기 어렵다. 이처럼 혈 좌우에 있는 선익이 쉽게 드러나지 않아 보기가 어렵다. 선익이 있는 지세에서는 사람들이 건강하고 사업이 성공하며 활기차게 생활하고 이웃에게 사랑과 존경을 받는다. 그러나 선익이 없는 지세에서는 사업과 건강을 잃기 쉽다.

선익은 혈의 기운을 보호해 주는 역할을 하므로 선익이 없는 경우에는 후손들의 건강이 나빠진다. 왼쪽 선익이 없으면 아들 건강이 나빠지고, 오른쪽이 없으면 딸 건강이 나빠진다. 왼쪽이나 오른쪽으로 바람이 들이치는 까닭에 건강을 잃게 되는 것이다.

(4) 전순(前脣)

입수(入首) 기운(氣運)이 혈(穴)과 선익(蟬翼)을 만든 뒤, 꽃의 꽃술과 같이 남은 기운이 혈(穴) 아래로 평탄하게 모여 있는 공간을 말한다. 전순은 혈판과 이어지는 지면을 이루면서, 혈 앞에서 마치 낚시 바늘 모양이나 새 주둥이와 같은 삼각형(三角形) 모양을 이루는 것이 이상적이다.

전순은 혈에 생기가 모이도록 하는데, 평탄하고 단단한 토질이 기운을 모을 수 있다. 전순이 없거나 그 기운이 무르고 약한 곳에서는 기운이 모이지 않아 혈을 이루기 어렵다. 이상적인 전순은 혈 앞에서 지면이 끝나 기운이 멈추는 형태다. 전순에서 생기는 기운은 재물을 만들어 주기 때문에 전순이 좋은 지세에서는 그 형태에 따라 부자나 재벌(財閥)이 배출된다.

전순은 평탄하고 넓어야 좋다. 전순의 기운이 강하면 재산이 많이 늘어나게 되고 전순의 힘이 약하면 재산을 잃어 가난해진다. 전순이 혈에서 멀거나 솟아오른 경우는 좋지 않은데, 전순이 솟아오른 경우에는 후손 가운데 하극상을 하거나 감옥살이를 하는 사람이 생긴다.

꽃송이와 비유하면: 꽃의 꼭지와 같이 입수가 있어야 하고,

꽃의 씨방과 같이 혈심이 있어야 하며, 꽃의 꽃받침과 같이 선익이 있어야 하고,

꽃의 꽃술과 같이 전순이 있어야 혈이 되는 것이다.

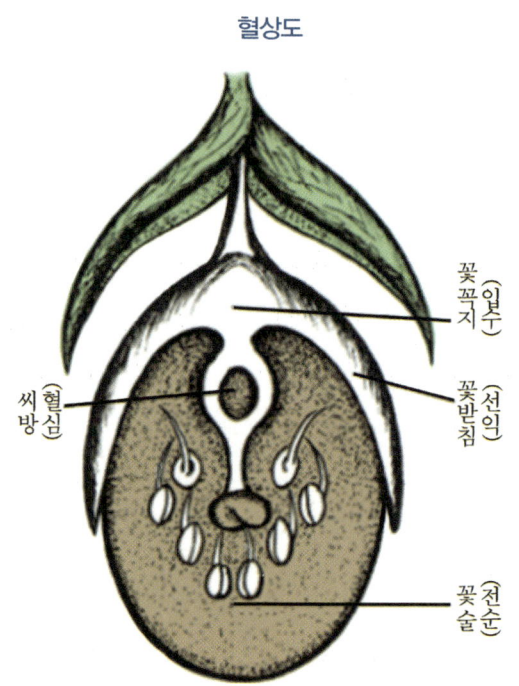

혈상도

혈은 아무리 무성한 나무일지라도 꽃송이가 없이는 열매를 맺을 수 없고, 꽃송이가 있다 하더라도 열매를 맺느냐의 여부를 분간하는 것이 가장 중요하다. 그러므로 혈은 면밀하게 관찰하여야 한다. 혈판에서 위 꼭지 부분은 입수, 중간 상 부분은 혈, 아래 부분은 전순으로 상·중·하로 구분할 때, 입수의 기운이 강하면 장손이 발전하고, 혈판 중간 부

분이 강하면 중간 자손이 발전하고, 전순, 곧 아래 부분이 강하면 막내가 크게 발전한다. 혈판은 안정된 지세에 있는 것이 가장 이상적이다. 지나치게 경사진 곳은 좋지 못하다.

다. 혈(穴)의 종류

혈(穴)은 형태(形態)에 따라 둥글게 생긴 것을 양혈(陽穴), 오목하게 생긴 것을 음혈(陰穴)로 나누며, 다시 세분하면 네 가지 기본형으로 분류를 하는데, 음혈인 와혈(窩穴)·겸혈(鉗穴), 양혈인 유혈(乳穴)·돌혈(突穴)로 구분된다.

(1) 와혈(窩穴)

와혈은 주룡(主龍)에서 내려온 기운(氣運)이 혈판(穴坂)에서 좌우로 각각 맥(脈)을 벌려 오목하게 소쿠리와 같이 생긴 형을 말하고, 제비집과 같으며, 닭의 둥우리와 같고, 냄비 바닥과 손바닥, 소라껍질 같은 형으로 위를 향해 입을 벌리고 좌우로 움켜쥐는 형태를 이루고 있는 개구혈(開口穴)이다.

평지와 고산(高山)에 있는 것으로 높은 산에 더욱 많은 바, 고산은 요

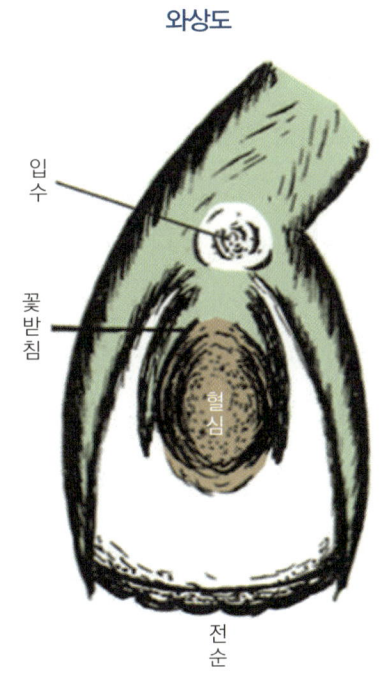

(凹)한 곳으로 진혈(眞穴)을 삼고, 평지는 돌(突: 솟은)한 곳으로 진혈(眞穴)을 삼는다.

(2) 겸혈(鉗穴)

겸혈은 주룡(主龍)에서 내려온 기운(氣運)이 혈판(穴坂)을 이루는 동시에 혈판 양쪽 끝에 받쳐 주는 맥(脈)을 갖고 있다. 쇠뿔과 같은 모양을 이루고 있어 우각(牛角)이라고도 하며, 방아가리와 같은 모양 말발굽과 같이 생긴 형태로 삼태기와 같은 침구학(鍼灸學)의 합곡혈(合谷穴)과 비유된다. 양 다리를 벌린 것과 같으며 주둥이를 벌린 것으로 와혈은 입속이 둥글고 겸혈은 둥글지 않다.

겸상도

주룡(主龍)에서 내려온 기운(氣運)이 혈판(穴坂)을 이루는 동시에 혈판 양쪽 끝이 받쳐 주는 맥(脈)을 갖고 있어 혈성(穴星)이 두 다리를 벌린 것과 같다.

겸혈은 고산(高山)이나 평지에 모두 있다.

(3) 유혈(乳穴)

유혈은 용(龍)이 길게 뻗어 내려온 형태로 여성의 젖가슴과 같다는 의미에서 이 용어를 사용하며, 마치 나무에 과일이 매달린 모양으로 현유혈(懸乳穴: 달아 맨 젖), 혹은 수유(垂乳)·유두(乳頭)라 하며, 모두 두 팔이 있고 중간에 유혈(乳穴)이 있는 것으로 평지나 고산에 다 있다.

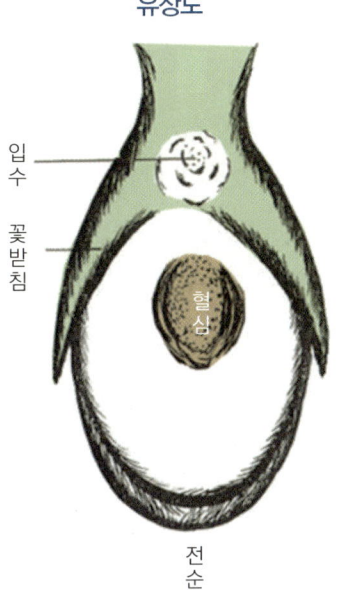

유혈에는 두 팔이 에워싸고 유회(紐回)하는 것과 양팔이 에워쌌으나 유회하지 않는 것이 있다. 유혈은 이지러지고 드러나고 사방으로 꺾어진 것을 가장 싫어하고 반드시 두 팔이 에워싸야 진결(眞結)이다. 구부린 혈(穴)은 아래로 내려 맥을 접하고, 앙혈(昂穴)은 위로 약간 올려 맥(脈)을 접하는 것으로, 후룡(後龍)이 길(吉)하고 입수(入首)가 명백하면 길(吉)하다.

(4) 돌혈(突穴)

돌혈은 우뚝하게 생긴 형태로 엎어놓은 솥처럼 중심 부분이 둥그렇게 솟아오르고, 그 주변에는 솥발과 같은 바위가 솟아오른 형태를 이루고 있다. 산골짜기의 혈(穴)은 바람을 감춰야 하기 때문에 좌우가 둘러싸야 좋고 외롭게 드러나면 바람

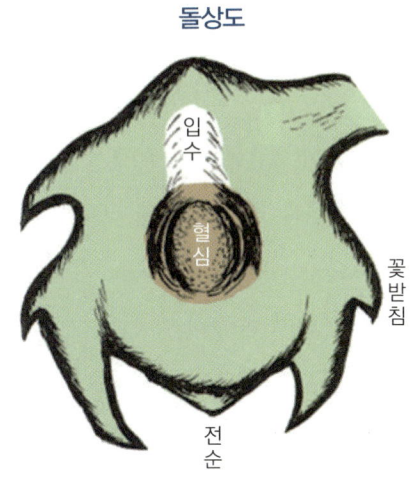

을 맞는다.

평지의 돌(突)은 사변의 평탄함이 좋으며, 물의 경계가 명백하고 수세(水勢)가 혈전(穴前)에 모이든가 둘러싸면 길하다. 닭의 염통, 오리알, 용의 구슬, 자미, 왕룡 등의 형은 모두 돌혈의 별명이다. **평평한 가운데 돌(突)함이 있는 것인데**, 평지나 높은 산에 다 있는 것으로 반드시 물의 경계가 명백하고 내맥(來脈)이 분명하면 평지에 부는 바람은 지면을 쫓아 지나므로 좌우가 평탄하더라도 해가 되지 않지만, 높은 산이나 골짜기는 장풍이 되어야 한다.

라. 혈토(穴土)와 염(廉)

(1) 혈토

혈(穴)은 암석으로 된 입수와 선익, 그리고 전순으로 둘러싸여 있으나 혈 자체는 특수한 토질로 구성되어 있다. 혈을 구성하고 있는 혈토는 토질이 가늘고 부드러우며 습기가 적당해서 그 단면에 윤이 많고 광택이 있어 일반 흙과는 그 모양새가 다르다. 토질은 세 겹으로 되어 있다. 첫 번째는 피토(皮土), 두 번째는 단토(斷土), 세 번째는 혈토(穴土)가 나온다. 이 혈토는 겉에서 보기에는 마치 바위와 같으나 실제로는 바위와 흙의 중간 성분을 갖고 있는 '비석비토(非石非土)'다. 삽이나 곡괭이 같은 가벼운 기구로도 손쉽게 파낼 수 있으며, 혈토 덩어리는 바위 같은 결을 촘촘히 갖고 있는 것이 일반적이다. 색은 금빛 같은 밝은 색체를 띠고 있으며, 때로는 시루떡처럼 층마다 색이 다르기도 하여 오색토라 한다. 혈토는 구성이 매우 치밀해 외부에서 물이 스며들지 못하고, 나무뿌리나 벌레, 바람 등을 침투(浸透)하지 못하게 하면서 신비(神祕)한 기운을 모으고 있다. 따라서 이러한 혈토에 시신을 안장하면 외부의 나쁜 기운이 근접하지 못하고 혈토에서 발생되는 생기(生氣)가 시신을 감싸므로 시신이 안전하게 보전된다. 혈에서는 땅의 기운과 하늘의 기운이 동일한 지점에서 순환(循環)하며 조화(調和)를 이룸으로써 열과 빛을 발산한다. 그래서 다른 곳보다 따뜻하고 밝아 생기가 모이고 멈추는 명당을 이루는 것이다.

(2) 염(廉)

땅속에는 여러 가지 기운이 있으며, 좋은 기운도 있고 나쁜 기운도 있다. 혈은 좋은 기운이 멈추는 곳이다. 시신을 이곳에 매장하면 혈에 있는 좋은 기운으로 시신이 매우 깨끗하게 부패한다. 혈에서는 피부나 근육은 일찍 부패되어 없어지고 뼈만 노랗고 깨끗하게 오래 남는다. 이것을 황골이라고 부른다. 묏자리를 잘못 정하면 좋지 않은 기운에 의해 피해를 입는 경우가 많다. 유골에 물이 차거나, 나무뿌리가 침범하는 현상을 염(廉)이라고 한다.

(가) 수렴(水廉)

땅에 습기가 많아서 관 속에 물이 차는 것을 수렴이라고 한다. 지하수로(地下水路)나 강유(强柔)가 고르지 못한 곳으로, 온수 냉수의 차이도 있지만 산형에 따라 달라진다. 땅이 무르면 비가 올 때 건수(乾水)가 들어왔다 빠진다. 시신이 물에 둥둥 떠 있어 까맣게 되고 불어서 매우 흉하다. 후손들에게는 질병이 발생하고 사업도 부도가 나게 되며 부황병도 생긴다.

(나) 목렴(木廉)

시신에 나무뿌리가 감겨 있는 것을 목렴이라고 한다. 산이 산기(散氣)되고 무른 곳이다. 산형에 따라 다르지만 자손에게 재패와 불구가 생긴다. 나무뿌리가 잠긴 위치에 따라 머리 부분을 감고 있으면 머리에 병을, 눈을 뚫고 들어가 있으면 안질이나 두통, 정신 질환을 앓는다. 허리를 감싸고 있으면 허리를 다치는 후손이 있으며, 다리를 감고 있으면 하반신에 병을 앓는 후손이 있다.

(다) 화렴(火廉)

시신이 불에 그을린 것처럼 새까맣게 변하는 것을 화렴이라고 한다. 팔요풍이 침입하거나 규봉(窺峰)이 있는 곳이다. 후손들이 관송이 일어나며, 정신 질환이나 각종 질병에 시달리게 된다.

(라) 모렴(毛廉)

시신이 곰팡이 같은 가는 털에 싸여 있는 경우를 모렴이라고 하며, 음습하고 흉수사(凶獸砂)가 있는 곳이다. 후손들이 사업에 부도가 나거나 음행자가 생기며 피부병에 시달린다.

(마) 충렴(蟲廉)

시신에 뱀, 두더지, 벌레들이 모여 있는 것을 충렴이라고 하는데, 음절불배합(陰節不配合)으로 음기가 집중되어 있는 곳이다. 후손들이 부도로 재물을 잃거나 희귀 질병 등 백병이 난다.

(바) 풍렴(風廉)

광중에 있는 시신이 없어지거나 이동됨을 풍렴이라고 한다. 몰아치는 바람에 산체(山体)가 돌아가는 듯한 곳이다. 각종 변태도 산형에 따라 다르지만 자손이 난폭하며, 부도와 파산(破産)으로 멀리 도주하게 된다.

마. 좌선(左旋)과 우선(右旋)

혈은 좌선으로 변화하는 용이나 우선으로 변화하는 용 위에 있다. 혈의 진부를 확인하기 위해서는 혈판이 좌선인가 우선인가를 반드시 확인해야 한다.

혈이 우선이면 청룡이 있어야 하고, 좌선이면 백호가 있어야 한다. 마주 보는 쪽에서 보호해 주는 용이 있어야 하는 것이다.

좌우선의 변화가 있는 혈판에서는, 높은 쪽이 혈의 바깥쪽이 되고 낮은 쪽이 혈의 안쪽이 된다. 만약 높은 쪽이 혈의 안쪽이 되고 낮은 쪽이 혈의 바깥쪽이 되면 병룡으로 사룡에 속한다. 혈판이 좌선하거나 우선하는 경우, 혈판 바깥쪽은 단단한 암석질로 되어 있고 안쪽은 부드러운 흙으로 되어 있다. 부드러운 흙 쪽이 용의 앞면이 되며 단단하고 높은 쪽이 용의 뒷부분이 되는 것이다.

바. 혈(穴) 주변의 지세 분석

주산과 내룡, 입수, 혈을 감싸고 있는 청룡·백호·안산 등의 범위와 기색을 살피고 그 위치를 관찰하여 혈의 성격을 판단한다. 혈의 모든 기운도 그 형에 따라 있고, 바람도 그 형에 따라 움직이며, 물도 그 형에 따라 흐르게 되는 것이다.

혈(穴)은 혈을 둘러싸고 있는 산이나 물 같은 자연 조건의 기운을 그

대로 받아들인다. 혈 주위에 좋은 산이 있으면 좋은 산의 기운을 받아들이고, 좋지 않은 산이 있으면 그것도 그대로 받아들인다. 여기서 좋은 산이란 산의 앞면을 말하는 것이며, 뒷면을 보이고 있는 산은 어느 경우든 좋지 않다.

혈에서는 입수에서 혈판으로 변화하는 지점이 가장 중요하다. 그 혈의 생김새도 그 힘이 뭉쳐 있느냐 또는 흩어져 있느냐, 둥그냐, 넓으냐, 바르냐, 기우냐, 강하냐, 유하냐, 양명하고 윤택하며 입수의 기운이 혈로 통할 수 있나 없나를 세밀히 살펴야 한다.

또 선익의 유무를 살펴보고 선익의 모양이 반드시 혈만을 감싸고 있느냐, 감싸지 못 하였느냐, 선익의 기운이 강하냐, 유하냐, 전순은 잘 받치고 있느냐, 입수와 선익과 혈판과 전순 등이 서로 조화와 균형을 이루고 있는가를 살피고, 그 혈의 상·중·하부가 각각 부분별로 강하고, 유하고, 좁고, 넓고, 바르고, 기움을 주밀하게 살펴보아야 한다.

혈에는 득(得)과 파(破)가 있다. 득은 입수가 혈로 화하는 굴한 곳으로, 입수는 양돌(陽突)이요, 득은 음굴(陰屈)이다. 이 음굴이 져야 양돌이 되는 것이다. 이것이 변화하는 이치다. 파구는 혈에 바람과 물이 드나드는 문간이다. 입수취기와 혈의 씨방을 두 눈(眼)에, 좌우 선익을 관골 또는 두 귀(耳)에, 전순을 턱(頤)에 비유할 수 있다. 입수, 득수, 파구, 선익, 전순 모두가 혈판에 붙어 있는 것이며, 곧 혈의 이목구비(耳目口鼻)이기도 하다. 혈이 된 곳에서만 입수도 있고, 득수도 있고, 좌우 선익도 있고, 좌도 있고, 전순도 있고, 파구도 있는 것이다.

혈판이 우선(右旋)할 때 왼쪽의 물이 혈판을 만들어 주고, 왼쪽 물이 처음 시작되는 위치가 득수(得水)며, 왼쪽 물이 흘러서 주작(朱雀) 끝을 감돌고 나가서 흘러나가 보이지 않게 되는 지점이 파구(破口)다.

혈판이 우선(右旋)할 때 득수(得水)는 왼쪽에, 파구(波口)는 오른쪽에 위치한다. 그래서 용의 진행 방향과 물의 흐르는 방향이 서로 마주치게 된다.

혈판이 좌선(左旋)할 때 물이 오른쪽에 득수(得水)를 이루고, 좌선(左旋)의 용(龍)에서 득수 지점은 오른쪽 위 부분이며 파구(破口)는 왼쪽에 나타난다. 이러한 지세에서 용의 진행 방향과 물의 진행 방향이 서로 마주치게 되어 혈을 이루게 되는 것이다.

산의 형태가 좋은 산을 길사(吉砂)라고 하는데, 산의 중심에 기운이 모여 있는 형태를 말한다. 그러나 산의 기운이 좌우로 분산되어 있는 형태는 좋지 않은 것으로 본다. 기운이 모여 있는 산은 탄력 있게 보이고 기운이 분산된 산은 늘어져서 맥이 없어 보인다. 산의 표면은 전체적으로 평탄하고 깨끗한 산이 좋은 산이고, 계곡(溪谷)이 많이 있는 산은 좋지 못하다.

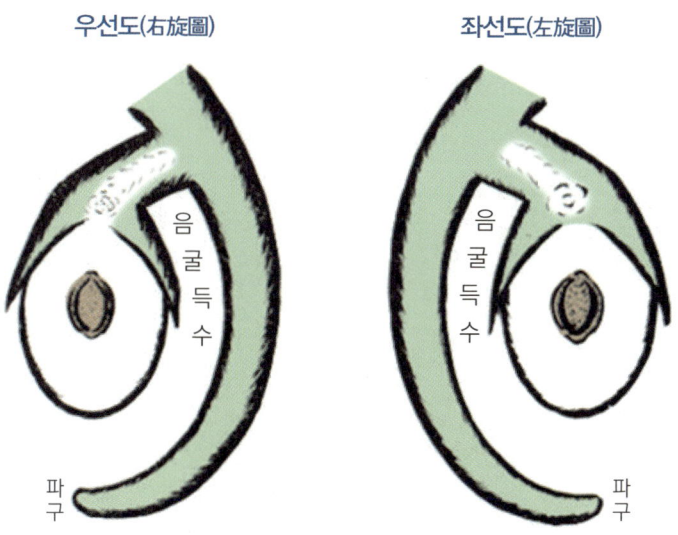

(1) 가장지(可葬地)

묘를 쓸 수 있는 가장지는,

양기(陽氣) 와혈(窩穴), 합기(合氣) 겸혈(鉗穴),

순기(順氣) 유혈(乳穴), 취기(聚氣) 돌혈(突穴),

윤기(潤氣) 잉혈(孕穴), 돌맥(突脈) 요혈(凹穴),

양맥(兩脈) 합혈(合穴), 은맥(隱脈) 원혈(圓穴),

왕맥(旺脈) 은혈(隱穴), 동맥(童脈) 괴혈(怪穴)에 쓸 수 있고,

(2) 불가장지(不可葬地)

묘를 쓸 수 없는 불가장지는,

악기(惡氣) 흉산(凶山), 쇠기(衰氣) 산산(散山),

고봉(高峰) 첨산(尖山), 음습(陰濕) 심산(深山),

고룡(孤龍) 배산(背山), 급기(急氣) 광산(狂山),

설기(洩氣) 주산(走山), 무련(無連) 독산(独山),

무토(無土) 석산(石山), 무맥(無脈) 평지(平地)에 쓸 수 없다.

❸ 사(砂) · 사신사(四神砂)

가. 사신사

산(山)의 좌우, 전후 사면에 있는 산을 사신사(四神砂)라고 한다. 사신사 각각의 명칭은 주산(主山)을 등지고 지대가 낮은 곳을 향해 내려다보는 자세에서 왼쪽에 있는 산을 청룡(靑龍), 오른쪽에 있는 산을 백호(白虎), 앞에 있는 산을 주작(朱雀), 그리고 뒤에 있는 산을 현무(玄武)라고 하며 청룡과 백호가 여러 겹으로 있어 산 너머에 또 다른 산이 보이는 경우에는 청룡과 백호 중 혈이나 명당에 가까이 있는 것을 내청룡, 내백호라 하고 내청룡, 내백호 뒤에 있는 산을 외청룡, 외백호라고 한다. 청룡과 백호를 같이 말할 때는 용호(龍虎)라고 한다.

주산에서 맥(脈)이 연결된 청룡을 '본신청룡(本身靑龍)', 다른 산에서 연결된 청룡을 '외청룡(外靑龍)', 주산에서 맥이 연결된 백호를 '본신백호(本身白虎)', 다른 산에서 맥이 연결된 백호를 '외백호(外白虎)'라고 한다. 본신과 외산이 동시에 있는 경우에는 '주합용호(湊合龍虎)'라고 한다. 본신용호는 주산에서 맥이 연결되어 있어 외산용호보다 명당에 생기(生氣)를 많이 발생시킨다. 좌청룡(左靑龍), 우백호(右白虎), 전주작(前朱雀), 후현무(後玄武)라고 말한다.

생기가 있는 사신사는 청룡과 백호가 명당이 있는 쪽을 앞면으로 해서 공손한 자세로 마주 보고 있는 반면, 생기가 없는 사신사는 청룡과 백호가 명당을 등지고 있는 형태를 이루어 명당의 기운을 빼앗아 간다.

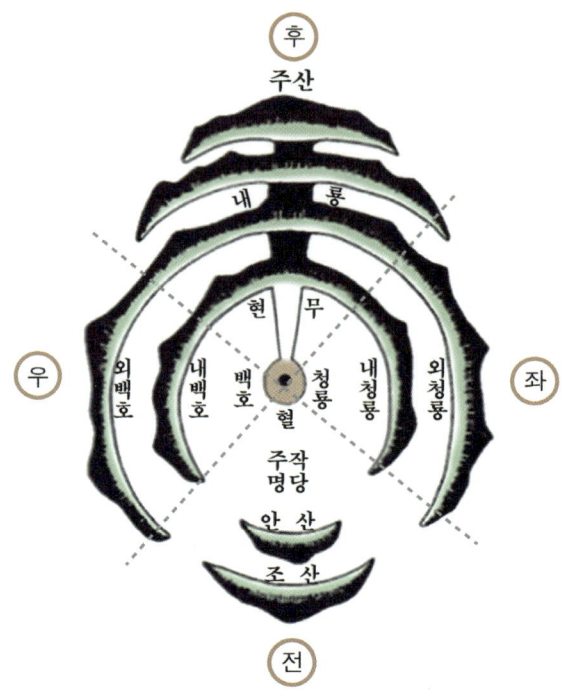

사신사(四神砂)의 3대 기능(機能)

사신사(四神砂)의 기능은 주룡(主龍)에 있는 혈(穴)에 생기(生氣)를 만드는 것이며 혈이나 명당은 사신사에 의해 만들어진다.

사신사는 (가) **바람막이 기능**을 해야 하며, (나) **곡면반사경기능(曲面反射鏡機能)**, (다) **볼록렌즈 기능** 등 세 가지 기능을 갖추고 있어야 한다. 사신사가 **바람막이 기능**을 해야 하는 이유는 생기가 바람에 의해 만들어지기 때문이다. 강하게 부는 바람은 오히려 기운(氣運)을 분산(分散)시켜 생기(生氣)가 되지 못한다.

따라서 강한 바람을 순하고 부드럽게 하려면 사신사가 사면에서 불어오는 강한 바람을 약하고 부드러운 바람으로 만들어 주어야 한다. 이처럼 바람을 막고 생기를 만들고 흩어지지 않도록 해주는 과정을 '장풍(藏風)'이라고 한다.

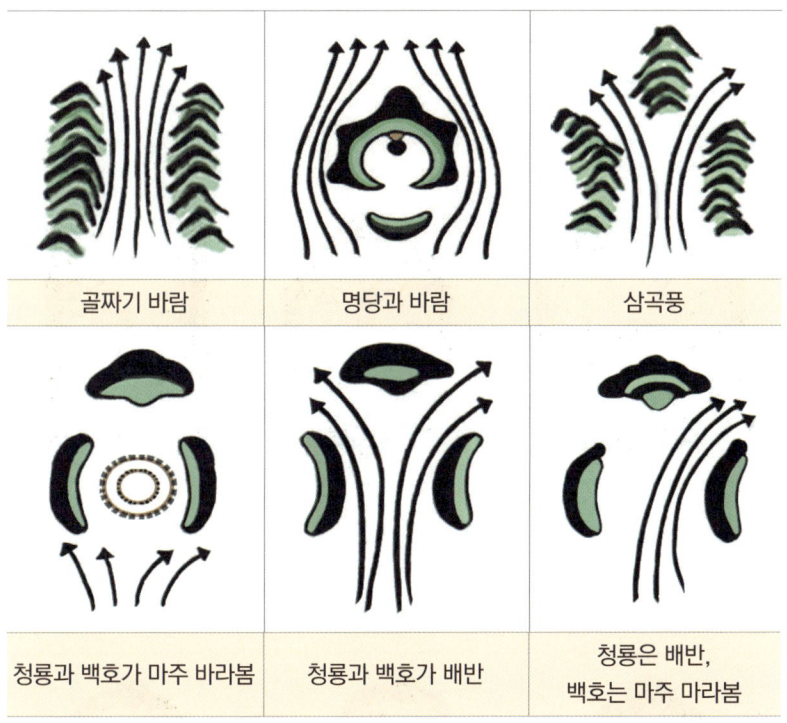

사신사와 바람

곡면반사경(曲面反射鏡)은 반사면(反射面)이 곡면(曲面)을 이루고 있어 달의 빛을 모아 물방울을 맺게 하며 빛을 한 점에 집중적으로 모은다. 자동차의 헤드라이트가 대표적인 곡면 반사경이다.

산·나무·강을 포함해서 모든 물체는 자신만의 빛을 가지고 햇빛이나 달빛을 반사한다. 태양과 달이 청룡과 백호를 비추면 그 빛의 일부는 반사된다. 이때 반사된 빛이 한 지점에 모여 하나의 초점을 이루면, 그곳에서 신비(神祕)한 기운(氣運), 곧 생기(生氣)가 발생된다. 바로 이 부분을 혈(穴)이라고 하고, 혈 주변을 명당이라고 한다.

여러 종류의 빛이 모이는 공간은 그 빛으로 인해 이름 그대로 명당을 이룬다. 따라서 청룡과 백호가 반사경의 기능을 완전하게 해야 생기가 많아져 명당을 이룰 수 있다.

사신사의 반사경 작용

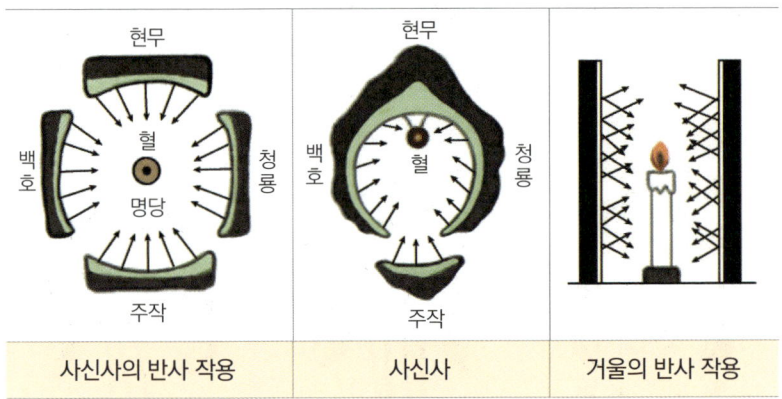

사신사 반사경의 방향

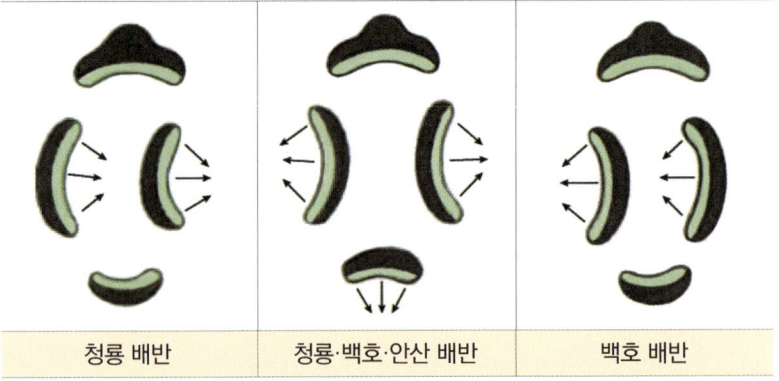

볼록 렌즈는 태양 광선을 모아 열을 얻을 수 있어 흩어져 있는 빛을 한 점으로 모아 매우 밝고 뜨겁게 한다.

사신사의 이상적(理想的)인 형태(形態)는 혈(穴)을 중심으로 둥글게 감싸고 있는 모양이다. 이 둥근 형태의 청룡 능선은 볼록 렌즈의 둥근 부분과 같은 모양을 하고 있는데, 바로 이 볼록 렌즈 형태의 청룡이 주변에 흩어져 있는 기운을 모아 하나의 초점을 만든다. 이처럼 혈의 왼쪽에서는 청룡이, 혈의 오른쪽에서는 백호가, 혈의 앞에서는 주작이, 혈의 뒤에서는 현무가 각각 볼록 렌즈와 같은 역할을 하며, 이 네 렌즈의 공통초점(共通焦點)이 되는 곳이 바로 혈(穴)이 되어 여기에 엄청난 양(量)의 생기(生氣)가 모이는 것이다.

나. 사신사(四神砂)의 종류

혈(穴)에 생기(生氣)를 만들어 주는 사신사, 곧 청룡(靑龍)·백호(白虎)·주작(朱雀)·현무(玄武) 등은 각각의 생기를 갖고 있다.

(1) 청룡(靑龍)

청룡에서 발생되는 생기는 대표적으로 자손번창의 기운, 권력과 지도자의 기운, 재산의 기운을 갖고 있다. 청룡이 이 세 기능을 다하는 지세(地勢)에서는 건강 상태가 좋고, 후손(특히 남자)들이 고급 공무원이 되거나 재물을 모은다. 또한 자손도 번창한다. 청룡이 나쁜 지세에서는 건강을 잃고 자손이 줄어드는데, 심한 경우 대가 끊기기도 한다.

청룡의 산세가 유순(柔順)한 지세에서는 사람들이 부모에게 효도하며 국가에 충성하는 반면, 청룡의 산세가 상부보다 하부에 높이 뭉쳐 솟아올라 봉우리를 이루면 하극상(下剋上)의 비극을 만드는 사람이 나오고, 등을 돌리고 있는 자세에서는 부모에게 불효하고 사회를 등지는 후손들이 나오고 주변 사람들에게 배반당하거나 부도 같은 일을 겪게 된다.

청룡의 끝 부분이 집터를 등지고 멀리 뻗어 나간 지세라면 형제 관계를 끊고 멀리 떠나는 사람이 생긴다. 부모를 떠나 멀리 외국으로 이민(移民)을 떠나는 경우가 이런 지세의 영향이다.

청룡의 맨 윗부분은 형제 중에서 장남에게, 가운데 부분은 중남에게, 마지막 부분은 막내아들에게 영향을 미친다.

(2) 백호(白虎)

백호에서 발생되는 기운(氣運)은 재산과 여성의 생명력을 갖고 있다. 그래서 백호가 기능을 다하는 지역에서는 부자가 나오고 훌륭한 여성이 많이 배출되는데, 딸은 물론 며느리에게도 그 영향이 미친다. 여성의 체질이나 성격에도 반영되어 백호의 산세(山勢)가 유순한 지세(地勢)에서는 부모에게 효도하며 가문을 위해 정절을 바치는 여성이 나오는 반면, 등을 돌리고 있는 산세에서는 딸이나 며느리들이 가출하는 경우가 발생한다. 뒷면을 보이는 배반격(背反格)인 경우에는 재물을 잃고 어려운 생활을 하게 된다.

(3) 현무(玄武)

현무는 혈(穴)에 지기(地氣)를 직접 전달하고 있어서 사신사 중에서 가장 큰 영향력을 갖는다. 현무가 사신사 가운데 주인 역할을 할 경우 가장 이상적인 지세(地勢)가 된다. 따라서 산세(山勢) 규모나 기상이 청룡·백호·주작보다 크고 힘차야 하며, 주룡(主龍)에서 개장(開帳)과 천심(穿心) 등 여러 변화 과정을 이루는 생룡(生龍)이어야 한다.

따라서 현무는 한 집안이나 개인에게 특별한 능력을 만들어 주는 생기를 갖고 있어, 현무의 지세가 좋은 지역에서는 능력이 출중한 인물이 배출된다. 현무의 기운은 주작의 기운과 대칭되는데, 주작이 사회적인 평판이나 여론 등 외부적인 기운(氣運)을 주는 데 반해 현무는 내부적인 힘을 만들어 준다. 예를 들면, 한 지세에서 현무는 생기를 만들어 주고 주작은 그렇지 못할 경우, 능력은 우수하나 사회적으로 인정받지 못하는 인물이 배출되고, 주작은 생기를 만들어 주나 현무가 그렇지 못할 경우에는 개인적인 능력이 부족해도 사회적으로 인기를 얻는 사람이 배출된다.

(4) 주작(朱雀)

주작은 혈(穴) 앞에 대응하는 산으로 혈판(穴坂) 하부, 곧 전순(前脣)부터 멀리 있는 조산(祖山) 사이에 있는 산을 모두 말한다.

주작 중에서 집터 가까이 있는 안산(案山)은 재산, 지위, 평판 같은 기운(氣運)으로 주작이 좋은 집터에서는 많은 재산을 모으고 사회에서 높은 지위에 오르며 많은 사람에게 존경을 받고, 주작이 나쁜 집터에서는 재산을 잃고 직장에서 누명을 쓰고 물러나는 등 명예를 더럽히게 된다.

주작은 현무(玄武)와 대칭되는 관계에 있다. 현무가 주인이라면 주작은 손님 또는 보조자로, 현무가 남편이라면 주작은 처·첩으로 현무보다 한 계급 낮은 것이 이상적이다. 안산(案山)과 조산(朝山)에서 생기(生氣)를 보내는 지세(地勢)에서는 매우 높은 신분으로 상승하고 명예와 재물을 얻게 된다.

주작의 일부인 안산은 혈 앞쪽에 있으며, 조산보다도 낮은 산으로 집터 또는 묘(墓)자리 앞에 놓인 산을 말한다. 안산은 신분의 높고 낮음과 연관이 있다. 안산의 형태는 주택의 길흉(吉凶)에 상당히 큰 영향력을 행사하는데, 안산의 형태가 안정되고 힘이 있어서 바가지를 엎어놓은 것 같으면 부자가 배출되고, 문필봉(文筆峯) 형태를 이루고 있으면 공무원으로 출세하는 인물이 나온다. 반면 안산의 형태가 불안하거나 흉(凶)하면 좋지 않은 일이 발생한다.

안산은 내부 기운이 빠져나가는 것을 막아줄 뿐만 아니라, 외부 기운이 공격해오는 것을 막아주는 역할도 한다.

다. 사신사(四神砂)의 기운(氣運)

현무(주산): 주인, 배경, 가장, 남편(내부적인 기운)
청룡: 남자 후손, 자손 번창, 권력, 출세, 명예(名譽), 벼슬, 남편복
백호: 여자 후손, 재물(財物), 복록(福祿), 부인복, 여성의 출세(딸·며느리)
주작(안산): 처·첩, 사회적 평판, 여론, 지위, 손님, 객, 지인(知人), 인덕(客)(외부적인 기운)

라. 사신사(四神砂)의 면(面)과 배(背)

(1) 현무(玄武)의 면(面)배(背)

현무의 면(面)

현무의 유정(有情)
능력이 출중한 인물이 배출
사회적 배경이 좋다.
어진(仁) 아버지
순리(順理)의 가장(家長)
가장(家長)의 장수(長壽)

현무의 배(背)

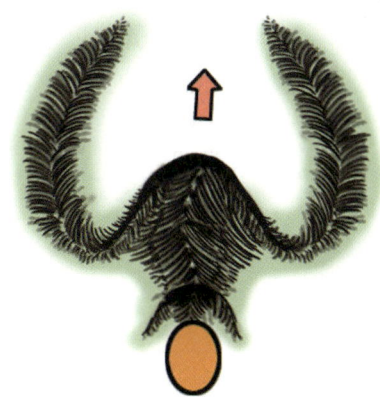

현무의 무정(無情)
독선(獨善)의 아버지
무능한 인물이 배출
사회적 배경이 없다.
(아버지가 사고를 낸다.)
역리(逆理)의 가장(家長)
가장(家長)의 단명(短命)

(2) 청룡(靑龍)의 면(面)배(背)

청룡의 면(面)

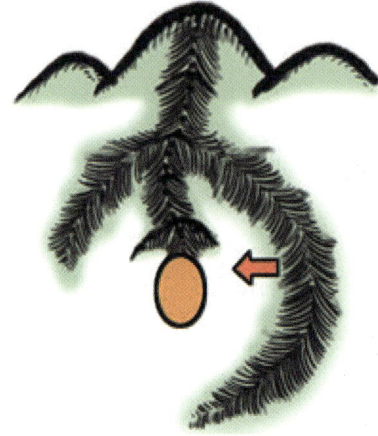

청룡의 유정(有情)
청룡이 혈(穴)을 환포(環抱)
자손이 번창하고, 재물을 모은다.
남자 손(孫)의 출세-권력과 명예(名譽)를
얻는다.- 고급 공무원
남자 손(孫)의 효자-부자유친 형제의 화합
남편(男便) 복(福)이 있다.

청룡의 배(背)

청룡의 무정(無情)
청룡이 혈(穴)을 배반(背反)
자손이 줄거나 대가 끊긴다.
재물을 잃는다.
남자 손(孫) 명예의 추락
부자(父子) 간 형제(兄弟) 간의 갈등
남편(男便) 복(福)이 없다.
(남편이나 아들이 사고를 내거나
이민을 간다.)

(3) 백호(白虎)의 면(面)배(背)

백호의 면(面)

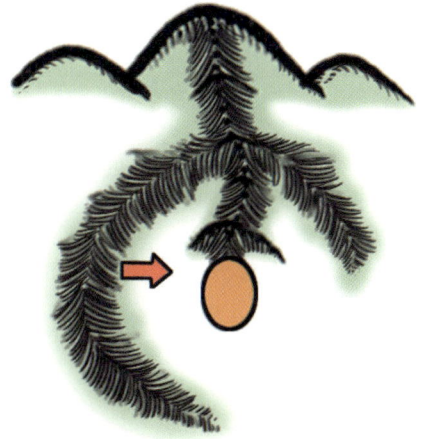

백호의 유정(有情)
백호가 혈(穴)을 환포(環抱)
부자가 나오고 여성이 출세한다.
여자 손(孫)의 효부-고부(姑婦) 간
동서(同壻) 간 화합
재물(財物) 복록(福祿)이 있다.
부인(婦人) 복(福)이 있다.

백호의 배(背)

백호의 무정(無情)
백호가 혈(穴)을 배반(背反)
재산을 잃고 어려운 생활을 한다.
여자 손(孫)의 불효-고부(姑婦) 간
동서(同壻) 간 갈등
재물(財物) 복록(福祿)이 없다.
부인(婦人) 복(福)이 없다(부인이나
며느리가 사고를 내거나 가출한다.)
이혼(離婚)하게 된다.

(4) 안산(案山)의 면(面)배(背)

안산의 면(面)

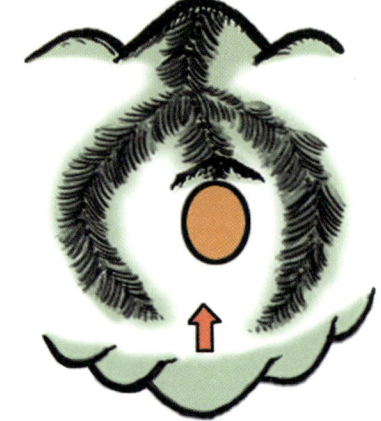

안산의 유정(有情)
안산이 혈(穴)을 환포(環抱)
처·첩이 순종하고 사회적 평판이
좋으며 재산을 모으고
높은 지위에 오른다.
많은 사람에게 존경을 받는다.
지인(知人)의 도움-지인(知人)과의
협력(協力)
인덕(人德)이 많다.

안산의 배(背)

안산의 무정(無情)
안산이 혈(穴)을 배반(背反)
지인(知人)의 배반(背反)
인덕(人德)이 없다.
재산을 잃고,
누명을 쓰거나 명예를 잃는다.
금전(金錢)거래 보증(保證) 동업(同業)
금지(禁止)
사회적 평판이 나쁘다.
안산이 없이 열려 있으면 고생(苦生)문이
열리고 평생 거지다.

용의 앞뒤(면배)

후(배)
전(면)
전(면)
후(배)

마. 사신사(四神砂)의 영향

혈(穴)에서 청룡이나 백호까지의 거리는 발복(發福)을 일으키는 시간과 관련된다.

청룡이나 백호가 집터에 가깝게 있을 경우에는 그 영향이 빨리 나타난다. 좋은 청룡과 백호가 집터에서 30m 떨어져 있는 경우에는 그 집에 입주한 날부터 경사스런 일이 생기기 시작하여 3년 안에 재산과 명예가 따르고 건강해지는 등 이른바 금시발복한다.

반면 흉기(凶氣)를 갖고 있는 청룡과 백호가 혈에서 이 정도로 가까운 거리에 있으면 입주한 해부터 교통사고나 부도, 질병 같은 불행한 일을 겪게 된다. 집터에서 청룡까지의 거리는 가깝지만 백호까지는 먼 경우, 청룡의 영향은 금세 발생하지만 백호의 영향은 시간이 좀 지난 뒤에 발생한다.

사신사의 거리

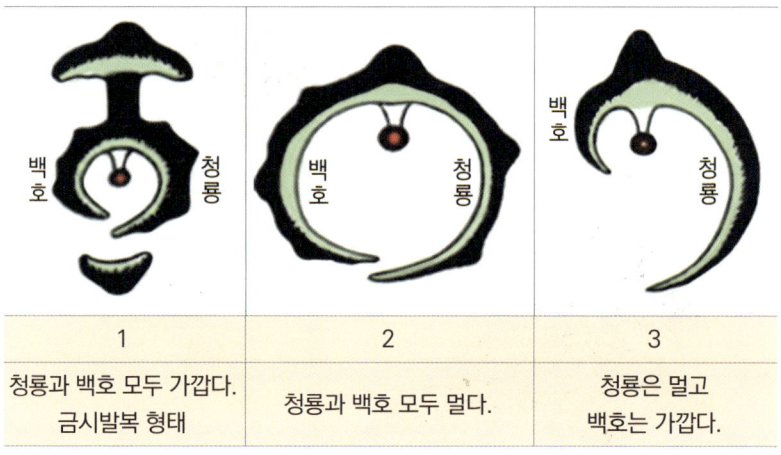

1	2	3
청룡과 백호 모두 가깝다. 금시발복 형태	청룡과 백호 모두 멀다.	청룡은 멀고 백호는 가깝다.

청룡·백호의 거리

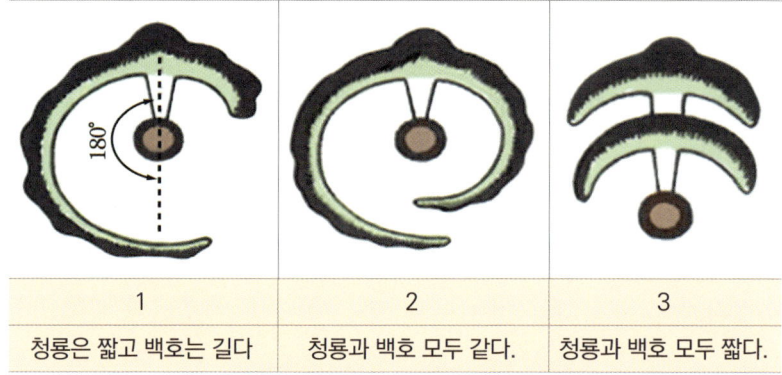

1	2	3
청룡은 짧고 백호는 길다	청룡과 백호 모두 같다.	청룡과 백호 모두 짧다.

바. 장풍법(藏風法)

청룡과 백호 등 사(砂)에 둘러싸인 혈(穴) 바로 앞의 땅을 명당(明堂)이라 한다. 이때 혈 바로 앞의 평탄한 땅, 즉 산소(山所)의 묘판(墓坂)과 주거지의 주 건조물의 앞뜰을 내명당(內明堂)이라 하고, 이보다 더 앞쪽으로 내명당에 비하여 비교적 넓은 평지를 외명당(外明堂)이라 부른다. 혈과 명당은 풍수의 전 체계에서 가장 중심이 되는 요소로, 위치상 수위를 차지하고 있다.

명당 주변의 지세에 관한 풍수이론을 통칭하여 장풍법이라고 하며, 결국 장풍법을 통하여 정혈(定穴)도 이루어지므로 실제 도읍이나 음택 혹은 주택지를 선정할 때 장풍법이 최우선이다.

풍수의 법술은 물을 얻고 바람을 막는 방법을 얻는 데에 중점을 두게 된다(風水之法 得水爲上 藏風次之). 보다 엄밀하게는 바람을 막는 것(防風)이 아니고 불어서 흩어지고 사라져가는 바람을 끌어들여 간수하자는 것(藏風)인데, 이렇게 되기 위해서는 명당 주위에 산이 필연적으로 요청되게 된다.

즉 혈과 명당 주위를 산이 둘러싸고 그 중앙의 요지(凹地)에 음양이기(陰陽二氣)의 결합과 생기(生氣)의 활동이 넘치게 하려는 것이다.

장풍국(藏風局): 개성   득수국(得水局): 서울, 평양

장풍법은 청룡(靑龍), 백호(白虎), 주작(朱雀), 현무(玄武)의 사신사에서 대종을 이룬다. 사신사(四神砂)가 둥글게 둘러 감싸준 명당은 도읍

이나 촌락 혹은 주거풍수에 매우 긍정적인 영향을 미치게 된다. 우선 주위가 개방되지 않고 감싸여 있어 주민들에게 안정감을 준다는 점을 지적할 수 있다.

우리나라와 같이 겨울철의 북서계절풍이 몹시 차가운 풍토에서 사신사는 적절한 바람막이 구실을 한다는 점도 빼놓을 수 없는 장점이라 할 수 있다.

사. 장풍사(藏風砂)

(1) 사격의 형태

사격이란 혈의 전후좌우에 나열되어 있는 산들을 말한다. 아름답게 보이는 산형들은 길사(吉砂)라 하고, 아름답지 못하게 보이는 산형들을 흉사(凶砂)라고 한다. 명산에는 길사가 나열되고 흉산에는 흉사가 서로 상충도 하고 배반도 한다. 혈(穴)이 되었을 때 길사가 필요하지만 혈이 안 되면 주위의 길사는 소용없다. 즉 길산에는 길사가 조응되고 흉산에는 흉사가 상충되는 것이 자연원리다.

쌍태봉(雙胎峰): 산 정상 부분에 두 개의 정점을 갖고 있는 산을 쌍태봉이라고 한다. 쌍태봉을 마주보고 있는 마을에서는 쌍둥이가 많이 태어난다.

삼태봉(三台峰): 문필봉 셋이 합쳐 올라간 삼태(三台)형의 목성(木星)이다.

주먹봉: 주먹을 쥐고 있는 모양의 산으로 주먹을 쓰는 사람, 곧 권투선수나 폭력배가 나온다.

순룡(順龍): 산은 높은 봉우리에서 차츰 낮은 능선으로 연결되는 순한 산을 순룡(順龍)이라고 한다. 자식이 부모에게 효도하며, 남녀 또는 신분 사이에서 질서를 잘 지켜 안정을 유지한다. 그래서 효자나 충신이 많이 배출된다.

역봉(逆峰): 산이 높은 봉우리에서 능선을 따라 조금씩 내려가다가 다시 높이 솟아올라 새로운 봉우리를 이루며 기운이 뭉쳐지는 형태를 역봉이라고 한다. 산 중심에 있는 기운을 새로운 봉우리로 빼앗아 가는 성질을 갖고 있다. 이러한 역봉이 있는 마을에서는 부모에게 불효하거나 상관에게 불복종하는 하극상(下剋上)의 비극을 만드는 사람이 나온다.

월봉(越峰): 가까운 곳에는 낮은 산이 있고 그 너머로 높은 산이 보일 때, 뒤에 있는 높은 산을 월봉이라고 한다. 지세의 분위기가 산만해지는 결점이 있다. 월봉의 기운이 가까운 산의 기운과 조화를 이루지 못하기 때문이다. 월봉이 있는 지역은 외부 세력에 의해 간섭을 받게 되므로 중심 기운이 부족해진다.

여근곡(女根谷): 산골짜기가 여성의 생식기와 같이 탐스럽게 갈라져 있는 산으로 여자의 기운이 강하고, 남자들은 여자를 지나치게 좋아하게 되어 건강을 해칠 우려가 있다.

양물(陽物) 바위: 남성의 생식기를 닮은 바위를 말한다. 집이 이런 바위를 마주보는 지세에 있으면 여자들이 남자를 욕심내게 된다.

여근곡과 양물 바위

빈산(貧山)과 부산(富山): 빈산(貧山)은 늙은 호박에 주름이 파인 것 같이 산의 형태가 통통하지 못하고 골짜기가 많은 산을 말한다. 가난한 생활을 면치 못한다. 부산(富山)은 산의 형태가 통통하고 탄력이 있는데, 왕성한 기운을 갖고 있어 큰 부자가 생긴다. 가난한 사람도 이 지역에 살면 부자가 될 수 있다.

흉석(凶石): 마주하고 있는 산의 돌이 흉석인 경우에는 살인 사건 등 좋지 않은 일이 일어난다.

길산(吉山)과 흉산(凶山): 산의 땅속 기운은 언제나 외부로 발산되고 있다. 유익한 기운을 발산하는 산은 길한 산이며, 형태도 아름답다. 그러나 좋지 않은 기운을 발산하는 산은 보기에도 추하고 흉하다. 또 같은 산이라도 앞면은 길한 산이고, 뒷면은 흉한 산도 있다. 하나의 산에서도 앞면과 뒷면의 기운이 서로 다르기 때문이다.

군왕사(君王砂): 산의 형태가 우람하고 十자 맥을 이루며 강한 힘을 갖고 있는 산은 대통령을 만드는 기운이 발생한다.

어병사(御屛砂): 산의 형태가 병사들이 둘러서 있는 모양이다. 군인들을 지휘하는 장군이 배출되거나 왕비를 낳게 된다.

영상사(領相砂): 산의 형태가 우람하고 힘 있게 솟은 문성의 산을 영상사라고 한다. 이러한 산은 기운이 강해 총리급 인물이 배출된다.

군수사(郡守砂): 산의 형태가 군수의 의관처럼 생기면 군수가 배출된다.

독봉사(獨峰砂): 산의 형태가 들이나 평지에 외롭게 솟아 있는 독봉이면 면장이 배출된다.

문필봉(文筆峰): 산의 형태가 아담한 봉우리처럼 붓 끝같이 생긴 산으로 문장 명필이나 학자가 배출되며, 때로는 고위 공무원이 배출되기도 한다.

부봉사(富峰砂): 산의 형태가 풍만해서 부자를 만들어 준다. 추수하여 쌓아놓은 노적가리나 바가지를 엎어 놓은 것 같은 형태다.

아미사(娥眉砂): 산의 형태가 아름다운 나비(여성)의 눈썹과 같이 생긴 산이 있는 지세에서는 미녀들이 태어난다.

산산형(散山形): 기운이 분산되어 흩어지는 형태를 산산형 또는 분산형이라고 한다. 이런 산의 지세에서는 재산이 분산되어 살림이 어렵다.

절산형(絶山形): 산의 맥이 끊어진 형태로, 이런 지세에서는 자손이 끊어진다.

도주형(逃走形): 산이 도망가는 형태를 취하고 있다. 이런 지세에서는 도망자가 발생한다.

역리형(逆理形): 끝 부분이 치솟아 오른 형태의 산으로, 이런 지세에서는 상관에게 불복종하는 하극상(下剋上)의 인물이나 역적이 태어난다.

결항형(結項形): 목을 매어 늘어진 형태의 산으로, 목매달고 죽는 사람이 생긴다.

압사형(壓死形): 납작하게 찌그러진 형태의 산으로, 자동차나 커다란 기계 사이에 끼어 불행한 일을 당한다.

검사형(劍死形), 이금치사(以金致死): 지세에서 가까이 있는 산 너머로 뒷면에 있는 산의 능선이 나란히 겹을 만들어 작두 형상을 이루고 있으면 이금치사와 같은 불행한 일을 당하게 된다. 이러한 산 형태를 검사형(劍死形)이라고 한다. 이런 지세에 살면 자동차 사이에 끼어 죽는다거나 기계 사이에 끼어 목숨을 잃는 불행한 일을 겪게 된다.

규봉: 월봉 · 이금치사

월봉　규봉　　　　　　　　　　　이금치사

규봉(窺峰): 뒤에 있는 산봉우리가 가까이 있는 산 너머로 보이되, 그 형태가 보일 듯 말 듯 한 산을 규봉이라고 한다. 이러한 산은 앞은 자세에서는 보이지 않지만 일어서면 보이는 형태를 이루고 있다. 마치 담

너머에 있는 도둑이 집 안을 들여다보는 듯한 모습이어서 '도둑봉'이라고도 한다. 북한산 보현봉은 북악산을 넘어 서울 시내를 내려다보고 있는 형태여서 대표적인 규봉의 형태를 이루고 있다. 규봉이 있는 지역에서는 도둑 피해를 자주 입게 된다.

낙사형(落死形): 땅에 떨어뜨린 메주처럼 납작하게 분산된 형태다. 이런 산이 있는 지세에서는 추락해서 다치는 사람이 생긴다.

현군형(縣裙形): 산이 여러 갈래의 능선으로 분산되어 있는 형태를 말한다. 이러한 산의 능선은 옆에서 보면 마치 여자의 주름치마와 같은 모양을 하고 있다. 현군사는 능선과 능선 사이에 골짜기가 형성되는데, 골짜기는 여성을 상징하는 물이 흐르게 마련이다. 따라서 집 주변에 현군사가 있으면 부인도 딸도 바람이 나서 집을 나간다.

수갑형(手匣形): 마치 수갑과 같이 둥그런 산으로 부채살 모양의 산 형태는 형무소에 들어가는 사람이 생기거나 교통사고를 당한다.

(2) 사격(砂格)의 화복(禍福)

혈(穴)이 있는 곳에 원근(遠近) 사격의 형태에 따라 그 영향은 각각 다르게 나타나는데 사격의 화복은

길사도(吉砂圖)

① 군왕사(君王砂)
② 어병사(御屛砂)
③ 독봉사(獨峰砂)
④ 군수사(郡守砂)
⑤ 부봉사(富峯砂)
⑥ 문현사(文賢砂)
⑦ 아미사(峨眉砂)
※ 무수 옥대사
⑧ 문필사(文筆砂)
⑨ 영상사(領相砂)
⑩ 지사사(知事砂)

군왕사(君王砂)가 있는 곳에   임금님을 낳게 되고
어병사(御屛砂)가 있는 곳에   딸자식이 왕비(王妃)되네.
영상사(領相砂)가 있는 곳에   장관차관(長官次官) 낳게 되고
지사사(知事砂)가 있는 곳에   도지사(道知事)가 나는구나.
귀봉사(貴峰砂)가 있는 곳에   군수(郡守)급의 자손이요
독봉사(獨峰砂)가 있는 곳에   면장(面長)하는 자손일세.
문현사(文賢砂)가 있는 곳에   어질고 덕높은 자손 기약하고
문필사(文筆砂)가 있는 곳에   문장명필(文章名筆) 없을손가.
부봉사(富峰砂)가 있는 곳에   거부(巨富) 자손 틀림없고
아미사(娥眉砂)가 있는 곳에   자자손손(子子孫孫) 미인이라.

흉사도(凶砂圖)

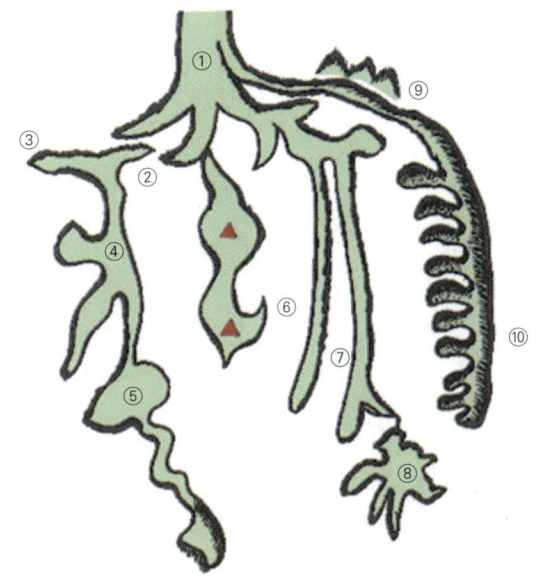

① 산산형(散山形)
② 절산형(絶山形)
③ 도주형(逃走形)
④ 역리형(逆理形)
⑤ 결항형(結項形)
⑥ 압사형(壓死形)
⑦ 검사형(劍死形)
⑧ 낙사형(落死形)
⑨ 규봉형(窺峯形)
⑩ 현군형(懸裙形)

산산형(散山形)이 있는 곳에   살림살이 거덜나며
절산형(絶山形)이 있는 곳에   무후(無後) 자손 애달프다.
도주형(逃走形)이 있는 곳에   도망자(逃亡者)가 있게 되고
역리형(逆理形)이 있는 곳에   불충불효(不忠不孝) 속썩인다.
결항형(結項形)이 있는 곳에   목을 매어 죽어가며
압사형(壓死形)이 있는 곳에   차(車) 사고를 면할손가.
검사형(劍死形)이 있는 곳에   이금치사(以金致死) 하게 되며
낙사형(落死形)이 있는 곳에   추락사(墜落死)를 어찌 할고.
규봉형(窺峰形)이 있는 곳에   도적(盜賊) 자손 웬말이며
현군형(懸裙形)이 있는 곳에   자손들이 음탕(淫蕩)하다.

(3) 특수산형

혈이 된 혈판에 잘못 생긴 부분이 있으면 태어나는 자손에게 선천적인 영향을 미치게 된다.

적자, 서자가 나는 산

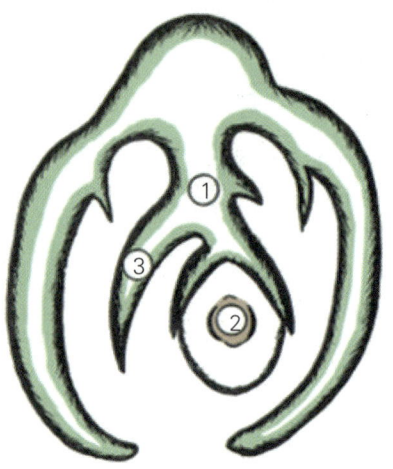

①번 입수 기운이
②번 혈심과
③번 선익으로 나누어서 가기 때문에 적·서자가 난다

독자, 양자가 나는 산

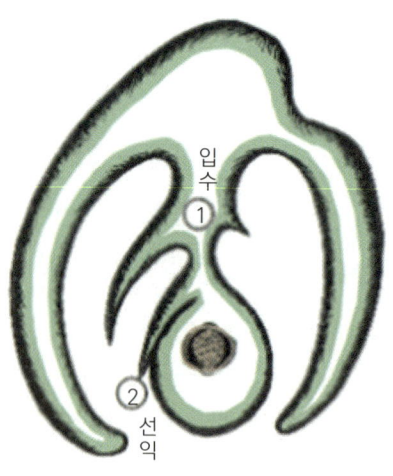

①번 지점이 끊어지면 양자
②번 지점이 약하면 독자가 난다.

쌍둥이(双胎兒)가 나는 산

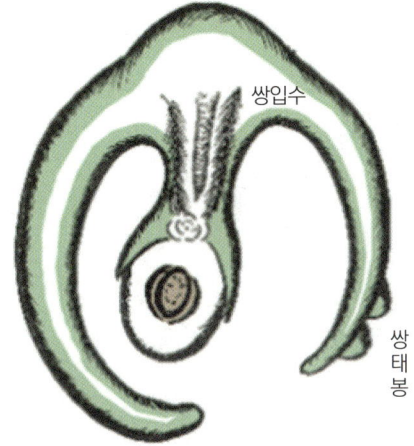

입수가 쌍입수로 쌍둥이가 난다.

측자(側子) 출산도

원래의 입수가 있는 듯, 없는 듯 하면서도 측입수가 왕하고 규봉이 있다.

외손봉사

백호가 왕성하고 청룡은 끊어졌고, 패철상 불배합이며 꽃받침이 없다.

육손이(六指)가 나는 산

태맥혈의 금

태맥절에 금이 갔다.
자손 중 6손가락이나
6발가락이 난다.
금의 위치에 따라
좌우 수족을 분별하고
남·여의 분별은
절수 음양으로 판정한다.

봉사(盲者)가 나는 산

패철상 불배합 방위의
순음 축간(丑艮)좌 또는
신유(辛酉)좌로서
서 있는 돌이 있다.
돌의 좌·우로서 좌·우
눈을 가름하고 좌·우선으로
남녀를 분별한다.

벙어리 출산도

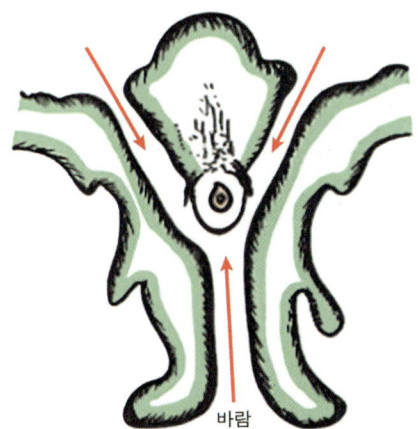

삼곡풍이 충돌하고
산형은 배합혈 같으나
패철상 불배합이다.

제5장 풍수지리의 이론구조   321

언청이 출산도

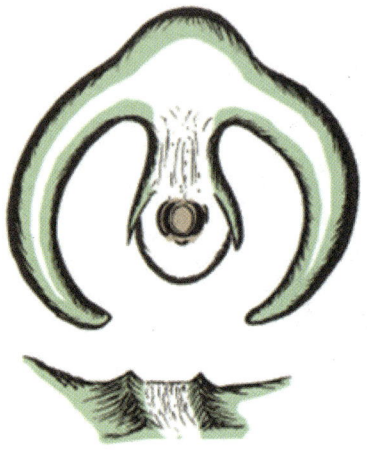

입수가 넓고 불배합 태맥절로서 안산이 언청이 모양이다.
그림과 같이 청석으로 물이 있다가 없다가 한다.

꼽추 출산도

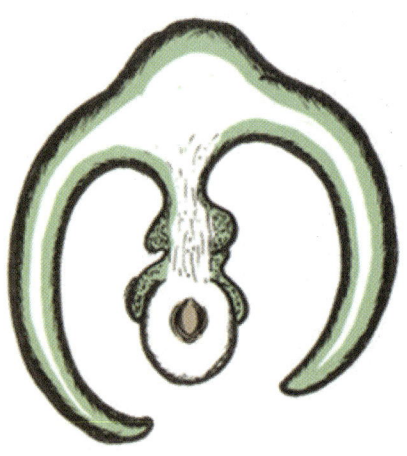

입수 뭉치와 혈의 뭉치가 겹붙은 것 같이 보이는 산 남녀는 입수혹의 좌우로서 분별한다.

❹ 물(水)

풍수지리 이론에서 물은 명당을 이루는 가장 중요한 요소다. 풍수(風水), 곧 바람과 물이라는 용어에도 나타나듯이 물이 있어야만 명당이 이루어진다. 산수를 인체에 비유하면 산은 사람의 형체(形體)와 같고, 물은 사람의 혈맥(血脈)과 같다. 사람의 생장영고(生長榮枯)는 모두 혈맥에 의한다. 이 혈맥이 순조롭게 돌아야 편안하고 건강하며, 조화를 잃으면 질병을 얻는다. 산수도 이와 마찬가지다. 물이 오고가면서 산을 만나지 못하면 산의 길함은 성립되지 않는다. 반드시 물의 오고 감이 산과 합치(合致)되어야 조화를 이룬다.

산의 기(氣)는 물을 만나지 않으면 멈추지 않고, 물의 기(氣)는 산을 만나지 않으면 조화(調和)를 이루지 못한다. 산과 물(음양이기:陰陽二氣)이 서로 어울리면 음양이 화합하여 생기를 충화시킨다. 풍수에서 득산득수를 귀하게 여기는 이유는 산이 없으면 기를 받을 수 없고 물을 얻지 못하면 기를 도울 수 없기 때문이다. 그러므로 산과 수에 대한 풍수적 원칙이 산수융결(山水融結)이다. 산은 높은 것이 좋고, 물은 깊은 것이 좋다. 어지럽지 않게 일어나는 산은 기를 모으고, 물이 어지럽지 않게 굽이치면 기가 멈춘다. 물이 깊은 곳에 사람이 많이 살고 부유하며, 물이 얕은 곳에 사람이 적고 가난하다. 물이 모이는 곳은 사람이 많고, 물이 흩어지는 곳에는 사람이 적다. 물이 넓게 유유히 흘러 뒤를 돌아보고 머무르고자 하는 듯 그 흘러오는 근원이 없는(근원이 멀어서 알지 못하는 것) 것은 길하며, 정이 있어서 혈을 뒤돌아보고 둥글게 돌며 연연해하고 뿌리치지 않는 것이 좋다.

산(山)은 인사(人事)를 주관하고 물(水)은 재물(財物)을 관리하므로 산과 물이 어우러져야 비로소 조화(調和)를 이룬다.

가. 물의 규모(規模)와 형태(形態)

풍수에서는 물의 성격을 분석하는 방법으로 물의 규모, 흐름의 상태, 수질(水質), 물이 흐르는 방위 등을 살핀다.

물의 종류는 크기에 따라 바다·강·댐·호수·계곡·연못·밭고랑·샘물 등으로 구분된다. 명당은 바다나 강과 같이 큰 물이 있는 곳에서는 형성되지 않고 개천이나 작은 물(강)이 있는 곳에서 더 많이 형성(形成)된다. 명당은 공기 중에 약간의 수분만 있어도 형성되는 것으로 분석된다. 바닷가에서 명당(明堂)이 되기 위해서는 바다에서 불어오는 바람을 막아 주는 포구(浦口)가 있어야 한다. 포구로 둘러싸여 있는 곳은 바다를 직접 면한 곳보다 한결 바람이 부드럽다. 바람이 부드러운 곳에 기운이 모이므로, 포구로 둘러싸인 바닷가에 명당이 형성된다. 바닷가에 명당이 이루어지는 경우 포구 안쪽이 더 바람직한 공간이 되고, 바깥쪽은 바람이 강하다. 큰 강이 있는 곳은 물의 기운이 많고 바람이 강하게 불기 때문에 명당을 이루지 못한다. 곡선으로 흐르는 강이 부드럽게 흐르고 바람의 속도가 약하기 때문에 명당을 이루는 경우가 많다. 곧게 흐르는 강은 강한 바람이 불고 그 바람은 기운을 쓸어가기 때문에 명당을 이루지 못하고 사람의 건강을 해치는 곳이다.

집터를 고를 때는 큰 강이나 바닷가를 멀리하는 것이 바람직하다.

정자 터와 같이 전망 좋고 시원한 곳은 경치는 좋아도 명당터나 집터로는 좋지 않다.

묘지 위치도 큰 바닷가나 큰 강가는 좋지 않다. 명당은 청룡과 백호가 감싸고 있는 내부에서만 이루어지기 때문에 좀 답답하게 느껴지기도 한다. 청룡과 백호가 울타리 역할을 하기 때문이다. 그러나 비록 보기에는 답답해도 이런 곳이 기운이 많이 모이므로 집터나 못자리로는 명당이다.

바다에 가까우면서 낮은 산에 둘러싸여 바다가 전혀 보이지 않는 지역에 생기가 잘 모인다. 강과 집터 사이에 야트막한 산이 가로막고 있어 어느 정도 강의 기운을 막아 주는 지세(地勢)라면 명당이 형성(形成)된다.

풍수에서 이상적인 물의 형태(形態)를 '궁수(弓水)'라고 한다. 활의 둥근 모양이나 굽이쳐 돌아가는 형태에서 곡선(曲線) 중심의 안쪽을 말한다. 이러한 지세(地勢)에서는 물이 잔잔하고 지기(地氣)가 모여 좋은 집터를 이룬다. 곡선 바깥쪽에는 반궁수(反弓水)로 기운이 모이지 않고 배반하는 기운이 있어 집을 짓지 않는다. 경북 안동 하회 마을이 대표적인 경우다. 서울의 지세를 보면, 한강이 서울 남쪽을 통과할 때는 굽이굽이 돌아 마치 활과 같은 형태를 이루지만 여의도에서 강화까지는 직선으로 흐른다. 직선으로 흐르는 강가 좌·우에는 바람이 강하게 불기 때문에 기(氣)가 모일 수 없다.

물(水)이 고요한(靜) 것은 길(吉)한 것으로 하나, 물이 흘러나감이 없이 고이면 부패된 물로 본다. 풍수에서 부패된 물은 피한다.

나. 물이 흐르는 방향과 속도

산의 경사도와 물의 경사도가 같은 방향을 이루는 경우를 **산수동거**(山水同去)라고 한다. 계곡에서 흐르는 물의 형태로 본다면 양쪽 계곡의 경사와 중앙에서 흐르는 물의 방향이 같은 것을 말한다. 이러한 곳에서는 결코 명당이 이루어지지 않는다. 산(山)의 기운(氣運)과 물(水)의 기운이 같은 방향으로 흘러, 서로 부딪치지 못하기 때문이다.

명당은 산의 기운과 물의 기운이 서로 부딪치면서 조화(調和)를 이루어야만 가능하다. 물이 산의 경사와 반대로 흐르는 경우를 **역수**(逆水)라고 하며, 이 경우에만 명당(明堂)이 발생한다. 산의 기운과 물의 기운이 서로 마주칠 수 있기 때문이다. 이곳에서는 바람이 잔잔해서 마치 흐르지 않는 것처럼 느껴진다.

용(龍)이 직선으로 내려갈 경우에는 물이 왼쪽과 오른쪽 양쪽으로 분산되어 흐르게 되는데, 이런 경우를 **양파**(兩破)라고 한다. 이 지세에서는 가족이나 재물이 흩어지게 된다.

물 흐름의 종류(種類)

(1) 주걱형 지세

강가에서 명당(明堂)이 발생되려면 물의 흐름을 걷어올리는 듯한 주걱과 같은 지세(地勢)여야 가능하다. 물이 흘러오는 쪽을 향해 산이 앞을 마주보고 있으면서 역수를 이루는 곳이라야 하는 것이다. 이런 지세에서는 물의 기운(氣運)이 음양(陰陽)으로 결합되어 명당을 이룬다.

(2) 행주형 지세

행주형(行舟形)은 강물을 따라 형성(形成)되는 명당의 대표적인 형태(形態)다. 행주형 지세는 강가에 물이 굽이쳐서 그 지역이 마치 배의 형태 또는 반달과 같은 형태의 지역을 말한다. 행주형은 흘러내려 가는 강물을 마주보고 퍼 올리는 숟가락 또는 배 형태를 이루고 있다. 숟가락 형태에서는 움푹하게 패어 음식물이 고이는 부분이 바로 명당에 해당한다, 배의 형태로 보면 상부에 가까운 부분이 명당이 되며 하부는 명당이 되지 못한다.

(3) 물이 흐르는 속도

명당은 물이 천천히 흐르는 지역에서만 이루어진다. 급류 지역에서는 바람도 빠르게 불어 땅의 기운이 분산되고, 물이 천천히 흐르는 곳에서는 바람 역시 잔잔해서 기운이 모여 생기가 이루어지기 때문이다.

다. 물의 득파

(1) 수구(水口)

수구란 물이 국내(局內)의 양수(兩水)가 합하여 나가는 것 또는 한 지역의 낮은 부분에서 강이나 개천으로 흘러 나가는 부분을 말한다. 수구의 기능은 물탱크의 배수(排水) 밸브와 같다. 배수 밸브가 열린 곳에는 물이 고이지 못하고 밸브가 닫혀 있는 곳에만 물이 고일 수 있다. 또 수구는 인체(人體)의 항문(肛門)과도 그 기능이 같다. 항문은 평상시에는 닫혀 있어서 체내 기운(氣運)이 외부로 유출되는 것을 막고 생명력을 유지시킨다. 그러나 사람이 죽으면 항문이 열려 모든 기운이 빠져 나간다.

명당에서는 수구를 통해 물이 빠져 나가더라도 바람은 빠져 나가지 않아야 한다. 따라서 물이 흘러 나가는 하류, 곧 수구가 산으로 가로막혀 있는 지세(地勢)에서는 물이 산을 감싸고 돌아 나가는 형태를 이루고 있기 때문에 비록 물은 산을 돌아 빠져 나가지만 바람은 직접 빠져 나가지 않는다. 이러한 형태가 곧 '막힌 수구'다. 수구에 산이 없어 넓은 강물이 일직선으로 흘러 나간다면, 동시에 바람도 빠른 속도로 흘러 나가게 되며, '열린 수구' 또는 '넓은 수구'라고 한다. 수구가 막힌 지세에서는 생기(生氣)가 많이 쌓이기 때문에 큰 부자나 훌륭한 인물이 많이 배출되고, 반대로 열린 수구에서는 생기가 전혀 모이지 않아 건강(健康)과 재물(財物), 명예(名譽)를 잃게 된다.

수구(水口)의 종류(種類)

좁은 수구(역수)

넓은 수구(산수동거)

　수구를 이루는 용은 청룡이나 백호에 관계없이 반드시 역수(逆水)를 해야 한다. 역수를 하면 그 수구는 좁은 수구가 되고, 그렇지 않으면 넓은 수구인 동시에 산수동거(山水同去)가 되기 때문이다. 수구를 이루는 용이 역수하는 힘이 크면 클수록 수구에서 기를 모아주는 힘도 커지고, 이에 따라 혈에 발생하는 생기도 더욱 많아진다. 청룡의 끝 부분에 수구가 이루어지면 청룡이 역수를 해야 하고, 백호 끝 부분에서 수구가 이루어지면 백호가 역수를 해야 수구가 좁아지고, 동시에 혈에 생기가 발생한다. 수구 중에서 청룡의 끝과 백호의 끝 부분이 서로 한 지점에서 합치거나 겹쳐 있는 것이 가장 이상적이다.
　수구를 음(陰)과 양(陽)으로 구분해서 청룡에서 만들어진 수구를 양수구, 백호에서 만들어진 수구를 음 수구라고 한다.
　합수(合水) 지역에서도 명당이 형성된다. 두 개 이상의 강이나 개천이 하나로 합쳐지는 지세(地勢)의 합수는 물이 합쳐지면서 기운(氣運)도 합쳐져 강해지기 때문이다.

(2) 득수(得水)와 파구(破口)

득수(得水)란 물을 얻는다는 뜻으로, 물이 흘러오는 것, 즉 지세에서 처음 물이 보이기 시작한 위치를 득수라 하고 물이 흘러 나가는 것, 즉 물이 마지막으로 보이는 지점은 파구(破口)라고 한다. 풍수에서는 물이 흘러오는 곳을 천문(天門), 흘러가는 곳을 지호(地戶)라고 한다. 즉 득(得)과 견(見)의 장소를 천문, 불견(不見)과 파(破)의 장소를 지호라고 한다.

물이 들어오는 쪽이 보이는 것을 길(吉)하게 여기고 물이 빠져나가는 것이 보이지 않음을 길(吉)로 한다.

내룡이 우선일 경우에는 청룡 쪽에 득수가 있어야 명당을 이루고, 내룡이 좌선을 이룰 경우에는 백호 쪽에 득수가 있어야 명당이 이루어진다. 용이 좌·우 혼합된 경우에도 득수가 왼쪽이나 오른쪽 한쪽으로 이루어지는 것이 일반적이다. 용이 직선으로 내려가는 경우에는 물이 왼쪽과 오른쪽 양쪽으로 분산되어 양파(兩波)라고 한다.

서울의 중심인 경복궁을 기준으로 보면, 낙산은 왼쪽에서 오른쪽으로 맥을 연결하고 청계천은 오른쪽에서 시작해서 왼쪽으로 흘러 산과 물의 방향이 반대가 된다. 서울의 지세가 세계적인 명당이 되는 것은 바로 청계천의 역수에 있다.

방배동 앞면에서 볼 때, 한강이 흘러 내려가는 서쪽 끝에는 국립묘지 산이 한강이 흘러오는 동쪽 앞으로 향하고 있다. 이 산은 한강이 흐르는 방향에서 역수해서 수구를 좁게 만들어 준다. 따라서 방배동은 국립묘지 산이 청룡으로 수구를 막아 줌으로써 명당이 된다. 방배동과 유사한 외국 도시로는 캐나다 서남부에 위치한 뱅쿠버(Vancouver)가 있다.

라. 기승풍즉산 계수즉지(氣乘風則散 界水則止)

생기(生氣)는 바람을 타면 흩어지고 물을 만나면 멈춘다. 집에 받은 생기가 흘러가지 못하도록 앞마당 끝에 작은 연못을 만든다.

마당에 연못이나 분수, 수영장을 만들어 놓은 집이 있다.

이런 집은 풍수로 보아 그리 좋은 집이 못 된다.

음기(陰氣)인 수분은 공기 중에 있는 양기(陽氣)를 흡수하는 작용을 하므로, 집 안에 늘 양기가 부족하게 된다. 이런 집에서 살면 남자들이 기운을 잃게 되고, 중풍과 같은 질병을 앓게 된다.

한강 주변의 역수와 명당

제6장

음택(陰宅)의 패철 법과 재혈분금법

1. 풍수지리의 본질
2. 산세를 분석하는 방법
3. 패철의 유래와 구성
4. 방위와 재혈
5. 재혈과 분금법

① 풍수지리의 본질

가. 생기(生氣)

우주의 조화력(調和力)을 가진 생기(生氣)는 인간과 만물의 운명을 지배한다.

우주 안에는 피조물(被造物)을 창조해낸 원점적인 원초력이 있는데, 이것을 일부 학자들은 「우주적 초(超)에너지」 또는 우주의식(宇宙意識)이라고 말하며 진동을 하고 있다. 즉 바이브레이션, 즉 이 진동은 우주에너지가 한 번은 움직이고 한 번은 조용해진다는 것을 의미하는데, 동양에서는 움직이는 동(動)을 양(陽)으로, 조용해지는 정(靜)을 음(陰)으로 보아 음양설로 정립하였다.

이 우주적 초에너지를 동양에서는 기(氣), 인도에서는 프라나(prana)라고 하며 인간의 체내에 있는 '차크라'를 통해 받아, 척추(脊椎)나 신경계, 혈관계를 통해서 신체의 각 조직에 공급하고 있다. 이 미세한 조직을 나디(nady)라고 하며 동양의학의 황제내경(皇帝內徑)에서는 경락(經絡)의 지점과도 같은 경혈(經穴)의 섬세한 통로를 통하여 전체 세포에 '에너지'를 공급한다고 한다.

동의보감에 의하면 천지의 정기(精氣)는 만물의 형체(形體)로 되고, 아버지의 정기는 혼(魂)이 되며, 어머니의 정기는 백(魄)이 된다고 한다.

우주의 정기는 인간을 생기게 하였으며, 인간이 생명활동을 영위하다가, 우주의 정기(energy)가 인간의 육체에서 떠나면 다시 돌아올 수 없는 불귀의 객(死亡)이 된다. 이 우주의 정기가 떠난 망인(亡人)은 자기 후손에게 어떻게 우주의 정기를 넣어 주느냐, 즉 음(陰)과 양(陽)의 이기(二氣: 마그네틱파워)를 어떻게 조화시켜 오래도록 가져다 주느냐 하는 것이다.

망인은 산(土)의 지형, 지세, 방위에 따라 시신이 조화와 균형을 이룬 자연환경의 혈(穴)에 안치되면 바람(風)과 물(水)의 피해 없이, 대자연의 생명력을 얻어 유골은 황골이 되고 자손에게는 우주 에너지의 좋은 기(氣)를 전달한다고 한다. 그러나 혈이 아닌 흙에 묻히면 수렴, 화렴, 목렴, 풍렴, 충렴, 모렴 등으로 부식되어 없어지고 자손에게는 우주 에너지의 나쁜 기(氣)를 전달한다.

이 우주 에너지의 전달 과정은 생인(生人)이 침구(鍼灸)의 경락(經絡)의 지점인 경혈(經穴)에 자극을 받아 전달하듯이, 망인이 혈에 안치되어야 좋은 우주 에너지를 잘 전달하고 묘혈과 생인의 집터는 사람의 침놓는 혈과 비유되고 있다.

나. 감응(感應)

우리 인간이 살아서 사는 곳은 그 주위의 형세에 따라 수많은 사람들이 모여 살 수 있거니와, 죽어서 묻힌 그곳은 영원한 하나의 잠자리로 주위 환경이 생긴 대로 사상보국형세에 따라 길하면 길한 대로 흉하면 흉한 대로 백골이 변한다.

식물에 비유하면 꽃과 같다. 음택지는 양택지와 달리 천리행룡(千

里行龍) 일석지(一席地)로 한 송이 꽃이 되며 그 꽃의 밑씨가 곧 혈(穴)의 핵심이 될 것이다. 그 혈에 백골이 삽입되어야 그 정기(精氣)가 후손에게 감응(感應)된다.

혈에 조상의 백골을 모셨다 함은 꽃이 열매를 맺는 단계와 같다. 그 혈의 정기의 농도는 일정하지 않다. 그 혈의 범위에서 혈이 맺어질 수 있는 주봉 및 사신사와 주위의 보국에서 발생한 정기 등으로 후손들이 인격적인 등차가 생긴다.

똑같은 씨앗을 한날한시에 뿌렸다 하여도 지질에 따라 그 씨의 번식과 수확은 다르다. 각개의 씨앗이 자리 잡은 위치 여건에서 그만한 차이가 생긴다. 정기(精氣)도 자손이 부여받을 때의 그 위치 여건에 따라 강도와 진폭은 다르다.

꽃 한 송이의 성격을 분석하면, 그 나무의 위치, 주위의 환경, 위치한 토질, 나무의 뿌리, 줄기, 가지, 잎, 꽃이 맺을 수 있는 꽃꼭지, 꽃송이 등을 살펴야 그 꽃이 열매를 맺을 수 있는지 알 수 있다.

다. 명당

우주의 조화력을 가진 생기(生氣)가 인생 만물의 운명을 지배한다는 것이 풍수의 본질인 생기다.

명당은 땅속에 존재하는 지력(地力), 즉 땅속을 흐르는 생기의 감응(感應)에 의존하는 것이다.

기승풍즉산, 계수즉지(氣乘風則散, 界水則止), 생기는 바람을 만나면 흩어지고, 땅속을 흐르다 물을 만나면 멈춘다.

생기가 멈추고 모인 명당을 찾기 위해서는 형화기정(形化氣精)을 분석해서 명당을 찾는다.

혈이 되기 위하여 이루어진 총 모양을 형(形)이라 한다.

모든 물체에는 형이 있다. 혈의 형은 입수, 선익, 혈판, 전순이 서로 엉긴 것이며 혈형이 될 수 있다. 그 혈이 생기려면 그 혈을 감싸고 있는 둘레의 물체총형을 포함하여 명당형이라 한다.

산은 주산, 내룡, 입수, 선익, 혈판, 전순, 득과 파, 용호, 안산과 조산(朝山) 등이 각각 부분별로 개체의 형을 이루고 있으면서 동시에 균형과 조화를 이루어 명당형이라고 하는 총형에 포괄된다.

형이 변화하는 것과 각각 배치됨을 화(化)라 한다.

물체가 위치한 곳으로부터 산·수·풍의 변화와 각각 그 물체의 대소(大小), 유무(有無), 균형의 가부를 본다.

그 물체의 기운을 기(氣)라 한다.

모든 물체의 유형에는 그 형(形)에 상응한 기상과 기운이 들어 있다.

혈은 물론 전체가 다 주밀(周密)하고 안정됨을 정(精)이라 한다.

물체가 서로 균형(均衡)과 조화(調和)로 안정(安定)되고 주밀(周密)하게 편안하고 온화하며, 포근하고 아늑한 느낌을 주는 것을 **형화기정(形化氣精)**이라 한다.

우리는 산을 살피는 데에도 혈을 이루는 하나하나의 요소들에 대하여 분석하고 다시 총체적 명당국의 형화기정을 주밀하게 살펴야 할 것이다.

혈(穴)은 입수(入首), 선익(蟬翼), 전순(前脣) 등을 혈이라 한다.

꽃송이와 혈을 비유하여 보자.

입수는 꽃송이의 꼭지를 말하고, 선익은 그 혈을 감싸고 있는 꽃받침을 말하며, 전순은 꽃송이의 꽃잎을 말하는 것이다.

양택도 형화기정으로 구분하여야 한다.

형은 동리형과 주택과 정원의 형, 화는 특정 주택을 중심으로 주변의 배치, 기는 그 동리의 엉긴 기운으로부터 특정 주택의 기상을 말하며, 정은 동리의 안정됨과 특정 주택의 안정성을 말한다.

혈(穴)과 꽃송이의 비유도

❷ 산세(山勢)를 분석하는 방법(간산: 看山)

첫째, 길산과 흉산을 살펴 왕한 기운과 쇠잔한 기운을 구별하고,
둘째, 길한 물과 흉한 물을 살펴 맑음과 흐림을 구별하고,
셋째, 보국의 범위와 안정됨을 살펴 왕기와 쇠기를 구별하고,
넷째, 흉토와 길토를 보아 강하냐 무르냐를 살피고,
다섯째, 돌과 바위의 길하고 흉한 것을 보아야 한다.
주산의 위엄, 내룡의 변화, 용호의 자세, 안산의 응기, 주위의 정밀을 보아 혈의 진가(眞假)를 판단하며 혈판이 이에 대비되어야 한다.

가. 산(山)

풍수에서 길지(吉地)를 구할 때는 기본적으로 산(山), 수(水), 방위(方位)의 세 가지 길흉과 조합의 장풍과 득수에 의해 성립된다.

산은 한 지역 기운을 나타내고 있으므로 산의 성질을 분석하기 위해서는 주변에 있는 산의 기운부터 분석해야 한다. 산의 기운을 분석하기 위해서는 산의 지형, 지세와 배치 관계를 파악해야 한다.

명산(明山)은 산·수·풍이 서로 상생 상합하여 모두 길하게 보이는 것을 명산이라 한다. 길산은 보산보국(保山保局)이 잘 되어, 모두 급기(急氣)를 벗고, 위엄(威嚴)도 있고, 서기(瑞氣)도 나며, 산과 물과 바람이 서로 어우러져 안정한 자세를 이루면 바람도 길풍이 되고, 물도 길수가 되며, 초목도 윤택하고, 사람도 길하게 된다. 이것이 곧 지기(地氣)가

상승(上昇)하고, 천기(天氣)가 하림(下臨)하는 자연원리다.

산이 양명(陽明)하고 순응(順應)하면 충효도 나고 관직도 난다.
산세가 후부(厚富)하고 주위가 풍만(豊滿)하면 부자가 나고,
지엽이 많으면 자손이 많으며, 명산의 등차는 그 위치로부터 주산, 내룡, 혈판, 보국, 원근사격(遠近砂格) 범위의 형세에 따라 결정된다.
흉산(凶山)은 산·수·풍이 서로 상충상극(相沖相剋)하여 흉하게 보이는 산을 모두 흉산이라 한다.
이는 보산이 되지 못하여 급기를 벗지 못하고 불안정된 위치에서 쇠기(衰氣)와 살기(殺氣) 등으로, 음습(陰濕)하고 무력(無力)하여, 산들이 서로 변화를 못하고 미친 듯이 역리(逆理)로 보이는 등 바람도 흉풍이 되고, 물도 흉수가 되며, 초목도 불량목이 되고, 사람도 흉하게 된다.

산세가 끊어지고 살국이 되면 무후멸망(無後滅亡)하고,
산세가 산산(散山)이 되고 보국이 흩어지면 파산(破産)이 되며,
산세가 험악하고 음습하면 백병(百病)이 나는 곳이다. 이것이 흉산에 대한 자연원리다. 흉산의 등차는 주산, 내룡, 보국, 원근사격, 강수천심(江水浅深: 강물의 깊고 얕음), 토석의 색상과 오행의 상생 상극 등 전체의 형(形)과 화(化)와, 기(氣)와 정(精)을 총 관찰하여 결정한다.

명산도(明山圖)

나. 물(水)

물에도 길수와 흉수가 있다. 길수(吉水)는 맑고 깨끗한 생수를 말하며, 흉수는 탁하고 더러운 사수(死水)를 말한다. 명지에는 청계수(淸溪

水), 장강수(長江水), 만호수(滿瑚水) 등이 서로 상응하여 있으므로 사람도 이에 따라 길하게 된다.

흉지에는 탁류수(濁流水), 오염수(汚染水), 광탄수(狂灘水) 등이 서로 상충하므로 사람도 흉하게 된다.

물에도 길색과 흉색으로 나누어 볼 수 있다. 길색은 맑은 청색으로 보이는 색이며, 흉색은 탁하고 누렇고 검게 보이는 흉한 색이다.

다. 바람(風)

바람에도 길풍과 흉풍이 있다.

길풍은 맑고 순한 바람을 말하고, 흉풍은 탁하고 강한 바람을 말한다.

명지에는 정풍(靜風), 화풍(和風), 훈풍(薰風), 온풍(溫風)이 서로 상합하여 사람도 이에 따라 왕하게 된다.

흉지에는 음풍(陰風), 살풍(殺風), 질풍(疾風), 광풍(狂風) 등이 서로 상충하여 사람도 이에 따라 흉하게 된다.

바람에도 길색과 흉색이 있다. 길색은 맑게 보이는 색이요, 흉색은 탁하게 보이는 색이다.

라. 흙(土)과 돌(石)

토질에도 길토와 흉토가 있다.

길토는 생토를 말하며, 흉토는 사토를 말한다.

생토는 생기가 있고, 여물고, 윤기가 있어 풍수의 조화가 잘 되어 있으며, 사토는 생기가 없고, 무르고, 윤기가 없으므로 풍수의 조화가 이루어지지 못한 흙이다. 이 토질로도 산의 생사변화를 안다. 이 토질에도 길색과 흉색이 있다. 길색은 윤택하고 맑은 색이요, 흉색은 건조하고 흉하게 보이는 색이다.

암석에도 음양석(陰陽石)이 있다. 음석은 흙 속에 묻혀 있는 지하석이요, 양석은 흙 위에 있는 지상석이다. 이 암석에도 길암과 흉암이 있다. 길암은 보기 좋은 형이며, 흉암은 보기 흉한 형인 것이다. 이 토석으로도 그 산의 성격을 알고 그 기색으로 산의 생사를 알 수 있다.

마. 기상(氣相)

모든 물체에는 각기 기(氣)가 있다. 그 기는 그 물체의 형에 따라 각각 다르다. 기에는 길기와 흉기가 있다. 길기에는 생기(生氣), 영기(靈氣), 서기(瑞氣), 덕기(德氣), 온기(溫氣), 담기(淡氣) 등이 있고, 흉기에는 악기(惡氣), 살기(殺氣), 쇠기(衰氣), 냉기(冷氣), 탁기(濁氣), 설기(洩氣) 등이 있다. 그러므로

혈(穴)이 되자면,
주산에는 장엄한 영기(靈氣)와 서기(瑞氣)가 있어야 되고,
내룡에는 변화적 생기(生氣)가 있어야 하며,
입수에는 정돌적(正突的) 취기(聚氣)가 있어야 하고,
혈판에는 결응(結凝)된 정기가,

토색에는 건조하지도, 습하지도 않은 윤기가 있어야 하며,

토질은 단단하고 광채가 있으며 탄력을 갖고 있어야 하고,

안산에는 조응적(朝應的) 응기(應氣)가 있어야 한다.

지형지물이 안정되면 그 지기가 생하고, 그 지기에 따라 천기가 하림하여 음양이 배합되고 음양이 배합된 곳에는 광채가 나는 것이다. 이 광채를 기(氣)라고 한다.

바. 진혈(眞穴) 관찰법

가장 중요한 혈을 맺는 곳은,

앞에 좋은 안산(案山)과 명당이 있고 세력이 모이는 물이 있으며, 뒤에는 좋은 주산이 솟아 있고, 귀성(鬼星)이 있으며, 좌우 용호가 유정(有情)하게 휘감아 지키고, 경계를 짓는 물과 분합이 명백한 중심에서,

첫째, 주산의 안정과 위엄을 살피고,

둘째, 내룡의 기세를 보아 혈이 있을 만한 현지를 답사하면서 보국(保局)의 정밀(精密)과, 주위의 사격(砂格), 풍동수류(風動水流) 바람과 물의 흐름을 관찰하여 모든 정기가 집중된 곳에 혈이 있다.

혈은 산의 꽃을 말함이니, 곧 묘터와 집터를 말한다.

혈이 맺어진 곳은 천령지기(天靈地氣)가 상응(相應)하여 주변의 온 산들이 한 혈을 위하여 모두 존재하듯이 주위 산들이 집중되어 있다.

셋째, 입수의 취기와 혈의 맺어짐을 보면서 그 기가 통하는 원리를 알고, 패철을 사용하여 그 패철방위에 배합이 이룩되고 황천(黃泉), 팔요(八曜), 오행(五行)에 차질이 있나 없나를 관찰한다.

혈은 동식물과 같이 세 겹으로 나눌 수 있다.

첫 번째는 꽃송이를 가질 수 있는 꽃꼭지,

두 번째는 혈을 감싸고 있는 꽃받침이며,

세 번째는 꽃송이 속에 꽃의 정액이 담길 수 있는 부분, 즉 계눈(蟹眼)과 같은 씨방을 말한다. 이러한 혈에 유골이 안치될 때 아무런 장애를 입지 않고 황골로 화하는 것이다.

이러한 혈판에는 항상 바람도 온화하고 그 혈판이 습하지 않게 감싸고 있으며, 물도 혈을 감싸고 돌면서 항상 건조하지 않게 산·수·풍이 결응(結應)되어 있는 곳으로 천지가 정합(正合)이요, 풍수가 묘합(妙合)이며, 음양이 배합(配合)된 곳이 곧 혈이다.

이 혈을 구할 때는 산세를 살펴보는데, 혈을 꽃나무에 비유하여 혈이 있는 곳은 꽃나무의 꽃이 맺을 수 있는 곳과 같은 곳을 살핀다. 꽃이 맺을 수 있는 이치와 같고 꽃송이와 같기 때문이다.

꽃나무를 보면 뿌리 부근은 꽃이 전혀 피지 않고 중간 가지에서 꽃이 몇 송이씩 필 뿐 대개 끝 부분에서 꽃이 많이 맺는다. 그러므로 혈이 있을 만한 곳은 반드시 주산이나 내룡이나 보국이나 어디엔가 기이(奇異)하게 생긴 곳이 있으니, 이곳을 증거로 삼고 찾아보아야 한다. 이러한 원리를 알고 구산(求山)하여야 한다.

❸ 패철(佩鐵)의 유래와 구성

가. 패철의 유래

패철(佩鐵)은 일명 나경(羅經)이라고도 부르는데 "포라만상 경륜천지(包羅萬象 經綸天地)"에서 '나(羅)'자와 '경(經)'자를 따서 나경(羅經)이라 한다.

패철은 집터나 묘지(墓地)의 좌향을 측정하기 위해 사용되었다. 좌향이란 사람이나 집터가 남북을 기준으로 할 때 어느 쪽을 바라보고 있는가를 측정하는 방법이다. 집은 남향으로 배치하는 경우도 있으나 지세에 따라서는 동향이나 서향, 북향도 가능하다. 패철은 이러한 배치 방위와 방위에 따른 기운의 차이를 구분하는 데 사용된다.

나. 패철의 구성

패철은 360도 원주(圓柱)를 24방위로 구분해서 사용하는데 한 방위를 15도(度)씩 구분해서 24방위로 나타내는 것이다. 24방위 글자는 천간(天干)과 지지(地支)로 이루어졌다. 천간은 하늘의 기운(氣運)이며 지지는 땅에 흐르는 기운(氣運)을 의미한다.

패철에서는 열 개 천간 가운데 흙 기운에 해당되는 무(戊)와 기(己)를 빼고, 대신 건(乾)·곤(坤)·간(艮)·손(巽)을 넣어 열 개 천간을 열두 개의 천기(天氣)로 구분했다. 그러므로 패철에 표시된 천기 열두 개는 갑

(甲)·을(乙)·병(丙)·정(丁)·경(庚)·신(辛)·임(壬)·계(癸)·건(乾)·곤(坤)·간(艮)·손(巽)이다.

그리고 패철에 십이지가 적혀 있는데, 바로 자(子)·축(丑)·인(寅)·묘(卯)·진(辰)·사(巳)·오(午)·미(未)·신(申)·유(酉)·술(戌)·해(亥)다. 십이지는 땅에 흐르는 다섯 가지 기운을 말하며, 이것 또한 수·화·목·금·토로 구분한다. 여기서 강한 기운과 약한 기운은 양(陽)과 음(陰)으로 구분한다.

물의 기운은 자(子)와 해(亥), 나무의 기운은 인(寅)과 묘(卯)이며, 불의 기운은 사(巳)와 오(午), 쇠의 기운은 신(申)과 유(酉), 흙의 기운은 진(辰)·술(戌)·축(丑)·미(未)로 도합 12개 방위를 이룬다.

다. 패철의 6중도

패철을 사용할 때는 첫째 간산으로 혈을 찾아, 당판에서 패철로 여러 가지를 측정한다. 측정거리는 약 4~5m요, 입수, 선익, 당판에서만 사용한다. 패철의 측정에 따라 혈의 성격이 판정되므로 패철 사용이 대단히 중요하다. 그러므로 그 사용법을 익히는 것은 풍수에 필수적인 것이다.

패철의 6중도는, 제1선과 제2선은 혈판(穴坂)이란 그릇이 완전한 것이냐 또는 깨졌느냐를 보는 법이라고 할 수 있다. 혈판을 솥에 비유한다면 솥은 밑 부분의 어느 곳에 금이 갔거나 구멍이 뚫렸다면 물이 샐 것이다. 솥뚜껑 또한 금이 갔거나 깨졌다면 김이 샐 것이다. 이러한 솥들은 쓸 수 없을 것이며, 비록 솥과 뚜껑이 완전하다 하더라도 솥뚜껑이 잘 덮여 있지 않다면 김이 새서 솥 속의 음식물은 익지 않을 것이다. 이와 같이 혈판이란 그릇도 깨지거나 금이 가거나 구멍이 뚫렸거나 완전히 덮여 있지 않으면 쓸 수 없는 것이다. 그러므로 제1선은 솥바닥, 즉 혈의 아래 부분이 완전한가를 살피는 데 쓰이고, 제2선은 솥뚜껑, 곧 혈의 윗부분이 완전하며 잘 덮여져 있는가를 살피는 데 쓰인다. 혈이라는 그릇도 바닥과 뚜껑이 조그마한 흠도 없어야 하며, 또한 한 덩어리로 단단하게 엉켜 뭉쳐 있어야만 쓸 수 있는 것이다.

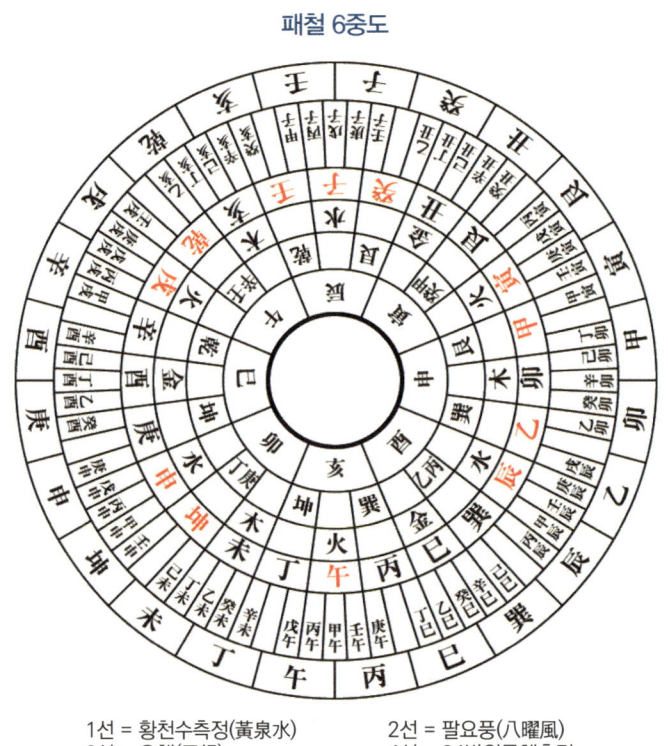

1선 = 황천수측정(黃泉水) 2선 = 팔요풍(八曜風)
3선 = 오행(五行) 4선 = 24방위물체측정
5선 = 60갑자(장법) (재혈 및 분금) 6선 = 24방측정

(1) 1선: 황천수(黃泉水)

패철 중심에서 첫 번째 선(線)으로 그어진 부분을 일선(一線)이라 하고, 황천수(黃泉水)를 측정하는 데 사용하며, 혈(穴)을 향하여 들어오는 천수(泉水)를 보는 것인데, 이 물을 '황천양수'라고 한다. 이 물이 광내(壙內)로 스며들 수 있느냐 없느냐는 패철에 의하여 측정된다.

패철 제1선 진 방위에 속하는 24방위는 패철 제4선의 임(壬)·자(子)·계(癸) 세 방위고, 인 방위는 축(丑)·간(艮)·인(寅)에 해당한다. 이와 같이 일선 위에 있는 글자 하나는 각각 24방위 가운데 세 방위를 나타내는데, 곧 묘(墓)의 좌(坐)가 임좌(壬坐)·자좌(子坐)·계좌(癸坐)라면 당판 중심으로부터 약 2~8m 지점인 진방(辰方)을 보아 그 방위가 허약하면 황천수가 스며들게 되는 것이다.

황천수(黃泉水) 측정법

(2) 2선: 팔요풍(八曜風)

패철의 이선(二線), 곧 두 번째 선은 팔요풍(八曜風)을 측정하는 데 쓰인다.

팔요양풍은 패철 제2선에 표시된 건(乾)·간(艮)·갑(甲)·계(癸)·간(艮)·손(巽)·병(丙)·을(乙)·손(巽)·곤(坤)·경(庚)·정(丁)·곤(坤)·건(乾)·임(壬)·신(辛) 등 16방은 음풍중 양풍이므로 방위가 지정되어 있어 이 방위가 허약하면 바람이 당판에 침입하는 것을 알 수 있게 되는데, 패철에 의하여 측정된다.

좌향이 임좌(壬坐)인 경우에는 건(乾)이라고 표시되어 있으며, 계좌(癸坐)인 경우에는 간(艮)이라고 표시되어 있다. 임(壬) 방위 아래에는 건(乾)자가 있고, 계(癸) 방위 아래에는 간(艮)자가 표시되어 있다. 이것은 임(壬)·자(子)·계(癸) 세 방위에는 당판 중심으로부터 약 2~3m 지점인 건(乾)방과 간(艮)방을 보아 그 방위가 허약하면 팔요풍이 침입하게 되는 것

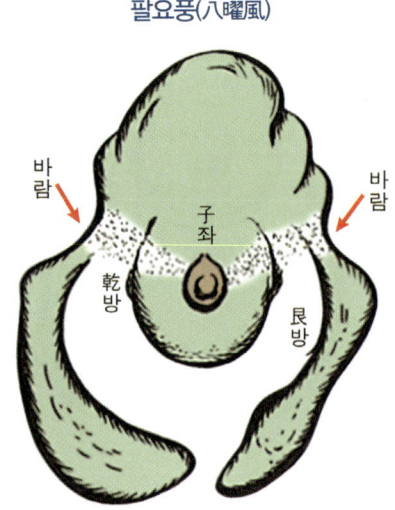

팔요풍(八曜風)

이다. 축(丑)·간(艮)·인(寅)은 갑계(甲癸)라고 나타나 있는데, 갑(甲)과 계(癸)의 방위가 팔요풍이 부는 방위라는 뜻이다.

묘의 좌향이 갑좌(甲坐)·묘좌(卯坐)·을좌(乙坐)인 경우에는 간(艮)과 손(巽) 방위를, 임좌(壬坐)·자좌(子坐)·계좌(癸坐)일 경우에는 건(乾)이나 간(艮) 방위에서 바람이 들어오는지 조심스럽게 살펴야 한다는 뜻이다.

묘(墓)에 팔요풍이 부는지는 묘 주변 산세(山勢)가 끊어짐 없이 연결되고 중간에 끊어진 자리나 청룡과 백호의 끊어진 자리가 서로 산소 자리를 통과해서 연결될 경우는 특히 좋지 않은 것으로 해석한다. 예를 들어 자좌(子坐)인 산소는 간(艮)이나 건(乾) 방위가 팔요풍에 해당한다. 산소에서 당판 중심으로부터 약 2~3m 지점인 간(艮) 방위에 청룡맥이 끊어지거나 허약하고, 건(乾) 방위에도 백호가 끊어져 있는 경우에는 두 방향에서 바람이 불어와서 시신에 치명적인 영향을 준다.

(3) 3선: 오행(五行)

패철의 삼선(三線), 세 번째 원에는 오행(五行)이 나타나 있다. 오행은 수(水)·화(火)·목(木)·금(金)·토(土) 다섯 기운을 말한다.

12방위와 오행의 상관은 다음과 같다.

수에 해당하는 방위는 곤신(坤申), 임자(壬子), 을진(乙辰)이요, 목에 해당하는 방위는 건해(乾亥), 갑묘(甲卯), 정미(丁未)요, 화에 해당하는 방위는 간인(艮寅), 병오(丙午), 신술(辛戌)이요, 금에 해당하는 방위는 손사(巽巳), 경유(庚酉), 계축(癸丑)이다.

(4) 4선: 24방위의 음양(陰陽)

풍수가 결합하는 12양방과 12음방에 배합과 불배합이 있어 길흉이 분별되고 혼합무기(混合戊己)와 오행의 상생 상극이 생겨서 만물의 천태만상을 이루게 된다. 이 음양 24자를 분류하여 8방에서 12방으로, 12방에서 24방으로, 3등분 되어 8방은 양택에, 12방은 음택에, 24방은 각 방위에, 각각 해당되어 있다.

24방위의 양(陽)과 음(陰)은 남자와 여자로 그 영향이 나타난다.

축(丑)·간(艮) 방위는 불배합이며, 두 글자 모두 음이어서 그 영향으로 후손들이 질병과 불구로 고생하게 된다. 산소가 진손(辰巽)이면, 진은 양이고 손은 음으로 불배합 방위다. 묘가 위치한 용의 흐름이 우선(右旋)이면 진손 방위가 되고, 머리글자인 진은 양이므로 남자가 음탕하거나 병을 많이 앓는다. 좌선(左旋)일 경우에는 손진(巽辰)이 되는데, 머리글자인 손은 음이므로 여자가 음탕하거나 병을 많이 앓는다.

(5) 5선: 분금법

5선은 하관시에 산의 양기와 음기를 합기시키는 재혈 및 분금법에 사용한다.

라. 좌향법(坐向法)

방위를 측정(測定)할 때는 묘 앞에서 패철을 가슴 앞에 놓고 볼 때 가슴과 마주보는 위치에 표시되어 있는 글자를 좌(坐)로 본다. 가슴 가까이 있는 글자를 향(向)으로 보고, 그 반대편에 있는 글자를 좌로 보는 것이다. 패철을 사용하기 위해서는 패철의 24글자 가운데 자(子)와 오(午) 위의 중심축을 찾아 자오선(子午線)이 지남철의 남북선과 일치해야 하는데, 지남철 북쪽에는 자(子)가 남쪽에는 오(午)가 오게 한다.

　건물 방위가 동향일 경우에는 자기 가슴에 가장 가까운 글자는 묘(卯)가 되며, 마주보는 글자는 유(酉)가 된다. 이 경우 좌향(坐向)은 유좌묘향(酉坐卯向)이 된다. 유(酉) 쪽에 앉아서 묘(卯) 쪽을 바라보고 있다는 말이다. 건물 방위가 정남향(正南向)인 경우에는 자좌오향(子坐午向), 정북향(正北向)이면 오좌자향(午坐子向)이 되고 정서향(正西向)이면 묘좌유향(卯坐酉向)이 된다.

❹ 방위와 재혈(裁穴)

가. 좌선(左旋)과 우선(右旋)의 방위 측정

　제5선은 산의 좌우선의 측정법과 재혈법(裁穴法), 그리고 분금법(分金法)을 산정하도록 되어 있다. 산의 굴곡이 정상적으로 배합절로 되어 있느냐를 측정하는 것이 좌우선 측정법이다. 제4선 각 방위자마다 3칸씩으로 세분되어 있다. 가령 임자(壬子) 배합방에 임자 배합절이라면 자자(子字)란 아래에 경자(庚子), 무자(戊子), 병자(丙子), 그리고 임자(壬字)란 아래에 갑자(甲子), 공간, 계해(癸亥)로 되어 있다. 이것은 패철상 산의 좌선을 측정하도록 표시된 것이다. 그리고 별도로 계자(癸字)

란 아래에 임자(壬子)가 쓰여 있다. 이것은 바로 산의 굴곡(屈曲) 변화에 돌처(突處)로 지적된 방위로 그 지점의 산이 왕하고 강하여야 되며, 또한 임자 방위칸 내에 3간 중 공간이 있다. 이것은 바로 산의 굴곡 변화에 굴처(屈處)로 지적된 방위다. 그 지점의 산이 약하고 굴이 되어야 정상적으로 산의 굴곡 변화가 배합절로 되었다고 판정한다.

좌우선 측정도

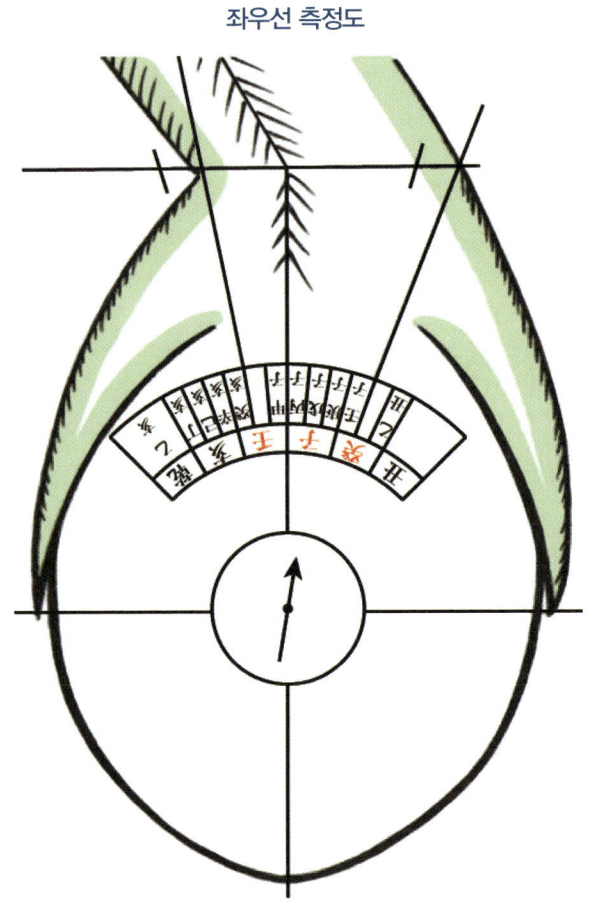

산소의 좌향에 대한 방위를 구분할 때는 시신 중심에 가장 가까운 두 방위를 보고 결정한다. 좌우 글자를 포함해서 한 자가 결합되어야 하나의 기운이 형성된 것으로 보는 것이다. 그러므로 산소의 좌향은 한 자 방위는 있을 수 없고, 두 자 방위가 기본이 되며 그렇지 않으면 세 자다.

두 자 방위인 경우 시신의 좌향을 읽는 순서는 시신이 놓여 있는 용이 좌선이냐 우선이냐에 따라서 구분한다.

용이 우선일 경우에는 오른쪽에 있는 방위가 입수(入首) 방위가 되고 왼쪽의 방위 글자가 좌(坐)가 된다. 임자(壬子)일 경우, 우선룡이므로 좌향을 읽는 방법은 임(壬) 입수 자(子)좌라고 한다. 또한 자(子)좌일 경우에는 오(午)향이 되어 자좌오향이 된다. 좌선일 경우에는 자(子)입수 임(壬)좌가 되며 임(壬)좌 병(丙)향이 된다.

3자의 좌향 역시 읽는 순서는 좌선이냐 우선이냐에 따라 결정된다. 임자계(壬子癸)일 경우에는 용이 우선이면 임자계, 좌선이면 계자임으로 읽는다. 임자계는 배합이 되지만, 계자임은 불배합이 된다. 임자계의 세 자는 관송(官訟)을 받게 되는 기운이며 계자임의 세 자는 불배합 3자로 재패(財敗)가 되어, 파산의 기운을 의미한다.

나. 배합(配合) 방위와 불배합(不配合) 방위

산 중심이 자자(子字) 중심으로 오는 것을 1자산이라 하고, 산 중심이 임자(壬字)와 자자(子字)의 중간으로 오는 산을 2자산이라 한다. 1자산이 곧 3자산이다.

2자산에는 배합 2자와 불배합 2자로 구분되어 각각 길흉이 다르며 공식화 되어 있다.

자오묘유(子午卯酉)를 4귀(貴) 방위, 4귀절(貴節)이라 하고,
진술축미(辰戌丑未)를 4부(富) 방위, 4고장(庫臧)이라 하며,
인신사해(寅申巳亥)를 4손(孫) 방위, 4태맥(胎脈)이라 한다.

(1) 배합 2자(配合二字) 방위
시신의 좌향 가운데 좋은 기운이 흐르는 방위를 배합 2자라고 한다. 배합 2자란 천간과 지지 두 글자가 서로 배합을 이루어 좋은 기운을 만드는 방위를 배합절 또는 배합 2자 방위라고 한다.
산의 좌선(左旋)과 우선(右旋)에 따라 음양오행의 변화 공식에 따라 자손에 대한 남녀노소와 장·차손을 분별, 모년 모월 모일 모시에 누가 어떠한 일을 당하게 된다고 판정할 수 있는 길흉화복과 흥망성쇠를 판단하게 된다.

- 4부절 중 명심할 것은 계축절산(癸丑節山)에 간인(艮寅)절이 없으면 축간(丑艮)이오, 을진절산(乙辰節山)에 손사(巽巳)절이 없으면 진손(辰巽)이오, 정미절산(丁未節山)에 곤신(坤申)절이 없으면 미곤(未坤)이오, 신술절산(辛戌節山)에 건해(乾亥)절이 없으면 술건(戌乾)이 되는 것이다. 이는 혈이 되는 절수의 음양배합이다.

배합 2자 방위

	종류	용의 흐름	4방위	영향
1	4귀절(貴節)	우선 좌선	壬子 甲卯 丙午 庚酉 子壬 卯甲 午丙 酉庚	공무원
2	4부절(富節)	우선 좌선	癸丑 乙辰 丁未 辛戌 丑癸 辰乙 未丁 戌辛	재벌
3	4손절(孫節)	우선 좌선	艮寅 巽巳 坤申 乾亥 寅艮 巳巽 申坤 亥乾	자손 번창

(2) 불배합 2자(不配合二字) 방위

불배합 2자 방위는 두 개의 방위가 서로 불배합 상태로 결합해서 방위를 이룬다. 불배합은 천간과 지지 두 기운이 만나서 생기를 이루지 못하는 방위다. 그러므로 시신이 좋은 기운을 받지 못한다.

- 축간(丑艮)·진손(辰巽)·미곤(未坤)·술건(戌乾), 불배합 병폐절에는 질병(疾病), 음행(淫行), 양자(養子), 환과(鰥寡:홀아비와 홀어미) 등 각종 병폐가 병출(竝出)하게 된다.
- 축간은 불배합 순음(純陰)인 관계로 백병(百病)이 나고, 혹 불구자도 출생한다. 또 당판의 좌우에 혹 꽃받침이 있으면 자손은 출생하나 산형(山形)에 따라 백호가 왕하면 여아만 출산되고 청룡이 왕하면 남아만 출산된다.
- 진손은 반음반양(半陰半陽)인 불배합인 관계로 음행을 하게 되는 것이다. 진손(辰巽)이면 머리 자인 진(辰)이 양(陽)이므로 남자가 음탕하고 손진(巽辰)이면 머리 자인 손(巽)이 음(陰)이므로 여자가 음탕하게 된다.

그리고 패철 방위가 술건(戌乾) 건술(乾戌)이 되고 백호가 배반하였으면 이혼을 하게 되는데 그 주인공은 여자 쪽이 되고, 청룡이 배반하였다면 남자가 주인공이 된다.
- 미곤(未坤)은 진손(辰巽)과 같은 이치로, 이는 반음반양인 관계로 머리글자에 따라 양자(陽字)이면 남자가 음탕하고 음자(陰字)면 여자가 음탕하게 된다.
- 술건(戌乾)과 자계(子癸)는 순양(純陽)인 관계로 축첩(蓄妾)이 무수하며 성격이 호탕하고 난폭하다. 그러나 주산과 내룡의 기세, 물이 흐르는 형태와 방향, 토석의 광채, 그리고 주위 보국과 득수, 좌와 파, 길사(吉砂)와 흉사(凶砂)에 따라 해답은 조금씩 달라진다.

불배합 2자 방위

	종류	용의 흐름	4방위	영향
1	4인패절	우선 좌선	亥壬 寅甲 巳丙 申庚 壬亥 甲寅 丙巳 庚申	인명피해
2	4재패절	우선 좌선	子癸 卯乙 午丁 酉辛 癸子 乙卯 丁午 辛酉	재산피해
3	4병패절	우선 좌선	丑艮 辰巽 未坤 戌乾 艮丑 巽辰 坤未 乾戌	질병

(3) 배합 3자(配合三字) 무기(戊己) 방위

24산에 3자가 배합·불배합하는 것을 무기라 말한다. 무기절은 모두 좋지 못한 관계로 산맥이 흩어지고 변화를 제대로 못하여 여러 가지의 재앙과 제 염(廉)이 생기고 시신에도 변괴가 일어난다.

세 자리 글자로 방위가 이루어진 경우를 3자 무기 방위라고 하며, 배합 3자 무기 방위와 불배합 3자 무기 방위 두 가지가 있다. 배합 3자 무기 방위는 배합 2자 방위에서 변화된 것이며, 불배합 3자 무기 방위는 불배합 2자 방위에서 변화된 것이다.

- 배합 3자 무기산에서 특이한 일은 순음3자 손사병(巽巳丙), 경유신(庚酉辛) 무기절에 문둥병 자손이 생기고, 순양3자 임자계(壬子癸) 무기절에 정신병질환의 자손이 생긴다. 산의 좌선 우선에 따라 음양오행으로 인하여 길흉화복이 달라지며 남녀노소는 음양으로 분별하고, 장손지손은 천간지지로 분별하고, 흥망성쇠는 배합 불배합으로 분별하고, 운세의 시기는 하락수리로 판정한다.

배합 3자 무기방위

	종류	용의 흐름	4방위	영향
1	귀절 3자 무기	우선 좌선	壬子癸 甲卯乙 丙午丁 庚酉辛 子壬亥 卯甲寅 午丙巳 酉庚申	관송 재판
2	부절 3자 무기	우선 좌선	癸丑艮 乙辰巽 丁未坤 辛戌乾 丑癸子 辰乙卯 未丁午 戌辛酉	도적 재산 손실
3	손절 3자 무기	우선 좌선	艮寅甲 巽巳丙 坤申庚 乾亥壬 寅艮丑 巳巽辰 申坤未 亥乾戌	근친 상간

(4) 불배합 3자(不配合 三字) 무기(戊己) 방위

불배합 3자 무기 방위는 불배합 2자 방위에 한쪽 방위가 추가되어 3자를 이룬다.

불배합 3자 무기 방위

	종류	용의 흐름	4방위	영향
1	인패 3자 무기	우선 좌선	亥壬子 寅甲卯 巳丙午 申庚酉 壬亥乾 甲寅艮 丙巳巽 庚申坤	오사 비명 횡사
2	재패 3자 무기	우선 좌선	子癸丑 卯乙辰 午丁未 酉辛戌 癸子壬 乙卯甲 丁午丙 辛酉庚	파산 부도
3	병폐 3자 무기	우선 좌선	丑艮寅 辰巽巳 未坤申 戌乾亥 艮丑癸 巽辰乙 坤未丁 乾戌辛	불구자

❺ 재혈(裁穴)과 분금법(分金法)

풍수사가 주산의 위엄과 수십 미터의 내룡의 변화와 기세, 입수의 취기를 분석한 다음, 혈판 4~5m를 두고 시신(屍身)의 최적 안좌지점(安坐地点)을 파는 작업이다.

산맥의 절수를 들어서 말할 때에는 혈판 뒤 1절이 입수라고 하며, 재혈 시에는 혈판에서만 입수와 좌를 세분한다.

가. 재혈법(裁穴法)

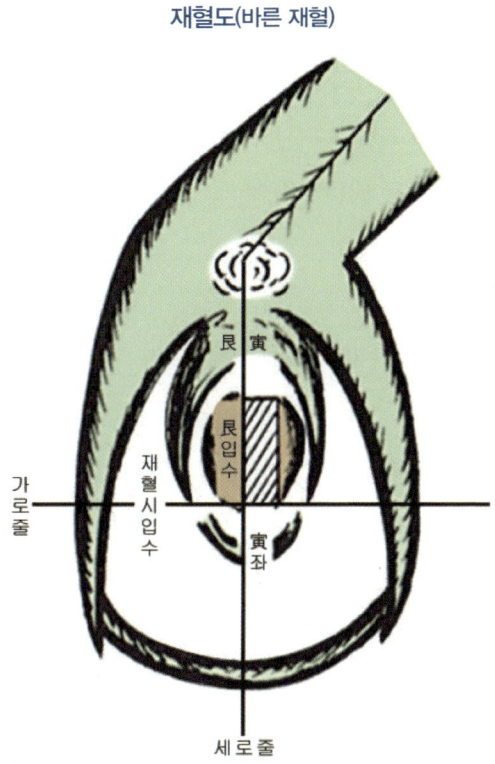

재혈도(바른 재혈)

혈에는 입수와 선익이 있다.

선익의 끝에서 가로선을 그었을 때 그 절이 간인(艮寅)일 경우 간인, 상하 맥의 중심의 수직 세로선이 중앙 가로선과 교차하는 점에 관의 아래 끝이 닿도록 하여야 바른 재혈이다. 산이 우선하였으면 간입수(艮入首) 인좌(寅坐)로 하고, 좌선이면 인입수(寅入首) 간좌(艮坐)로 정하여야 한다.

만일 좌를 잘못하여 간좌로 할 것을 인좌로 하였다면 자주 낙태를 하게 된다. 간인은 손절이기 때문에 입수는 양동(陽動)으로 보고 좌는 음정(陰靜)으로 보는데, 여기서 양동기운(+)과 음정기운(-)이 100%로 완전 결합되지 못하였기 때문에 가끔 낙태를 하게 되는 것이다. 이것은 전선의 접촉 불량으로 전등불이 켜졌다 꺼졌다 하는 이치와 같다. 그러므로 혈이 귀절이면 가끔 삭탈관직을 당하게 되며, 부절이면 종종 사업이 중단되기도 한다.

위쪽으로 치우친 재혈도

혈판 윗부분에 치우친 재혈은 잘못된 재혈이다. 효과에 있어서는 50cm만 떨어져 잘못되어도 약 50%의 효과밖에 없을 것이다. 만일 1m 이상 떨어졌다면 발복의 효과는 희박하다. 그리고 위쪽에 치우친 재혈은 묘의 윗부분이 미약한 결과가 되므로 장손이 제일 못하게 될 것이요, 가운데가 윗부분보다 왕하기 때문에 중손이 조금 좋을 것이며, 아랫부분이 제일 왕하기 때문에 끝자손이 가장 좋을 것이다. 이와 반대로 아랫부분에 치우친 재혈은 반대로 추리하면 된다.

좌로 치우친 재혈도

왼편으로 너무 치우쳤기 때문에 역시 잘못된 재혈이다. 효과에 있어서는 원혈지점에서 떨어진 거리만큼 감소될 것이다. 양동기운의 지면이 좁아지므로 남자가 큰소리치지 못하고 음정기운의 지면이 커지므로 여자가 큰소리치게 된다. 이런 이치로 내주장(內主張)을 하게 되는 것이다. 그리고 재혈의 상·중·하와 좌·우에 따라 장·차·말손과 남·녀의 왕쇠를 분별한다.

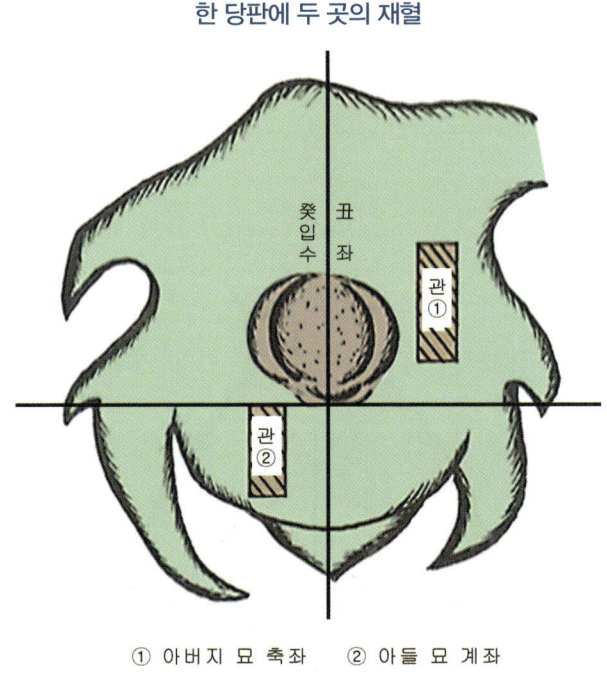

한 당판에 두 곳의 재혈

① 아버지 묘 축좌   ② 아들 묘 계좌

①②의 재혈 위치도 잘못된 것이다. ①번 묘는 왼편으로 너무 치우쳤기 때문에 잘못된 재혈이다. 발복의 효과는 원 혈판 지점에서 떨어진 만큼 감소될 것이다. 양동기운의 지면이 좁아져 남자가 큰소리 못하고 음정기운의 지면이 커져 여자가 큰소리치는 내주장을 하게 되는 것이다.

②번 묘는 혈판 아랫 부분에 치우친 재혈로 발복의 효과는 희박하다. 아래쪽에 치우친 재혈은 묘의 아랫 부분이 미약한 결과로 끝 자손이 제일

못하게 되고, 가운데가 아랫 부분보다 왕하기 때문에 중손이 조금 좋을 것이며, 윗부분이 제일 왕하기 때문에 장손이 가장 좋을 것이다.

위와 같은 부자(父子) 묘의 발복은 묘에 해당하는 혈손이 그 위치의 효과대로 되는 것이다.

나. 천광법(穿壙法)

재혈의 위치가 확정되면 천광작업을 시작하는데 이러한 혈에 시신을 안장할 때에 파는 깊이는 일정하지 않고 산의 형태에 따라 다르다. 산이 볼록한 땅에는 얕게, 오목한 땅에는 깊게 파는 것으로 되어 있다. 볼록형 땅은 생기가 밖으로 발산되려는 힘이 있기 때문에 생기를 타게 하기 위해서 외부에 근접하도록 얕게 파고, 오목형 땅은 생기를 내장하는 힘이 있으므로 내부로 깊게 판다. 대략 얕으면 0.9~1.5m 깊으면 1.8~3m가 보통이다. 또한 그 혈의 대소 및 그 토질에 따라 지표에서 파내려가다 음양의 서기가 가장 융합되는 혈토 지점에 정하는 것이다. 유골이 묻힐 좌향에 따라 혈을 파는 천광 작업의 깊이가 깊으냐 얕으냐가 결정되는 것이 아니고, 그 혈의 대소와 그 지질에 따라 정하는 것이다. 그리고 반드시 천광 작업을 하면서 피토와 단토를 구별하여 혈토를 찾아야 한다.

혈판에는 풀과 나무가 썩은 피토가 있고, 그 밑에 풍한서습(風寒暑濕)을 막아주는 단토가 있으며, 그 밑에 있는 것이 혈토다. 혈토는 비석비토로서 습기도 없고, 건조하지도 않고, 부드러우며 윤기가 많고 광택이 있다. 강한 혈판에는 유한 흙, 즉 비석비토, 유한 혈판에는 강한 흙, 즉 비석비토가 나올 때까지 파야 한다.

다. 분금법(分金法)

분금법은 하관할 때에 쓰는 법칙으로 이 법은 혈이 맺힌 곳에 음기(-)와 양기(+)를 합기시켜서 시신을 안장하는 것을 말한다.

산혈의 음기운(음전기)과 양기운(양전기)을 접선시켜서 전등에 불이 들어오도록 하는 스위치와 같은 것이다. 만일 스위치 부분이 잘 연결되지 못하면 불도 켜졌다 꺼졌다 한다. 또 접촉점에 조금이라도 틈이

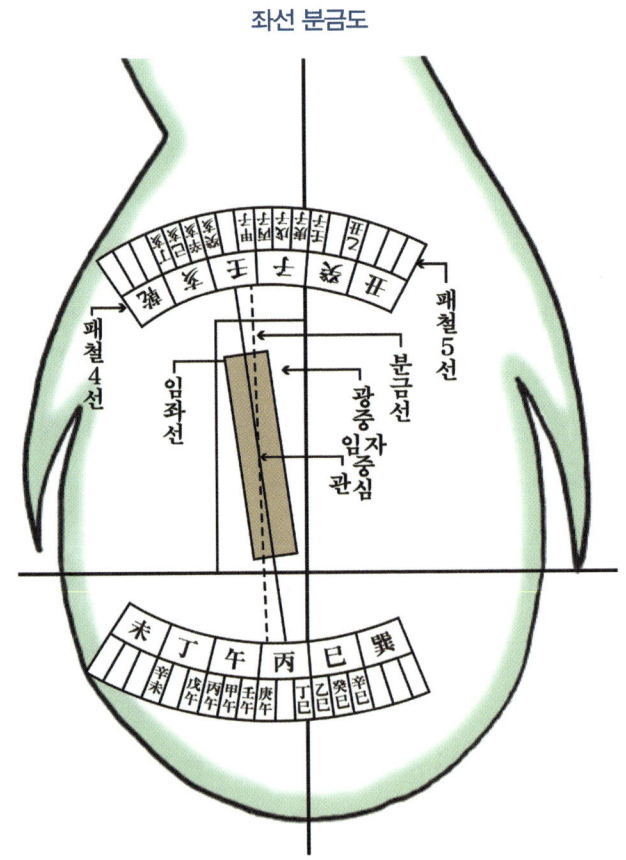

좌선 분금도

있으면 음양전류를 완전하게 받지 못하므로 불이 희미하게 들어올 때도 있다. 이것은 모두 정확하게 결합되지 못한 것이다. 그러므로 하관 시에 산의 양기와 음기를 충분히 합기(合氣)시키는 것이 중요하다.

분금의 합리성은 명당으로 혈이 맺힌 곳은 패철 제4선의 천간지지의 배합으로 되어 있는데, 묘지의 근본 좌는 천간지지의 두 글자 중 한 글자로 되는 것이다.

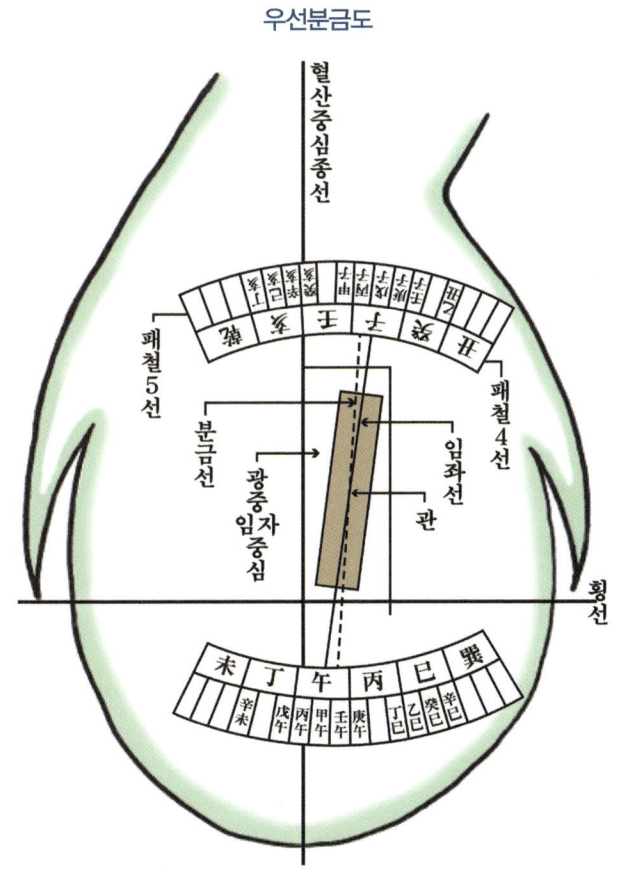

우선분금도

좌선(左旋) 음양배합산에는 천간지지가 합하여 천간단일자(天干單一字)가 되고, 우선(右旋) 음양배합산에는 지지단일자(地支單一字)가 된다.

예를 들면 우선 임자(壬子)혈이면 자좌(子坐)로 결정되기 마련이다. 분금을 놓을 때에 패철을 관의 윗부분 중심에 자오(子午)로 맞추어 두고 제5선의 눈금에 있는 병자(丙子)와 임오(壬午)로 연결한 수직선과 관의 위 중심선과 일직선으로 일치되도록 하면 맞는 분금이 되는 것이다.

다시 구체적으로 말하면 자(子)쪽의 음기(陰氣)는 임(壬)쪽의 양기(陽氣)와 가까운 병자(丙子) 정방면의 임오(壬午)와 일직선으로, 임쪽 입수의 양기는 자(子)쪽 음기와 가까운 갑자(甲子) 정방면의 경오(庚午)와 일직선으로 그으면 X자로 교합(交合)된다. 이것이 바로 양전기(+)와 음전기(-)를 접선시켜서 전력 100%를 받아들여 촉광 100%를 내게 하는 이치와 같다. 이것이 곧 분금법의 원리다.

이 재혈 및 분금법은 풍수의 음양지리에 가장 중요한 핵심이며, 마지막 마무리 작업으로 신중을 기하여야 한다.

라. 제6선

제6선은 배합 24방위의 각 음양중심과 천체무형물(天体無形物)의 정방위를 측정하는 중요선이다.

24방위 물형도

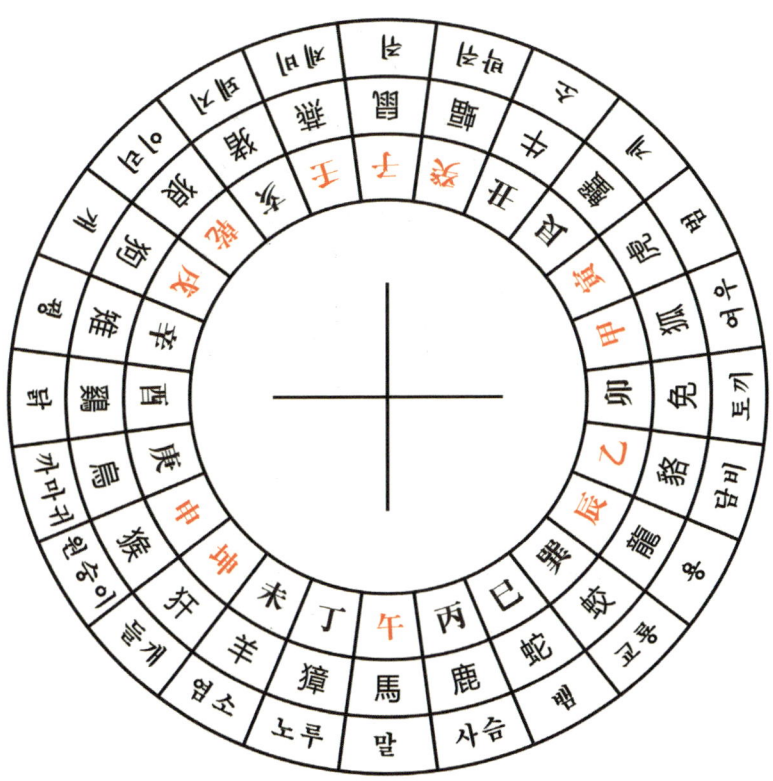

마. 절수(節數)의 측정(測定)

패철을 사용할 때는 고정된 위치를 놓아 바늘이 자오선(子午線)에 가도록 맞추어 정확히 측정한다.

즉 산을 측정할 때 산 위를 쳐다보고 정북 쪽에서 내려온 산은 임자(壬子)로 나올 것이요, 정동 쪽에서 내려온 산은 갑묘(甲卯)로 나올 것이다. 이와 같이 산을 측정하면 된다.

길산 측정도

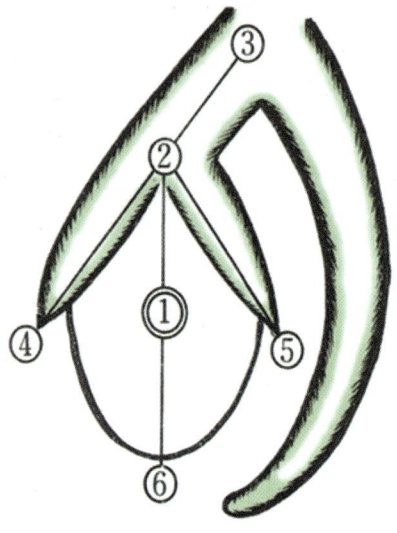

①패철의 위치   ①-② 임자 배합귀절
②-③계축 배합부절   ④-② 계축 배합부절
⑤-②건해 배합손절   ⑥-② 배합 음양합선

첫째 ①번 지점에서 패철을 정확하게 자오(子午)로 맞추어 놓고 ②번 지점을 쳐다보고 측정하면 패철4선에 지정된 방위자가 나올 것이다. 혈이 되어 있는 곳이라면 2자 배합절로 나올 것이다. 가령 임자(壬子)가 나왔다면 귀절이다. 이것은 음양 배합혈에 대한 측정법이다.

둘째 ②번 지점에서 역시 패철을 자오(子午)로 맞추어 놓고 ③번 지점으로 쳐다보고 측정하면 또한 배합절로 나올 것이 분명하다. 그 배합절에는 계축(癸丑) 부절로 나오기 마련이다. 이것은 입수의 음양변화에 대한 측정 방법이다.

셋째 ④번 지점에서 ②번 지점까지 측정하면 배합절인 ②번에서 ③

번 측정과 같이 일직선인 부절배합(富節配合)으로 나오기 마련이다. 이것은 오른쪽 선익을 측정하는 방법이다.

넷째 ⑤번 지점에서 패철을 자오(子午)로 맞추어 놓고 ②번 지점까지 측정하면 배합으로 건해손절(乾亥孫節)이 나올 것이다. 이것은 왼쪽 선익을 측정하는 방법이다. 그러나 선익의 형태는 산형에 따라 다른 배합절로 나오기도 하고, 불배합절로 나오기도 한다. 그 나오는 절수 대로 길흉에 적응하면 된다.

다섯째 종합적으로 ⑥번 지점에서 ②번 지점까지 측정하여 음양배합선이 혈의 중심이라는 것을 판정하고 총평을 해야 할 것으로 생각된다.

측정 결과로
①번에서 ②번까지 임자귀절(壬子貴節),
②번에서 ③번까지 계축부절(癸丑富節),
④번에서 ②번까지 역시 계축부절(癸丑富節),
⑤번에서 ②번까지 건해손절(乾亥孫節)이 되어 있으니,

이런 혈이라면 자손이 귀하게 되고 재물이 2절이므로 가장 좋고, 자손도 좋다고 판정된다. 예를 들면 측정 결과 혈판이 갑묘을(甲卯乙)로부터 자계축(子癸丑), 임해건(壬亥乾)이라면 갑묘을은 관송절인데 관송의 시기를 알아내는 것은 갑묘을이 해묘미(亥卯未)의 목국이므로 돼지띠, 토끼띠, 아니면 양띠 자손이 해, 묘, 미, 년, 월, 일에 관송이 일어난다고 판정되는 것이다. 도적에 대한 판단과 인패절에 대한 판단도 관송의 시기를 알아내는 것과 같은 공식으로 하면 알 수 있다. 또 묘를 쓴 후에 자손들에게 발응하는 것은 갑묘을(甲卯乙)은 목국이므로 하락수인 3·8목운을 인용하여 3년, 8년 또는 30년, 80년 만에 결과가 나타나게 된다고 보면 되는데,

그 시기의 가깝고 먼 것은 패철법보다 산의 자체 기운의 왕쇠와
원근사격(遠近砂格)에 따라 빠르고 늦음의 시기가 결정된다.
당판이 임해건(壬亥乾)으로 측정되어 오사(誤死)한다고 판정되면 과연 누가, 어떻게 당할 것인가를 알아야 될 것이다.
임해건이라면 임해수가 기두, 즉 수왕이므로 오사할 사람은 물에 빠져 죽는다고 판정되며, 머리글자의 임자(壬字)가 양이니 남자가 죽는다고 할 수 있다. 만일 해자(亥字)가 머리글자가 되었다면 해자는 음이니 여자가 죽게 될 것이다. 또한 장, 차, 말손의 분별은 혈의 상, 중, 하의 왕·쇠로 판정한다. 그 사망일은 해묘미 생이 해묘미 년월일로 잡을 수 있다. 이와 같이 배합, 불배합, 무기에 대한 공식 길흉법을 24방위에 응용하면 모든 해답이 나오게 된다. 24산 길흉절은 1절, 2절, 3절, 4절로 절수와 좌우선에 따라 화복의 변화가 무궁하다.

귀1절이면 군수급의 자손이요,
귀2절이면 도지사를 낳게 되며,
귀3절이면 장관차관 틀림없고,
귀4절이니 대통령이 나는구나.

부1절이면 백석부자 어김없고,
부2절이면 천석군이 어데 가며,
부3절이면 만석군의 자손이오,
부4절이면 한 나라의 재벌이다.

손1절이면 1·2형제 자손 두고,
손2절이면 3·4형제 무난하며,
손3절이면 5·6형제 두게 되고,
손4절이니 많은 자손 창성한다.

인패1절이면 병사자가 있게 되며,
인패2절이면 참사(慘死) 연속 어찌 할고,
인패3절이면 떼죽음을 면할 손가,
인패4절이니 일문멸망 되는구나.

재패1절이면 재물 손재 하게 되고,
재패2절이면 연속 파산 웬말인고.
재패3절이면 여러 자식 걸식하며,
재패4절이니 온 가족이 거지 된다.

병패1절이면 병자환자 못 면하고,
병패2절이면 약탕관이 끊임없다.
병패3절에는 내리내리 병이 들고,

병패4절에는 온 식구가 병자로세.

귀절이 상부(相扶:서로도움)하면 특진대과 하게 되고,
부절이 상부하면 하루아침 부자 되며,
손절이 상부하니 쌍태아가 태어난다.

인패절이 상부하면 급사자가 생겨나고,
재패절이 상부하면 연패가산 하게 되며,
병패절이 상부하면 급시득병 하게 된다.

귀절무기 상부하면 연패관송 일어나고
부절무기 상부하면 사기횡령 끊임없다.
손절무기 상부하면 근친상간 연출한다.

인패절무기 상부하면 급시 오사 일어나고,
재패절무기 상부하면 일조(日照:해질때) 전파(全破) 하게 되며,
병패절무기 상부하면 불시불구 일어난다.

위와 같이 24방위자가 음양의 1단계의 배합공식법과, 2단계의 불배합공식법과, 3단계의 무기공식법을 좌우선으로 응용하고, 절수와 상부에 대한 이해를 알게 되면 인간 길흉의 해답이 공식적으로 나오게 된다.

현대의 생활풍수

2025년 10월 24일 초판 1쇄 인쇄
2025년 11월 10일 초판 1쇄 발행

지은이 심재열
발행인 박기련
발행처 한걸음 더

출판등록 제2007-000187호
주소 04626 서울시 중구 퇴계로36길2 신관1층 105호
전화 02-2264-4714
팩스 02-2268-7851
Homepage http://dgpress.dongguk.edu
E-mail abook@jeongjincorp.com

디자인 ㈜성지이디피
인쇄처 코리아프린테크

ISBN 978-89-93814-00-2   03180

값 22,000원